复 旦 联 合 国 研 究 丛 书

全球治理中的中国与联合国

China and UN in Global Governance

复旦大学联合国研究中心成立十周年纪念文集

张贵洪◎主编

时事出版社

总 序

什么是联合国？联合国有什么作用？中国与联合国的关系如何？这是每一个对联合国有兴趣的读者都想知道的。

我的回答是：联合国是一个“不独立的多元体”。所谓“不独立”，就是说联合国没有独立的主权，它的权力来自于它的成员国。所谓“多元体”，就是说在联合国的所有机构中，没有一个能够完整地、全面地或在任何时候都代表联合国。因此，联合国只是“联合起来的国家们”的一个简称，它的主体是成员国，是联合国的成员以不同的形式组织起来，以不同的决策方式实现全球治理。

在成立后的七十年的时间里，联合国究竟起了怎样的作用呢？综合起来看，它的作用主要有五个方面：一是作为一面镜子，反映了国际形势的变化，折射了国际格局的演变；二是作为一个讲坛，反映了世界上各种各样的声音；三是作为多边外交最活跃的舞台；四是一个国际合作的平台；五是国际行动合法性的象征。

联合国是多边外交的讲坛，联合国大会每年都云集了各国的元首、首脑和外长，这是任何一个国际机构都无法比拟的。联合国又是集团外交博弈的舞台，许多重大谈判都是在集团之间进行的，集团外交在联合国里面有很重的分量。集团外交有优势也有弱点，它的优势在于增加了弱小者的谈判分量，有利于在这个强弱不等、力量失衡的世界为弱小国家争得一份发言权、一份决策权；缺点在于增加了谈判的复杂性和难度，联合国常常议而不决，决而不行。

联合国是国际合作的平台，主要体现在以下几个方面：一是完成了非殖民化的进程，使得一大批亚非拉国家取得独立并参加了联合国；二是开展历史上最广泛、最持久的发展援助，联合国里面有三大机构专门从事援助工作，即联合国开发计划署、联合国人口基金会以及联合国儿童基金会；三是缓和了国际冲突，通过军控、预防外交、维和、建设和平等手段处理了一系列地区冲突，更重要的是避免了大战的发生；四是规范国际行为，确立行为准则，并通过一系列决议、宣言、行动纲领以至于法律文件如条约、公约等形式，确立战后国际社会应该共同遵守的游戏规则。

联合国还有一个作用是过去人们很少意识到的，就是它已成为某一国际行为是否合法的象征，这从两次伊拉克战争就能看出来，有无联合国的授权是行动合法还是非法的一个依据。

同时，联合国还是一面镜子，反映国际形势的变化，折射了国际格局的演变。联合国成立到现在大概有这样几个时期：联合国成立初期，只有51个成员国，大部分是西方国家及其盟友，当时联合国是美国操纵的工具；20世纪60年代开始，情况逐步发生变化，到70年代就发生了质变，发展中国家成为联合国的多数；1971年中国代表权的恢复是一个分水岭，标志着美国一家操纵联合国的时代一去不复返了；70—80年代，联合国折射出来的是两对矛盾的交叉，一是南北矛盾，二是东西矛盾，既对抗又对话；进入90年代，苏联解体、冷战结束，联合国进入了一个新时期，这个时期的特点是两极争雄消失、南北矛盾缓和，联合国能够在政治、安全、经济、社会、人权等各个领域全面发挥作用。安理会在经历冷战时期的瘫痪之后恢复工作，成为联合国活动的一个中心。这十年被称为联合国的黄金时代。世界人民对联合国的期望值也大大提高。但是好景不长，第二次伊拉克战争撕裂了联合国，使联合国陷入空前危机，联合国在世界民众心中的形象也大为受损。在这样的背景下，要求联合国改革的呼声在世界范围内响起。

从现在来看，联合国将来会怎样？这里人类再次面临需要和可能的矛盾。需要是因为国际关系格局发生了重大的变化，从两极格局向多极格局迈进。在这个世界政治多极化、经济全球化和社会信息化的新时代，联合国面临一系列新的挑战。作为世界上最大、最高、最具代表性的国际组织，联合国需要进行改革，以反映国际关系格局的演变，适应新时代的挑战。

但是，多极化是一个漫长、渐进且含有种种变数的过程，目前还远没有“尘埃落定”。对于联合国大会和安理会等重要机构的改革，各国利益纵横交错，互利共赢的交汇点久求而不得，故当前对联合国机构进行重大改革的可能性甚微。

联合国改革的举步维艰，削弱了联合国应有的作用。二十国集团的出现，及由二十国集团承担在金融领域全球治理的功能，从一个侧面折射出联合国不改革可能面临的被边缘化的危险。当然，这种被边缘化在可预见的将来还只是局限在个别领域，且没有不可逆转之理。就全局而言，作为二战结束后肩负全球治理重任的联合国，它的地位和作用还是不可替代的。近日，美国未来学家戴维·霍尔做出大胆预测，称未来十年的某个时间点，将出现一个新的全球管理主体，可以称之为“全球委员会”，其职责是监管全球事务。但他也认为，处理和裁决国家间政治经济冲突的职责仍然由联合国履行。

进入新世纪以来，联合国在变化，中国也在变化。中国的国家利益已经不再局限在国门以内，中国的影响也已超出了地区。有很多全球问题都事关中国的切身利益，这就要求中国以更积极的态度来参与联合国的事务，维护自身的利益。可以预见，中国将在财政、维和等方面做出更大贡献。同时中国也需要利用联合国这个平台来拓展自身利益，中国参与亚丁湾护航，中国海军合法走出国门就是一个成功的例子。

联合国需要中国，中国也需要联合国这样一个时代即将到来。

（联合国前副秘书长、上海联合国研究会名誉会长）

2015 年 10 月 24 日

于北京和平里

目 录

联合国与全球治理*

陈　健

一、中国与联合国

中国从哪里走向世界？中国是从联合国走向世界，联合国是中国面向世界的第一个窗口。联合国1945年成立到现在，谈到联合国以及中国和联合国的关系时，有一个核心词：变化。联合国从成立到现在发生了翻天覆地的变化，中国与联合国的关系也发生了诸多的变化。是什么导致了联合国的变化，又是什么导致了中国与联合国关系的变化？

从联合国来说，导致变化的有两个因素。一个是大背景，就是国际形势的变化，不同的时代对联合国提出了不同的要求，为联合国工作的开展提供了不同的可能，这带来了联合国变化的大背景。还有一个具体的原因就是联合国成员国的变化，从成立时候五十几个成员国到现在193个，成员国组成的变化是联合国变化的内因。

中国与联合国关系的变化，一方面是中国随着联合国的地位和性质的变化而变化，另一方面是中国整体外交战略的变化。这两个因素导致了中国与联合国关系的变化。

从这两个变化的角度来看，关于联合国的变化及中国与联合国关系的变化，我觉得可以分为四个阶段：

第一个阶段，从1945年联合国成立到1971年新中国恢复在联合国的

* 本文第一部分根据陈健大使于2017年4月28日在北京大学国际组织人才讲堂首场演讲整理，第二至第四部分选自陈健编著：《外交，让世界走向和谐》，中国人民大学出版社2012年版。

代表权；

第二个阶段，是上世纪70、80年代的近20年时间。这是联合国第一次被边缘化；

第三个阶段，是上世纪80年代末冷战结束到本世纪初，这是联合国的黄金时期，也是中国在联合国的作用开始全面发挥、全面拓宽的时期；

第四个阶段，是新世纪以来最近的这十年，这是联合国第二次被边缘化，而且是中国引领联合国发展的时期。

第一阶段从1945年到联合国成立的头二十年时间里，基本上来说，那时候的联合国是以美国为首的西方国家操纵的工具，是美国实现其外交战略的工具。原因很简单，第二次世界大战结束之后，虽然当时制定了很好的《联合国宪章》，但是联合国成员国不是西方国家就是追随西方国家的拉美国家，于是美国为首的西方国家掌握了联合国大会的多数。有个突出的例子，在美国的操纵之下，联合国大会在朝鲜战争期间通过一个决议，把中国和朝鲜民主主义人民共和国定性为侵略者，联合国欠了中国的账。在这样一个阶段，中国对联合国是口诛笔伐，经常公开批评联合国。当时的联合国因为受到美国操纵，所以也受到一些第三世界国家的反对。前印尼总统苏加诺说要另立一个革命的联合国，中国积极响应他的号召，时任外交部副部长乔冠华亲自写了一篇文章，题目是“敢于摸老虎屁股”，里面赞扬了苏加诺敢于“摸联合国的老虎屁股”。总的来说，这个阶段，联合国刚成立的这二十年里，联合国是欠中国的账，一个账是蒋介石窃取新中国合法席位，第二是跟中国打了一仗，第三是联合国把中国说成侵略者。这个阶段里联合国有负于中国，中国也批判联合国。

第二个阶段是从1971年新中国恢复联合国合法席位开始，这也是联合国性质变化的分水岭。在此之前联合国是美国的工具、西方的工具，之后美国再也不能操纵联合国，因为成员国多数已经不是西方及其附庸国家了。到1971年，联合国132个成员国，有99个来自亚非拉地区，很多是刚获得民族独立的新成员国。这时期，联合国会员国的多数站在中国一边，对于中国恢复席位起到很大作用。

彼时的联合国在两个方面发挥作用。一个是联合国大会，世界上最民主的机构，一国一票。当时大会成员国多数是亚非拉国家，通过了一系列反帝反殖、建立国际新秩序的决议，在政治上伸张了正义。缺点在于，西方国家或是投了反对票，或是投了赞成票而在实际工作中不执行。比较典型的例子是1974年协商一致通过的《新经济秩序的宣言》和《行动纲领》，原本发展中国家称“新经济秩序”为the new economic order，但在发达国家坚持下，改为a new economic order，所以大会一致通过。应该说，第三世界国家在政治上取得了成功，但是发达国家其实不执行。这一时期，联合国大会虽然非常活跃，但是实际落实有限。

另一个是安全理事会。由于冷战开始，美国和苏联互相投否决票，安理会基本没法开展工作，我把它称为一个sleeping beauty（睡美人）。按照《联合国宪章》来说，安理会是维护世界和平与安全最重要的舞台，但是在冷战时期，安理会没有很好地发挥作用。

这样，在全球治理中的安全问题和发展问题上，联合国都没有实现《宪章》赋予它的责任。

由于当时联合国大会由发展中国家“把持”，所以出现了反对联合国大会的声音。比如1975年联合国大会在阿拉伯国家推动之下，通过决议把以色列的犹太复国主义定义为种族主义。美国常驻联合国代表发言称这是“多数的暴政”。一些美国智库把联合国当成国际反美温床，1983年里根总统称美国欢迎联合国搬出美国。

在整个冷战时期，当人们最需要联合国在和平与发展领域发挥作用之时，联合国大会虽然通过了一系列好的决议，但得不到执行；安全理事会陷于美苏之间的军控谈判及其他种种博弈在联合国之外进行。联合国的实际作用与其创始人的设想渐行渐远。从全球治理的角度看，这是联合国第一次被边缘化。

这时期，中国与联合国的关系如何呢？看到联合国性质这一根本性的变化，毛主席亲自做出战略性抉择，决心不计前嫌，毅然派团参加联合国。在参加联合国之后的第一阶段，我们主要把联合国当做一个讲堂，是中国面向世界发声、让世界了解中国的大讲台。我们工作的重点放在每年联合国大会的讲话上，我们的讲话确实是讲出了我们的声音，受到了第三世界国家的普遍赞扬。从历史照片可以看到，我们的代表团讲完话，发展中国家的代表排着队来跟我们的团长握手表示感谢，他们说中国讲了他们想讲又不敢讲的话，说出了第三世界国家的心里话。我们当时讲话的主要核心是围绕三个世界思想，建立反霸战线。邓小平出席第六届特别联大，全面阐述了三个世界思想，表示中国永远跟第三世界站在一起、永远不做超级大国。我们每年联大的讲话有一个特点：最高的调子批判美国和苏联这两个超级大国。我们讲话之后苏联每次都气急败坏地答辩，但是美国从不答辩。有一次乔冠华在联合国大会一般性辩论讲完话，就碰到了当时美国国务卿基辛格，基辛格笑着说：你是不是又放空炮了？“放空炮”这个词是基辛格发明的，背后有一个故事。他第一次秘密访华，发现大街上都有横幅写着“打倒美帝国主义及其一切走狗”，翻译也如实告诉了他。到了钓鱼台宾馆看到英文版的新华简报（Xinhua News Bulletin)，头版头条也是相同的标题。第二天他把简报拿给中国的陪同人员，说这一定是上一个代表团留下的，可能你们忘了收走吧。毛主席知道了这件事，指示周总理跟基辛格做出解释。总理说：我们的宣传有两种，有的是说了要做的，有的是说了不做的。基辛格从这里发明了一个词“放空炮”。后来毛主席对尼克松说，我们要联合起来对付“北极熊”。所以美国理解中国的实际矛头是指向苏联的，美国是陪绑的，所以从不答辩。在中国进入联合国之前，苏联一直被认为是第三世界的天然盟友，从来没有受到如此批判，故苏联气急败坏。由此看来，联合国也是中苏论战的又一战场。

第三个阶段，就是冷战结束后的整个90年代，这是联合国第一个也是唯一的黄金时代。因为冷战结束了，睡美人被唤醒了，安理会按照《宪章》发挥作用，成为联合国最有活力的机构。在1992年，联合国安理会召开了历史上第一次首脑会议，探讨共同应对地区冲突问题。大家知道，冷战时期掩藏的问题都随着冷战结束而暴露出来，在非洲、拉美、东欧（巴尔干半岛）等地区出现了国家之间、国家内部的矛盾和冲突。面对这些问题，5个常任理事国和国际社会形成了一个共识——应该有个和平稳定的环境，五常第一次有了利益的交汇点。20世纪90年代，安理会发挥了空前绝后的重大作用：安理会授权的维和行动从80年代的5个增加到42个，维和行动的经费比常规预算的两倍还多，助理秘书长和副秘书长级别的维和行动驻地负责人近40个，超过了在总部工作的副秘书长级别官员。联合国维和行动和联合国秘书长双双获得诺贝尔和平奖。

从1990年联合国授权老布什总统发动“沙漠风暴”伊拉克战争，到新世纪小布什没有得到联合国授权、单方面发动伊拉克战争，这十余年是联合国的黄金时间。有一位老资格的助理秘书长曾经说过，过去联合国秘书处想干的事情，成员国不让我们干，现在成员国追着要求我们干越来越多的事。老布什在“沙漠风暴”行动之后，到参众两院发表讲话，在谈到联合国的时候，他说：“现在我们可以预见这样一个世界——摆脱了冷战束缚的联合国，有希望实现创建者所赋予它的历史使命。”《联合国宪章》的核心内容就是大国一致，在二战的战火硝烟上建立起一个和平的世界是当时人们共同的意愿，也是联合国的创造者罗斯福和斯大林等人的初衷。冷战粉碎了人们美好的愿望，直到冷战结束联合国才全面发挥作用。

20世纪90年代安理会工作效率高，主要原因是五常一致，主要机制是五常磋商。五常在会前磋商达成一致，使得决议产生的过程大大缩短，安理会上大国之间就不再吵架了。磋商机制的缺点是让10个非常任理事国有点失落，感觉自己是“陪玩”。因为五常关系很微妙，在五常磋商达成的草案中改一个字都可能影响大国的利益平衡，于是改革安理会的声音就开始了。

这个阶段，中国对联合国的方针有大的变化，这个变化有两个基础，一是联合国的性质和作用发生了变化，二是中国对时代的认识发生了变化。随着国际形势的变化，我们从毛主席所说的革命与战争的时代，到邓小平提出的和平与发展的时代，我们对时代性质和联合国的认识发生了变化。我们参与联合国外交也随之发生了变化，不是建立反霸战线，而是奉行独立自主的和平外交政策，与世界各国发展友好合作关系，遵循“韬光养晦，有所作为”的策略。这时期，我们不仅把联合国当做一个讲堂和窗口，而且将其作为开展国际合作的平台。

具体政策上有两项重要调整，其一，中国开始参与联合国的发展项目。我们一方面通过联合国给第三世界国家提供援助，另一方面作为发展中国家开始接受联合国的援助，包括开发计划署的技术援助、世界银行的金融和财政支持等，这些援助为我们改革开放的第一步打下坚实基础。其二，中国开始参与联合国维和行动。联合国有两个账户，正常预算和维和账户，常任理事国要多交一点钱。由于历史原因，我们从1971年开始都是拒交维和费用，直到20世纪80年代末才开始缴纳维和摊款，正式参加联合国维和行动。现在我们是五常中出兵人数最多的国家。我们作为发展中国家、五常大国之一发挥重要作用，在联合国发挥双重作用。

作为发展中国家，中国的联合国外交具体形式是“77国集团+1”。联合国外交的特点是集团外交，美国可以独当一面，但是英法一般联合起来，其他大部分国家都是通过抱团取得决策权。联合国里面发展中国家有两大集团，一个是“不结盟集团”，一个是77国集团。77国集团是1964年第一次贸发大会成立的，当时参与的发展中国家有77个，此后成员国家数量多了，但是名称没有变。经济问题的决议草案，大部分都是77国集团提出来的。开始是他们提出来，我们支持。后来他们逐渐意识到中国与广大的发展中国家在经济问题上的根本利益是一致的。于是，巴基斯坦在担任77国集团主席时，就倡议邀请中国加入其中，形成了77国集团加中国，就是“77国集团+1”。

第四阶段是新世纪以来的这十年。小布什2001年发动了伊拉克战争，撕裂了联合国，在联合国第一次出现了西方国家的分裂，英美站在一起，法德俄中站在一起。究其原因，美国“9·11”之后，小布什宣布世界上存在“邪恶轴心”（Axis of Evils），在新保守主义思潮的推动下希望按照美国的形象来重塑世界，从中东开始。美国从“维持现状”的国家变为寻求“改革现状”的国家，也就是从status quo power变成revolutionary power。于是，大国之间出现分裂。美国国内再次出现把联合国赶出美国的声音，联合国秘书长安南宣布联合国又到了一个十字路口。从那个时候起直至现今，五常很少在安理会达成一致，比如在叙利亚问题上西方与中俄对抗很激烈。

除了全球安全治理，发展问题也是联合国的重要使命。2008年金融危机，二十国集团在金融治理上被赋予了重大责任，这也说明联合国在处理金融与经济问题上被边缘化。人们看到，进入新世纪以后，随着小布什政府发动伊拉克战争以及金融危机的爆发，联合国在历史上第二次被边缘化。

中国与联合国的关系也在发生变化。中国乘经济全球化、政治多极化、社会信息化的东风，取得了长足的发展，从一个贫穷落后的发展中国家成长为一个走向强大和崛起的国家。中国的实际利益已经走到了世界各个角落，与世界各国建立了深度和广度不同的战略伙伴关系，我们的外交目标是寻求建立一个合作共赢的人类命运共同体。在这样的总方针指导下，我们将迎来中国与联合国关系的新阶段：联合国需要中国，中国也需要联合国。

联合国需要中国。中国缴纳联合国会费已经排第三了，美国第一（22%），日本第二（9.68%），中国第三（7.92%），虽然还在第三，但这是天翻地覆的变化，自1971年到上世纪末中国只缴纳0.995%。未来一些年，中国可能要交更多费用。维和摊款上，我们已经超过日本，美国第一，中国第二。维和行动派兵数量，中国在五常里是最多的。特别是特朗普担任美国总统后，公开奉行单边主义路线，高举多边主义旗帜，维护联合国地位和作用的责任历史性地落到中国肩上。

中国需要联合国。联合国是当今世界最具有代表性和权威性的机构，从两场伊拉克战争可看出，一个行动有没有联合国的名义，是很重要的。老布什得到安理会授权，被认为是正义的；小布什没有得到授权，被认为是非正义的。当时我的老板安南被记者追问“小布什发动伊拉克战争是否合法?”安南对付记者一向很有办法，被誉为“外交明星”、“世俗的教皇”。安南说，“小布什的战争没有得到安理会授权”。记者追问，“如果只用一个字回答，这个行动到底是或不是合法的?”安南无奈答道，“如果一定要我说，那这是非法的”。第二天美国的各大媒体报道，联合国秘书长说伊拉克战争是非法的。安南本来是美国捧上去的秘书长，上任之后把人权提到联合国重要日程上。但就是这样一句话让安南在美国就“臭”了。可见联合国这个“橡皮图章”的作用是非常重要的，是合法性的来源。

中国自从1971恢复代表权之后，联合国众多议题和决议在我记忆中没有一项是中国一家提出来的。开始的时候是中国需要熟悉联合国。后来则是因为大多议题和决议虽与中国有一定关联，但中国不是主要的、直接的利益攸关方。时至今日情况开始发生变化了。中国已经走出国门，走向世界每一个角落。远在天边发生的事情有可能直接关系到中国的实际利益。除了通过双边渠道，中国也需要通过多边渠道，通过联合国及其他国际机构来维护和拓展中国的利益。

近年来，中国在国际舞台上开始展现主动性、独立性就是一个证明。

比如，2015 年联合国成立七十周年峰会期间，习近平主席与联合国秘书长共同主持南南合作圆桌会议，中国与联合国共同倡议举办全球妇女峰会，习主席还宣布建立 10 亿美元的中国与联合国和平发展基金等。这一系列举措开创了中国与联合国关系的新纪元。

2017 年 5 月在中国举行了“一带一路”峰会，会议发表的文件首次把中国的理念变成国际社会的共识，把中国倡导的项目变成国际社会的共同事业。这又一次的飞跃，是一次史无前例的升华，其带有的合法性将载入史册。

以上种种既是中国主动性、开拓性和创造性的体现，也是中国和联合国互有需要、密切合作的体现，更是中国与世界各国合作共赢，共建人类命运共同体的历史性起步。

2017 年 1 月 18 日，习近平主席到联合国日内瓦办事处做了题为“共同构建人类命运共同体”的重要讲话。他在讲话中宣告，“中国支持多边主义的决心不会改变”，“中国坚定维护以联合国为核心的国际体系，坚定维护以《联合国宪章》宗旨和原则为基石的国际关系准则，坚定维护联合国权威和地位，坚定维护联合国在国际事务中的核心作用”。习主席的讲话在联合国内外受到高度赞扬和普遍欢迎。媒体的评论普遍认为中美两国换位了，维护联合国地位和作用的责任历史性地落在中国肩上，中国也表明了与世界各国一起肩负这一历史责任的决心。

两年前，习习平主席就说过，“国际社会期待听到中国的声音，看到中国方案，中国不能缺席”。他还说，“我们将更多地提供中国方案，贡献中国智慧，为国际社会提供更多的公共产品”。中国是这样说的，也是这样做的。中国与联合国关系的新阶段正在到来，这也需要我们对联合国的研究做出方向性的调整，从过去一般性地研究联合国等国际组织和机构的运作模式，转为聚焦如何利用联合国和国际组织改善全球治理，达到建立人类命运共同体的目标，并就此提供更多中国的方案。

二、联合国是外交的大课堂

今天应邀谈谈我的外交生涯。

说起来，我跟联合国的确是有缘分的。从两件事情上可以看出来，一件事情就是1964年我从复旦大学英国语言文学系毕业的时候，我本人并不想到外交部工作。我大学毕业的时候还不是共青团员，也不关心政治，所以脑子里没有到外交部工作、到政府部门工作的想法，我就想搞学问，做什么呢？首先我想考研究生，研究西方美学，这是我的第一志愿。第二志愿就是去中央人民广播电台做英文对外广播，我们学英文的，那时候天天听这个，我挺佩服里头几个播音员，声音很好听，第二个志愿是考这个。但不管我怎么努力，这两项目标、愿望都没有能够实现，最后还是分配到外交部了，后来我才知道，这不一定是因为我考得不好，而是内定了要我到外交部的，我怎么扑腾，也跳不出“如来佛”的手掌心。

另一件事情发生在分配到外交部后。到了外交部并没有让我们到部里去工作，我和同时招的二三十名全国各个外语院校的毕业生被送到了北京外国语学院（现在叫北京外国语大学）去进修，那时候叫翻译班，加上63届的学生，实际上一共在北京外国语学院翻译班进修的有八九十人。那么为什么外交部把我们这么一大批人招去以后，不去外交部工作，放在那里呢？后来才知道，当时估计中国快要进联合国了，把这些人招来储备，准备一旦进联合国就派用处。为什么当时外交部会有这么个考虑呢？因为联合国力量对比开始发生变化了，自从20世纪60年代初开始，一大批亚洲、非洲、拉丁美洲殖民地国家取得了独立，参加了联合国，慢慢改变了联合国里头的力量对比。同时，60年代中法建交，中国和一些西方国家的关系也有所改善。中国参加联合国，用我们的政策性语言来说，即中国恢复在联合国的合法席位只是个时间问题，因此我们就被储备在那里。现在看来，储备在那里的近100个学生当中，后来真正进联合国的只有寥寥几人，我就是其中之一。所以要说缘分，首先一个缘分，好像我命中注定要到联合国去一样，不管我怎么奋斗都离不开这个。

到了外交部翻译班学习以后，正好赶上“文化大革命”，后来我们到牛田羊军垦农场一年半，江西干校一年半。到1971年，我们这批人又陆续调回外交部。1971年初，上级发个调令让我回外交部，到哪里工作呢？到外交学会工作，当时我正好担任清查“五一六”专案组的副组长，正在关键时候，走不开。怎么办呢？江西干校的校领导就让另一位同志先回去，顶替了我到外交学会工作。等我做完“五一六”的调查，外交学会的工作已经没有了，上级就安排我在欧美司的国际组负责关于联合国的工作。所以，这两次偶然的机会似乎注定了我今后要做联合国的工作。

对于这十几个联合国工作，我有什么感受，学到了一些什么东西呢？首先，从我到欧美司国际组说起，当时给我分配的第一项工作是计票，即估算一下那年关于恢复中国在联合国合法席位的提案（“两阿提案”）能得多少票。那是阿尔及利亚、阿尔巴尼亚等国家共同发起的一个提案。美国提出了一个重要问题提案来反制“两阿提案”。我们的提案通得过或通不过。我凭什么来估计呢？我就凭各个使馆报回来的情况，跟报纸上透露的情况来统计，按照我统计出来的票数，那年我们打败美国重要问题提案的票数刚刚超过半数，能够打败美国的提案取得胜利。我看到这个消息当然很激动，马上拿去找我们的领导。我领导说：“小伙子，沉住气，要留有余地。”他调整了一下，按照他调整之后，投票的情况可能势均力敌，我们取胜的可能性很大，但是美国的阻挠也不能排除。这就是我到外交部上的第一课，叫做“留有余地”。以后我学到了这一点，就是：“讲话要留有余地，办事要掌握分寸。”为什么要留有余地呢？后来越来越体会到，就是人家口头答应你的，到时候能不能兑现，兑现的时候才能算数。

我上的第二课，就是那年（1971年），美国的提案果然被打败了。恢复中国代表权的“两阿提案”通过了，我们所有搞联合国工作的人都非常振奋。终于我们要进去了，外交部领导觉得中国进不进去这样重要的问题不能由外交部来定，要由中央、毛主席、周总理来定，这又给我上了一课，叫做“外交无小事”。当然这件事情本身也不是小事。那个时候还是“文化大革命”时期，去到底符合不符合毛主席革命路线？为什么这个问题会出现呢？因为在这之前的25年，联合国在美国操纵之下，将中国拒之门外达25年之久，还发动了朝鲜战争，并且推动联合国大会通过一个决议，污蔑中国和朝鲜是侵略者。

现在提案一通过我们就进去了，这是否符合毛泽东思想、毛主席革命路线？这个事情还得由中央来定，后来毛主席、周总理英明决策，我们不能辜负世界上绝大多数友好国家和人民对中国的支持，应该进去。而且中央领导很重视，亲自选派了第一批去出席联合国大会的代表团，由乔冠华担任团长，周总理率领政治局的领导到机场送行。从此，中国和联合国关系进入了一个新阶段。

从这个角度讲，1971 年恢复中国代表权决议的通过，不光是中国和联合国关系的一个转折点，也是联合国里头力量对比的一个转折点，某种意义上也是联合国性质的一个转折点，它标志着第三世界成为联合国的多数，美国一家操纵联合国的时代一去不复返了。中国代表权决议的通过也是对所有第三世界国家的极大鼓舞，在这个形势的推动之下，在整个 20 世纪 70 年代，第三世界高举反帝、反殖旗帜，通过联合国大会里头掌握的多数，通过了一系列决议，维护了它们的权益。其中最著名的一个决议，就是《建立国际经济新秩序的宣言和行动纲领》，当时我参加了这场斗争，这场斗争很艰苦，因为它的基本出发点是要否定第二次世界大战后以美国为首的西方国家所确立的国际经济秩序，否定《关税及贸易总协定》、货币基金、世界银行这一套游戏规则，另立一套游戏规则，另立一套公正的、对第三世界更有利的、第三世界有更大发言权的游戏规则。在这场斗争中，我们中国代表团是跟第三世界国家站在一起的，我们一起提出了一个新的方案，经过艰苦的谈判以后，达成了一个折中案文，正在准备付诸表决的时候，美国、德国，还有一个国家（可能是日本），它们认为："不行，这个方案虽然吸收了我们好多意见，体现了折中妥协的精神，但是在几个关键问题上还没有满足我们的要求，如果要通过这个提案的话，我们要求投票表决，并且对有些段落要投反对票。"大家知道联合国大会通过的决议虽然没有约束力，但是它有道义力量，如果有的国家投了反对票，这就为其拒绝执行这个决议提供了借口，也削弱了所通过的宣言和行动纲领的道义力量，所以我们同一些发展中国家一起商量，不能让这种情况出现，针对这三个西方国家的态度，我们提对案，即如果要投票表决，我们就回到原始案文，拿高方案来投票。我们这个主张一提出来，美国就软下来了，因为这高方案里头有很多对其不利的措施，包括国有化等等一系列的内容。结果各方达成妥协，未经表决协商一致通过。这是联合国历史上第一份，也是唯一一份以打破旧秩序、建立新秩序为宗旨而提出并通过的历史性文件。

我第一次被派到联合国工作是1972年，当时的主要任务是给老同志当翻译。分配给我的任务是给中国常驻联合国副代表陈楚大使（后来当了日本大使，再后来当了国务院外办主任）当翻译，陈楚大使不懂英文，但是中文“呱呱叫”，他是办报出身的，给他当翻译难度相当大，我干得很艰苦。我在复旦大学英文系念了五年，英文底子还是过硬的，后来又到北京外国语学院进修练英语会话。所以从这个角度来说，应该是能够胜任翻译工作的，但是我做不了，什么道理？就是由于“文化大革命”荒了两年，我到牛田羊军垦农场劳动了一年半，江西干校又待了一年半，加起来相当于五年时间没有接触外语。语言这个东西是个活的东西，你用它，它就熟，不用它，不管你以前学得多好，就没了。所以我到联合国以后第一项要做的事情就是学语言，怎么学呢？向谁学呢？我找到了一个办法，就是向电视学。我们中国常驻地是个旅馆，条件不大好，但是有一个好处，每一个房间都有一部电视机。美国电视有个好处，就是每天二十四小时有电影，也有其他新闻节目，我就利用了这个条件。我看电视时搬个桌子放在我的前面，拿个本子，记它的词汇，记它的短语，学它的文字，还学它的腔调。这么苦练了五年，我觉得我的英语不仅恢复了，而且某些方面还有所长进，长进在什么地方呢？腔调。我们不少人是在国内学外文，腔调方面普遍存在两个问题：一个是国腔，这个不可避免；另外一个是我们在学的时候用的教材比较老，所以学的是19世纪的语言，跟现代的语言不一样。电视语言是最现代的，所以这五年的艰苦奋斗还是有收获的，使得我语言的腔调比较接近现代美国人，接近联合国里头讲的语言。这一课对我以后的工作，特别是后来到联合国秘书处工作，大有裨益。

20世纪70年代我们在联合国里的工作有一个很大的特点。那时我们主要把联合国看做一个讲坛，利用联合国这个讲坛宣传我们的外交思想、外交路线，当时我们讲了个“三个世界”的理论，讲了反对“霸权主义”。这在联合国是独树一帜的，就我们中国一家是这样一个“调子”。我们的立场得到了广大发展中国家的拥护，每次我们发言以后，他们都长时间热烈鼓掌。他们私底下告诉我们说：“中国说出了我们想说而不敢说的话。”就这样，我们发展和巩固了与广大第三世界国家的战斗友谊，同时也并没有得罪美国。为什么没有得罪美国呢？从当时的反应就看出来了，每次我们讲完话以后，苏联总是要答辩的，美国从不和我们答辩。他们后来也告诉我们，他们心里有底，他们知道我们讲的是革命的道理，但是不输出革命。所以他们内部用了一句话，叫做“放空炮”，中国人讲话是“放空炮”，听听就算了，不要紧的。

在联合国工作还有一个好处，这里不像双边外交那样讲究对等，比如即便对方是大使，只要你坐在中国这个牌子后面，不管你是谁，都可以代表中国讲话，来反驳他。有时我们的代表讲完话走了，结果苏联答辩了，像我们这样低级别的外交官也有机会去进行反答辩。我第一次答辩的时候战战兢兢，基本上就是把我国代表原来讲过的话换个说法，重复一遍，但是经过这么几次以后练出来了。我后来曾经说，联合国有一个好处：培养和训练低级外交官的绝佳场所。所以我觉得在联合国，怎么样临场应对即席答辩，这个对于搞外交工作是很有用的，对于我以后做发言人，更为受益。

我第二次到联合国代表团工作，是 20 世纪 80 年代了。80 年代联合国形势已经发生了变化，从总体上来说，70 年代和 80 年代都是两条线交叉，一个是南北之间的对抗，一个是东西方之间的对抗，两条线在联合国里头交织在一起。70 年代这个交织主要表现为斗争的一面，到 80 年代主要表现为美苏之间谈“缓和”，以及第三世界和西方国家进行“全球谈判”，所以 80 年代在联合国是个对话和谈判的气氛。

当时我在代表团的分工是管经济，正好就是负责全球谈判。所谓全球谈判是个什么概念呢？那就是经过两次石油危机之后，西方国家发现自己也有一个软肋，那就是依赖于石油输出国的石油供应和稳定的石油价格，所以它们想通过某种方式的谈判来使得石油输出国组织在这方面做出承诺，保证石油的供应，稳定石油的价格。发展中国家则想利用石油牌来压发达国家在援助方面和金融体制改革方面做出让步，让发展中国家在世界银行、货币基金等机构有更多的发言权，能够获得更多的实际利益。这应该说是一个大的交易，谈判持续了相当长时间。

我在联合国这三年时间里，基本上就做了这一件事情。全球谈判中中国的地位和作用跟70年代不一样了，我们发挥了桥梁的作用。77国集团和西方国家都希望能够做成这个大交易，需要有人出来帮助它们双方搭桥，中国当时正好处于一个跟双方都说得上话的地位。长期以来我们跟发展中国家站在一起共同斗争，取得了77国集团的信任，而且我们的根本利益跟77国集团的发展中国家是一致的，所以它们知道我们不会出卖它们的利益。同时我们国内已开始实行改革开放，所谓改革开放主要是面对西方国家的，所以我们跟西方国家关系已有比较大的改善，西方国家也相信我们所提出来的主张会兼顾到各方的利益。我们在谈判第一线时主要做的工作就是寻找双方利益的交汇点，通过一定的文字将双方利益的交汇点表达出来，作为妥协方案提出来，争取被各方接受。在这场斗争当中我们多次发挥了这样的桥梁作用，得到了各方的好评。虽然最后谈判没有成功，但是中国的建设性作用在联合国得到了公认。

在这个过程当中，我自己也得到了锻炼，或者说上了一课，可以算是第五课了，就是搞外交要善于在不同的利益集团、不同利益的国家之间找到它们的共同点，找到利益的交汇点，找到妥协方案，把各方面拢在一起。这个基本功对后来我在联合国秘书处工作特别有用。联合国秘书处不是一支独立的力量，要将所有联合国成员国拢在一起、团结在一起才能够发挥作用。

我第三次去联合国工作，那是90年代，那时候联合国又变了个样子，所以我曾经说过，我四次去的联合国不是同一个联合国，是四个不同的联合国。赫拉克里特曾经说过："人不能两次踏进同一条河流。"那么联合国也是这么一条河流，它反映国际形势的变化，反映国际格局的变化。所以我四次去联合国的确感到联合国在变，70年代是南北对抗，是斗争的联合国；80年代是对话的联合国；90年代是安理会恢复作用，维和成为联合国的中心。在冷战时期，由于美苏互相对对方的提案行使否决权，安理会陷于瘫痪，几乎不开会。90年代随着苏联的解体和冷战的结束，安理会开始恢复活力。与此同时，因原来两个超级大国竞争而掩盖的一些矛盾爆发出来了，在原苏联地区、前南斯拉夫地区、非洲等一系列地区冲突爆发出来，需要联合国来发挥作用。所以90年代联合国的特点是，安理会成为联合国的中心，维和成为联合国的“重头戏”。人们曾认为，90年代是联合国的黄金时代。

1992年，联合国召开了历史上第一次安理会的首脑会议。我国是李鹏总理出席的，到现在为止，安理会历史上就开过这么一次首脑会议。首脑会议上通过了一个宣言——《扩大联合国维和行动》。整个90年代，在这个首脑会议的推动、授权之下，联合国的维和行动从80年代的5个增加到42个，维和人员达到8万人，比联合国总部1万人多好几倍，两年的维和经费达到90多亿美元，比联合国正常预算的会费多一倍多。我第三次去联合国工作正好碰上联合国这样一个机遇期。按照联合国秘书处一位高官的说法：“90年代，联合国被容许做冷战时候不让做的任何事情，而且不仅如此，现在人们还乞求联合国来做这些事情。”

我到联合国的时候，正代表先是李道豫，后来是李肇星。我作为副代表的分工是管安理会以外的所有问题，这样能够让正代表腾出手来集中精力把安理会搞好。但是结果，我的绝大部分时间也是在安理会度过的，到其他委员会就是念念发言稿罢了。为什么会这样呢？因为安理会的会议实在是太多了，李道豫也罢，李肇星也罢，一个人应付不过来。这里有组数字，1994年一年当中，安理会一共举行了165次正式会议。而安理会每举行一次正式会议，事先要举行好多次非正式会议来进行磋商，为正式会议准备文件。为了准备这165次正式会议，安理会举行了273次非正式磋商。而为了这273次非正式磋商，五个常任理事国又举行了至少270多次五常之间的磋商，这三个数字加在一起，一年365天每天至少要开两场会议。当然，成绩也是明显的，1994年一年当中，安理会通过了77项决议和82项主席声明。正是因为这样，我作为副代表，实际上大部分时间也是在安理会度过的。

整个90年代，中国在联合国发挥的是双重作用。一方面，我们是作为发展中国家的一员，跟发展中国家一起在联合国大会发挥作用，90年代的时候出现了一个新的模式，叫做“77国+中国”，那是巴基斯坦担任77国集团主席国的时候通过的决定，邀请中国参加77国集团的会议。但是中国块头太大了，不能够因为中国参加就把77国集团变成78国集团，只能说

77 国集团加中国。实际上 77 国集团也不是 77 国了。它在 1964 年开贸发会议成立的时候是 77 个国家，后来已经发展到 100 多个国家。另一方面，我们第一次作为大国发挥作用，参加了五常的磋商，作为安理会常任理事国活动，这个活动有助于提高我们的大国地位和影响力。当然也有一些批评的意见，认为五常操纵了安理会，因为一些重要的决议往往都是五常谈妥了，再把这个案文提交到安理会全体成员讨论，其他十个非常任理事国认为自己是处在二等公民的地位。中国参加五常磋商，发挥大国作用是中国联合国外交的又一次突破。

在 90 年代当中，我们还利用联合国的舞台打开了和西方国家的关系。最突出的一件事情就是老布什对伊拉克发动的战争。伊拉克在 1980 年入侵科威特，占领了科威特，这当然是非正义的，联合国决议要恢复科威特的主权和领土的完整。但是谁去恢复它呢？毛主席老人家说过："扫帚不到，灰尘照例不会自己跑掉。"萨达姆是不会主动撤军的，所以联合国又通过美国发起的决议，授权美国等西方国家对伊拉克动武。对这个决议中国是比较为难的，我们碰到两条相矛盾的原则：第一，伊拉克入侵科威特是非法的、不正义的，恢复科威特的领土主权完整是正义的，应该予以支持；第二，我们不赞成通过战争手段解决问题，主张和平手段解决问题，这两条原则在这里发生冲突了。我们对"美国扫帚"曾经有过体会的，能不能同意"美国扫帚"去扫呢？经过衡量利弊，中国投了弃权票。对中国这个弃权票，美国非常感谢，由于中国没有否决嘛，美国就可以名正言顺地对伊拉克动武了。这个弃权票投了以后，美国开始解除 1989 年之后对中美之间高层互访冻结的禁令，钱其琛同志就去访问了美国。所以这是一次通过多边推动双边的特例。

这段时间里我作为副代表，大部分时间也在安理会里度过。其中我印象最深的就是两位正代表交接的时候，李道豫大使已经离任到华盛顿担任驻美大使，李肇星还在国内，没有上任，这中间有两个月我当临时代办。正在这个时候，第一次朝核危机出现了，美国要把这个问题提到联合国来对朝鲜施压，我们的方针就是不赞成把朝鲜问题提到联合国来，认为这样做只会增加问题的复杂性，使得和平解决朝核问题变得更加困难。所以我在前方主持这个工作的时候就是守住这条线，即不赞成安理会开正式会议讨论这个问题，不赞成通过正式的决议。美国从国内派了一个叫卡罗奇的助理国务卿帮办，专门从华盛顿过来跟我谈。我们谈得很辛苦，谈了整整一个上午，谁也说服不了谁。最后他拿出“大棒”来，说如果中国不让步，明年最惠国待遇就没有了，你还要不要最惠国待遇？我们当然不能示弱，首先我们说明，我们在朝核问题上采取的立场，不光是对中国有利，对朝鲜半岛的非核化有利，归根到底也是对美国有利的。其次，说到最惠国待遇，这个是互惠的东西，美国如果取消最惠国待遇，受损害的不光是中国，也包括美国人民。结果还是他让步，接受了我们的方案，安理会不开正式会议，也不通过决议，只由安理会发表主席声明对朝核问题表示关注。搞外交是要这样，在一些根本问题上，不管你面临多大的压力，必须坚持，坚持到最后，只要你确实有理，对方是会让步的。

新世纪，我第四次去联合国，担任联合国副秘书长。这次我去联合国经历了一次角色的双重转换。第一层角色转换是从中国的外交官变成国际职员。过去不管是当联合国的副代表、外交部的发言人，还是驻日本大使，都是执行中国的外交政策，宣传中国的外交政策，争取国际上的支持，使得我们的改革开放有个良好的国际环境。到联合国秘书处，我们都宣誓不再接受本国政府的指示，必须按照《联合国宪章》、联合国秘书长的指示来行使。第二层角色转换，原来不管我在哪个单位工作，都是搞政策性工作，在联合国秘书处我管的那个部门叫做联合国大会和会议管理部，这个部门是秘书处里最大的一个部，有1200多人。我的一项任务就是给大会主席当参谋，每次会议之前为他准备腹稿，准备应对各种情况。如果现场出现特变的事情，临时向他提建议，保证大会主席能够顺利主持会议。另一项任务是管好会议服务，我部1200多人大部分都是会议服务人员，如笔译、口译、打字员、编辑、印刷、出版等等。我上任没有几个月，我部门管财务的司长拿了一个表给我看，财政赤字，连续亏损3800万美元，我就要找管财务的副秘书长要钱，那是个美国人。问美国人要钱那是要受气的，他没有给我好脸色看。在成员国会议上，美国、德国这样一些出钱多的大国就纷纷提出批评。所以我觉得不能再这样下去。怎么办？就要找造成赤字的原因。此后五年我所做的事情就是找出造成亏损的原因并且解决它。经过调查研究，我发现了问题所在，就像我国第一任出席联合国大会的代表乔冠华早就指出的，联合国“文山会海”，会议太多、太长、太不定时，随时可以开，又随时可以取消，文件太多、太长、太重复，造成了我们这个部门这么多的赤字。五年间我着重在“文山会海”方面开刀。经过五年的努力，成功扭亏为盈，也学会了怎么样做好一个管理人员。

至此，我在联合国这个大课堂的学习就告一段落了。我今天的讲座也至此结束了，谢谢大家。

三、谁能代表联合国

首先声明一点：到 2007 年 7 月底我已经从联合国和外交部两个单位退休了，所以我今天的讲话，一不代表联合国，二不代表外交部，纯粹是我个人的体验和个人的看法，供大家参考。我主要讲三个问题。

（一）关于联合国

第一个问题是什么是联合国？谁能够代表联合国？这个问题之所以会产生，主要还是因为上任联合国秘书长科菲·安南，他在任期的十年内频频在媒体曝光，就各种重大的国际问题发表看法，所以人们普遍认为他代表联合国，他是联合国的代言人、发言人。这个说法严格来说不太确切，因为联合国是一个没有主权属性的多元体，没有一个联合国的机构或者说联合国机构的人能够全面地、完整地在任何时候、任何问题上都代表联合国来讲话、做事情。

为什么说联合国是一个多元体呢？首先是相对一元化而言的，我们中国老喜欢讲一元化领导。联合国是个缺乏一元化的组织。联合国机构繁多，单是写进联合国宪章里面的就有六大机构，被称为宪章机构，即联合国大会、安全理事会、托管理事会、经济及社会理事会、联合国秘书处以及总部在海牙的国际法院。这六大机构都是平等的，而且六大机构的成员组成、管辖范围和决策程序各不相同。

举两个例子来说明，一个是总部设在海牙的国际法院。国际法院是负责诉讼管辖的，就是说两个联合国的成员国自愿地、主动地把它们之间的争议交给国际法院来裁决，并且事先宣布接受国际法院的裁决，这就成为一个案子。最近发生了一件事情，就是尼日利亚和它的邻国喀麦隆之间的纠纷。这两个国家间有一块飞地，原来双方没有明确地划界，过去两个国家都不太在乎，谁也没有说这块土地是我的，但是前不久在这块土地上发现了油气。大家都知道哪里有油气哪里就有争端，所以这个争端就产生了——这块土地到底归谁，这个油气资源到底归谁所有。要是没有联合国，这两个国家有可能就打起仗来。这个时候联合国的秘书长安南，利用他秘书长的身份，利用他是非洲人这个特殊的有利条件从中斡旋，在他的斡旋之下这两个国家同意接受国际法院的裁决。国际法院的大法官们经过半年多时间做出裁决，将这块地判给喀麦隆，这两个国家接受了这个判决。现在这两个国家在联合国组织之下成立划界委员会，对两国之间的边界进行划分。国际法院这个做法是联合国其他机构所没有的，它的管辖范围显然和联合国其他一些机构是不同的。

还有一个例子是经常发生的，就是如果一个决议草案在安理会通不过，可以拿到大会去通过，尤其是中东问题。中东问题中如果是涉及到批评和遣责以色列的决议草案拿到安理会去表决的话，美国是一定要否决的。中东阿拉伯国家往往把同样的草案原封不动地提交到联合国大会去。所谓原封不动实际上就是动了几个字，就是改了主语，原来的主语是安全理事会认为怎么样怎么样，他们把安全理事会换成联合国大会，即联合国大会认为怎么样怎么样。然后拿到联合国大会一投票往往是100多票赞成。美国、以色列还有两个小国、岛国，一共四个国家反对，欧洲大部分国家是弃权，毫无疑问绝对多数通过。人们就会问了，是安理会否决这个决议草案代表联合国，还是大会通过这个决议草案代表联合国。

由于联合国六大机构互相平行，没有一个机构能够在所有问题上、任何时候都代表联合国，因此这些机构所通过的决议不用联合国这几个字做开头，只能用本组织的名义。安全理事会就是安全理事会，大会就是大会。联合国文件里面唯一用联合国这个名字的就是联合国宪章，从这个意义上来说只有联合国宪章是代表联合国的。

为什么联合国没有独立的主权？

联合国在这个方面跟欧盟不一样，参加联合国的成员国并不需要把国家主权的任何一部分让渡给这个国际组织。正是因为这样，联合国没有独立的权利。它的权利来自于哪里呢？来自于它的成员国，现在是 192 个成员国，这 192 个成员国就是联合国的老板。其中特别是五个常任理事国就是联合国的大老板。是它们——联合国的成员国——决定哪个机构在哪个问题上可以代表联合国来行事和说话，也包括联合国秘书长。

（二）关于联合国秘书长

联合国宪章对联合国秘书长的职权规定是比较笼统的，共有两条：第一条规定联合国秘书长是联合国的首席行政官，即秘书长有行政权力；另外一条规定联合国秘书长有权就威胁国际和平安全的问题向安全理事会提出报告，就是说秘书长有报告权。宪章规定秘书长有行政权、报告权，唯独就是没有决策权，决策权保留在成员国手里。所以联合国秘书长要能够真正代表联合国讲话和行事，取得这样独立的地位，并不是很容易。他既受到联合国宪章规定的束缚，更多地是受到联合国成员国的制约。

根据我的观察，在前七位联合国秘书长里面，有三位为了争取联合国秘书长的独立地位做出过努力，而取得较大成功的是第七任联合国秘书长科菲·安南。

这三任，第一位是第二任秘书长瑞典的哈马舍尔德；第二位是第六任联合国秘书长埃及的加利；第三位就是第七任秘书长科菲·安南。哈马舍尔德担任联合国秘书长的时候，他是第一位被普遍认为对联合国秘书长这个职位体会比较到位的人。他曾经说过这么一段话，“联合国秘书长没有军事力量，也没有经济手段，它唯一有的就是国际道义力量”。他作为秘书长的确也是把这个道义力量用足了。特别是在 1956 年苏伊士运河事件时，埃及宣布收回苏伊士运河的主权，英法两个老殖民主义国家不接受，派兵去占领苏伊士运河。这一举动引起了美国和苏联两个超级大国的不满和反对。哈马舍尔德就趁着这样的一个机会出面调停，促使了英法撤军，并且在联合国历史上第一次派出了维和人员，进驻苏伊士运河。在总结这次成功的维和经验的基础上，哈马舍尔德提出了一系列维和原则，这些原则一直到现在还在继续使用。就是因为在这样一次事件当中，他体现了联合国秘书长的独立作用，做出独到的贡献，所以被世人认为是联合国历史上一位有成就的秘书长。现在联合国大楼有三个建筑物，其中联合国图书馆就是以哈马舍尔德的名字来命名的。但是他的下一步行动就失败了，刚果发生冲突，他的介入间接或者直接导致了刚果的民族英雄卢蒙巴惨遭杀害，他自己也是在一次去刚果执行任务的时候飞机失事而牺牲的，没有完成十年的任期。所谓十年，一般联合国秘书长可以连任一次，两个任期加在一起就是十年。

第二个努力要把联合国宪章给秘书长的授权用足，并且想取得独立地位的是加利。加利上任的时候正好是冷战结束，安理会开始恢复作用，维和成为联合国的一项头等大事，安理会召开了历史上第一次首脑会议。首脑会议通过维和的宣言，要求秘书长就维和问题提出设想。加利的确利用了这样的历史机遇，连续提出了和平纲领及发展纲领。应该说，那个时候他踌躇满志，也有点冲昏头脑。他发表了这样一个讲话，原话是这样说的，“作为秘书长，我要比我的前任承担更多的责任，这就要求维护我职位的独立性，跟任何反对我履行职权的成员国进行对抗，不管它是大国还是小国”。他发出了“对抗”的宣言，而且行动上也是这样做的。首先跟美国对抗，跟当时美国的常驻代表奥尔布莱特对抗，后来她当了国务卿。她当了国务卿以后第一件事情就是绝对不能让加利连任，所以加利成为到目前为止联合国历史上唯一一位只当了一任就下台的秘书长。

第三个把联合国秘书长这个职位道义力量利用足的是安南，而且他完成了十年的任期。他在十年里面做的事情对全球、对国际社会造成了震动，其中带有一点开拓性的共有三件：

第一，他倡导所谓“千年发展目标”，把消除贫困作为国际社会的共同目标。在他的推动之下，“千年发展目标”写进了 2000 年首脑会议的宣言。

第二，他倡导人权，把人权提高到与安全和发展同等重要的地位，成为联合国的三大支柱和三项主要任务，并且在这个基础上提出了“人道主义干预”的理论。经过相当长一段时间，到 2005 年联合国成立六十周年的时候，这个内容也写到了首脑会议的文件当中去。

第三，在美国总统小布什对伊拉克发动战争的时候，他对美国不经过安理会的授权，单方面采取行动对伊拉克开战表示反对，并且始终坚持联合国一贯倡导用和平方式解决争端的立场，也表现了他的独立原则。

所以，尽管他因为第三件事情激怒了美国政府，特别是美国政府里面的保守派和新保守主义者，后者在联合国掀起一场搞臭联合国、搞臭秘书长的运动，即所谓“石油换粮食丑闻”调查。当时联合国在对伊拉克进行制裁的背景下，为了保证伊拉克人民不受到制裁的损害，允许伊拉克出口一部分石油，这个钱由联合国来管，用来买粮食和药物提供给伊拉克的人民。美国抓住这个项目可能有的腐败问题做文章让安南承担责任，这就是所谓的“石油换粮食丑闻”。但是最终调查结果最多也是管理不善的问题，没有什么大的腐败。特别是对比美国对伊拉克战争里面出现的腐败问题，完全是小巫见大巫。

所以，尽管美国最后有企图搞臭秘书长的运动，但最后安南离任前在联合国大会上做告别演说的时候，多次被掌声打断，演讲结束的时候更是全场起立，长时间热烈鼓掌。这就表明了广大联合国的会员对安南的十年任期总体上来说是充分肯定的，对他的肯定也是对美国的示威。舆论对他的评价也相当高，给他封了一个称号说“安南是世俗的教皇”。

到现在为止，为什么只有三任秘书长把秘书长所拥有的道义力量充分用足，并且取得独立地位？为什么只有一人能够善始善终呢？我就近观察后觉得有两个原因：一个是外因；另一个是内因，即个人的因素。

所谓外因就是国际形势。具体到联合国里面来说，就是联合国的成员国是否允许和需要秘书长发挥他的独立作用。就这一点来说，七任联合国秘书长里面有四任完全没有这样的机遇，他们处于美苏两霸争夺的冷战时期，搞不好就会惹一身祸。所以那四位联合国秘书长还是很明智的，知道不可为所以没有为。加利和安南碰到联合国历史上最好的时期，冷战结束联合国能够发挥作用。而瑞典的哈马舍尔德在短暂的时间里面，在苏伊士运河特定的问题上，正好碰到美苏两国意见一致，所以有这个机会。其他几位都很遗憾，生不逢时。

讲到个人的因素，我觉得主要是两项因素：一个是悟性；一个是平衡感。

所谓的悟性，就是要知道秘书长的道义力量用到什么程度是成员国还能容忍的，不能够超过这条线。从这一点来看，从秘书处一步一步走上来的安南显然对成员国的容忍度比较了解，而原来是埃及副总理兼外长的加利，一下子从外国空降来当秘书长，对这个就没有体会，所以他才会说出“对抗”这句话。同样是这个意思，安南不是这么说的。他这样讲：“作为秘书长，只有在他不显得是为某一个国家或者某一个集团的狭隘利益服务的时候，他才有可能增进所有国家的利益。”

这句话也讲到独立性，但是他把自己的身段放低了，不是以挑战的口吻，某种意义上是以一种乞求的口吻来讲的。只有你给我独立性我才能为你服务，这样的话当然大家都可以接受。

并不是说安南因为比较了解就不用足他的权力。在这方面来说，我觉得他在上述三件事情当中，头两件事情充分表现了他把秘书长这个岗位所特有的影响力用足了。

第一件事情就是刚才讲的——“千年发展目标”。对于“千年发展目标”，美国从本意来讲是不想支持的，美国对援助发展中国家已经没有很大的兴趣。秘书长是怎么做的呢？他先通过做美国公民社会的工作，争取了很多有名的明星和很多有地位的企业家的支持，然后在美国造成舆论，再把美国政府推上去，使得美国也接受了这个“千年发展目标”。

第二件事情是人权问题，这是联合国里面相当一部分国家有疑虑的，特别是非洲国家。安南就是利用刚刚当秘书长不久，出席非洲首脑会议的时机，向非洲国家先推出这个思想。非洲国家碍于他是来自于非洲刚刚上任的秘书长，虽然有疑虑，但没有对他提出这个思想进行质疑。然后他通过六七年时间慢慢地一步一步往前推，最后把这个事情推成功，写进了联合国文件。这就是我讲的悟性的方面。安南知道他的老板是成员国，必须要把身段放低，也知道他有一定的道义力量，通过耐心的推动可以让成员国接受一些他认为正确的事情。第二是平衡感。从平衡感来讲，拿他（安南）跟哈马舍尔德比较，就能看出他比哈马舍尔德高明的地方。联合国里面、秘书处内部对哈马舍尔德的评价很多认为，安南是继承哈马舍尔德的观念，是哈马舍尔德的忠实继承者，但是我认为安南比哈马舍尔德高明。

哈马舍尔德输就输在他的平衡感不好，在刚果事件出来以后，美国和苏联是各站一边的，他在刚果事件处理上基本站在美国这一边，做了符合美国和西方国家利益的事情，受到苏联的批评。所以甚至有人怀疑他飞机失事是苏联特工搞的，当然没有证据。而与此相反，安南的平衡感比较好，他说作为秘书长我要和美国搞好关系，但是同时我要做 190 个（那个时候是 190 个成员国）成员国的秘书长。他是这样讲的，也是这样做的。在历届秘书长里面，他是往华盛顿跑得最勤的一个，经常跟美国各界保持联系，不局限于政府，还包括美国的企业界、新闻媒体和社会名流。在美国社会名流当中，他的个人魅力是得到大家公认的，但并不是因为这样，他讲话就不兼顾到其他各方的利益，他的讲话还兼顾到各方的利益。很多例子都可以举，但我觉得最杰出的、能够体现他平衡感的例子就是对美国的一位大使、常驻代表伯尔顿的评价。

在联合国成立 60 周年首脑会议召开之前，美国总统在两院休会期间，利用休会提供的权利，任命了一位新保守主义的代表人物伯尔顿来担任美国驻联合国的常驻代表。这个人对联合国一直持否定态度，所以他来本身已经引起联合国的警惕了。他上任以后首先做的事情就是对当时已经基本上谈成的首脑会议文件提出了 170 多个修订草案，等于是要把它推倒重来。这在联合国引起了普遍的反感，包括美国的盟国。在这样的情况下，有一次安南出席安理会会议出来的时候，记者就问他对于伯尔顿跑到联合国强行推行美国的这一套有什么看法。他是这样回答的，“任何一个国家的常驻代表到联合国来都是要推行本国的主张的”，这一句话给了伯尔顿一个面子，但他下面接着说，“问题在于是否成功，这就要看你能不能说服别的国家常驻代表，并且听取别人的意见”。这句话就兼顾到其他所有对美国不满国家的意见。

所以，我认为正是在这一点上，他比哈马舍尔德高明，才能成功完成十年的任期。当然十年当中见记者那么多，不可能不出点纰漏，他就有两次出了一点纰漏，从应对记者的角度来说出了一点毛病，其中最致命的、引起他和美国关系破裂的一次就是他讲了美国入侵伊拉克是非法的。实际上那次他是被记者套进去的，并不是他的本意。当然他一贯对美国入侵伊拉克持批评态度，但是用尖锐、过激的语言不是他的风格。那次 BBC 的记者问他，你认为美国入侵伊拉克是不是非法的？秘书长的第一个回答是联合国传统的立场，对美国表示了批评，但没有正面回答到底是非法还是合法的。记者第二遍再问他，他还是避开正面回答。第三遍记者再问他，并说你就用一个词回答我“到底是合法或非法”的，这次他没有绕过去，他说，“如果你一定要问这个行动是合法的还是非法的，我说这是非法的”。第二天媒体的标题就是，“联合国秘书长说美国的伊拉克战争是非法的”，这句话实际上是给记者套出来的。

经过七任秘书长以后，联合国是不是不会出现像安南这样的秘书长呢？我觉得眼下比较难。第一个原因在于，美国已吸取了教训，安南是美国推出来的，但是最后在某种意义走上了跟美国对抗的道路。所以，美国常驻代表在竞选安南继承人时就明确地说，联合国需要的是一个强有力的行政管理人员而不是外交明星。很显然，他需要一个老老实实办事的人，不需要再像安南这样的外交明星，他认为潘基文是这样的人。潘基文上任以后，首先提出要恢复联合国秘书处和成员国之间的信任，首要的是恢复联合国和美国的关系，从这一点来说美国是欢迎的。他上任以后，任命他的班子也照顾到了这一点。潘基文能够当上秘书长，主要得益于美国和中国这两个国家的支持，所以他要回报这两个国家。怎么回报呢？安排副秘书长的位置。原来由美国人担任的副秘书长管内部工作，即人权、财权、总务，这次美国提出来要换一换，要管政治事务。我们提出来要当管经济和社会事务部的副秘书长。

潘基文实际上已经答应这两个国家，来满足美中的要求。他为了避免太明显地照顾美中的利益，在任命新班子的时候采取了一种做法，我把它叫做东方文化，“欲取之，先予之”。因为政治事务部副秘书长原来是非洲人担任的，经济和社会事务部的副秘书长是拉美人担任的。他上任后首先任命一个非洲人当常务副秘书长，这个位置比副秘书长高半个台阶。然后再任拉美人担任主管内部人事、财务大权的副秘书长。意思是我把这两个重要的岗位给非洲人和拉美人，隔了差不多一个月才任命美国人担任政治事务的副秘书长，任命中国的沙祖康担任经社事务竞技副秘书长。美中一个管政治，一个管经济。

第二个，我到联合国当主管大会事务的副秘书长的时候，第一个担任大会主席的是韩国的外长。那时潘基文就是韩国外长大会主席办公室的主任，我跟他接触就感觉到他的长处在于务实和灵活。他上任以后发生的第一件事情，是伊拉克政府对萨达姆等人执行死刑，引起国际上反对死刑舆论的反感。他们问秘书长你对死刑问题有什么看法？潘基文回答，“每个国家是保留死刑还是取消死刑是每个国家自己的事情”。马上引起媒体舆论的哗然。

从务实主义的角度来讲这句话没有错，联合国不可能干涉属于各国主权的事情，这已写进联合国宪章。美国是保留死刑的国家，中国也是保留死刑的国家，他讲这个事情没有得罪两个大老板，应该是可以的。只是没有想到另外一点，作为联合国秘书长，要站在“道义的至高点”，要高于现实，尽管不能实现，但还得讲。所以，媒体对他的评价很差，认为他没有体现联合国秘书长这个岗位应该有的国际道义力量和理想主义。所以，我曾经说他现实主义有余，理想主义不足。但是，并不能说他的务实主义和灵活性不能有所成就。像最近的苏丹达尔富尔事件，他通过耐心的斡旋，最后修改了他的前任安南的方案，使其能够被苏丹政府所接受，最后安理会一致通过这个决议，成功地解决了苏丹事件。

四、变革时代的联合国和全球治理的新架构

我今天讲的题目是“变革时代的联合国和全球治理的新架构”。我在联合国工作或与之打交道前后长达30年，但在这中间一直没有意识到自己正在参与全球治理，直到勃兰特在冷战结束后成立了一个“全球治理委员会”，提出了“全球治理”的概念，才知道有“全球治理”这么一件事。

全球治理如何界定，学者争议比较大，我想还是应用联合国的说法。联合国经济及社会理事会在2006年的一份报告中是这样界定的：“所谓全球治理，是为了应对单个国家无力处理的全球问题而做出的集体努力。”它把最后的落脚点放在了“集体努力”，这样包括的范围就很广了，既包括机构、架构，也包括任何一种进程、方式。从架构的角度来说，联合国应该是二战后第一全球治理架构，它完成或基本完成了二战后国际社会交给它的主

要任务，主要突出的成就有四个：第一是完成了非殖民化进程；第二是发动了规模最大的经济社会发展历程，即四个“发展十年”和“千年发展目标”；第三是和平解决了一系列国际争端；第四是制定了一系列国际关系准则。

在完成或基本完成了这样一些历史任务之后，联合国当前面临的挑战是，因为自己机构本身的刚性，没有能够适应21 世纪国际形势的变化，进行更深刻的改革，所以在一些问题上被边缘化了。特别是在金融海啸发生之后，国际社会推出了一些全球治理的新框架，其中特别是二十国集团，并且伴随着出现了一系列以 G 字打头的组织，称为 GX，因为谁也不知道最后有多少个 G。从某种意义上说，全球治理主体已经进入多元化时代。GX 时代如何发展，什么时候会出现一个统一的、全覆盖的全球治理架构，这将取决于国际形势的变化及大国关系，尤其是中美关系的变化。下面我将分两部分讲，第一部分是联合国的变革和变革中的联合国。

联合国自成立以来一直在改革，并非一成不变的。从我自己观察的角度来看，可以分为三个阶段，出现了三个里程碑式的事件。

第一个里程碑是 1971 年，联合国大会通过恢复中国联合国席位的决议。这个决议的通过既标志着中国从此走向了世界，也标志着联合国性质的变化。联合国里的多数已经不是掌握在美国等西方国家手里，而是掌握在亚非拉第三世界国家的手里。联合国从美国的一个工具，成为国际合作的舞台。但是，伴随着这个情况的出现，也潜伏了一个矛盾，就是联合国大会发展中国家凭借多数通过的决议，常常得不到实际上反对这些决议的少数发达国家的执行。最典型的例子是 0.7% 的 GNP，联合国决议规定发达国家将其国民生产总值的 0.7% 拿来援助发展中国家，决议是通过了，但是美国宣布不接受，其他西方国家虽然理论上接受了，真正做到的却很少。这种多数决策者和少数执行者之间的矛盾导致了一种现象，即“议而不决，决而不行”，对联合国的声誉造成了巨大损害。于是各方均对联合国大会、经济及社会理事会等一些机构不满。发展中国家要求联合国大会决议得到执行，发达国家强调联合国大会决议只有道义力量，没有自我执行的法律约束力，而且要求改革联合国大会，并声称如改不成，就削弱这些机构的作用。现在越来越多的本来应该在联合国大会、经济及社会理事会等机构讨论的议题，被拿到安理会去讨论，因为安理会做出的决议是具有约束性的，各国必须执行。这是第一个里程碑和它带来的问题，即民主和效率间的矛盾，由于找不到一个平衡点，联合国大会和经济及社会理事会的作用受到了削弱。

第二个里程碑是冷战结束、苏联解体后，当时担任联合国秘书长的德奎利亚尔第一次把五个常任理事国的代表叫在一起，吃了一顿午饭，从此开始了五常的磋商，也从此开始将安理会这个长期沉睡的组织唤醒了。整个20世纪90年代成了五常磋商、安理会活动最频繁的十年，这十年绝大多数安理会通过的决议都是五常磋商达成一致后提交安理会通过的，效率应该是相当高的，某种意义上也实现了联合国宪章起草人所设想的联合国应该在大国一致的基础上开展工作。那么，五常为何能在那么多的问题上达成一致呢？因为当时有一个共同的利益，就是五常都希望冷战结束后的混乱、内战和小国之间的战争能够停止下来，有一个和平稳定的世界，不想世界大乱。这样一个基础使得五常能够在十年当中进行密切合作，实现了联合国历史上的“黄金时期”。但是，这也带来了一个矛盾，就是常任理事国与非常任理事国间的矛盾，安理会成员与广大联合国会员国间的矛盾，带来了对安理会行动合法性和权威性的质疑，从而也带来了要求改革安理会的强烈呼声。

大家都知道，目前安理会的改革没有任何进展，原因我想有三层。第一层是五常实际不愿意改革，美国虽口头声称支持印度和日本，但真实的想法并非如此。上次在首尔的时候，我跟美国联合国协会的会长共进晚餐，他说现在最不希望也最不着急改革的两个国家有两个，即中国和美国，因为不管未来什么时候改革，这两个国家都将是常任理事国，最着急的国家是英国和法国，它们频频提出折中方案，希望安理会能够改革，因为再晚十年，英法是没有地位的。所以，在安理会五个常任理事国当中，基本上三个国家即美、中、俄对改革是不积极的。第二个层面是二流国家和三流国家间的矛盾无法解决，找不到利益的交合点。印度要进去，巴基斯坦是不干的；日本要进去，韩国是不干的；德国要进去，意大利是不干的。意大利大使曾经讲过这样的话，“踏着我的尸体进去”。在非洲，到底谁当常任理事国，是南非，还是人口最多的尼日利亚，还是阿拉伯世界具有某种领导地位的埃及？拉美也不能解决是巴西、墨西哥还是阿根廷当常任理事国的问题。所以，在二流国家和三流国家间的矛盾造成了安理会改革的困难。第三个层面也是最根本的原因是没有一个分水岭，能够将国家的大小和实力明确区分出来。原来的五个常任理事国是第二次世界大战的战胜国，拥有无可争议的地位，没有人能对它们提出挑战。因为我打胜了，我做出了流血牺牲。现在国际多极化进程还在发展当中，哪一个国家会成为一极还要观察，还找不到一个分水岭能够表明哪几个国家是绝对的强国，必须当常任理事国，离开了它们世界就无法运转了，所以这个问题还处于议而不决的阶段。

那么，作为联合国的研究者，要判断有没有阶段性进展的可能，我觉得有两个观察点。一个观察点是看 G4（日本、德国、印度、巴西）能不能接受折中方案。现在折中方案有很多，英法提出一个方案是，准常任理事国，连选连任。我在首尔的年会上也提出了一个折中方案，比英法的还严格，就是“两个多数，不点名”。两个多数是，你要当安理会连选连任的准常任理事国，必须得到地区的多数和联合国的多数通过。不点名是指，不说哪几个国家是准常任理事国，只有 4—5 个位置是给有资格当选的国家，这样就也照顾了中国等国的国民感情。我的这个方案提出后，日本很高兴，说我思想比较开放，因为它有把握拿到两个多数，但印度不接受，它觉得这样就把自己放在巴基斯坦手里了，要向巴基斯坦妥协才能进去。还有更高的要求，大家知道非洲集团提出要两个常任理事国席位，并且要有否决权。所以第一个观察点是 G4 能不能达成一致，接受一个最低方案。第二个观察点是能不能突破“协商一致”，五个常任理事国和第三层国家的一致观点是，安理会改革必须“协商一致”。如果突破这一点，通过投票由多数决定，不要“协商一致”，那么像日本这样的国家就能进去了。这是第二个观察点。

第三个里程碑是第二次伊拉克战争。大家知道，小布什上台后，改变了美国的政府政策，奉行新保守主义。提出要用民主价值观改造世界，也就是从“status quo power”变成一个“revolutionary power”，并且将中东作为他的突破口，将伊拉克作为他的试验田，发动了一场伊拉克战争。从联合国的角度来说，造成了历史上前所未有的分裂，就是中、俄、法、德站在一边，美、英站在另一边。这场战争爆发后，所有的人都对联合国不满意，支持这场战争的人觉得联合国反美，不替天行道；反对这场战争的批评联合国没有阻止战争，联合国的地位与信誉受到历史上最严重的挑战。当时的秘书长安南说，“联合国从此进入了十字路口”。应该说，联合国至今未走出这个十字路口。

从现在的情况看，由于联合国机构本身的刚性以及内部错综复杂的利益关系，联合国要进行深刻改革以迎接新时代的挑战，在可预见的将来，是不可能的。

由于联合国这样一种状况，金融危机爆发后，对国际关系，对全球治理的架构造成了十分巨大的影响。把这件事情说成是划时代的性质好像有点过头，而仅把它说成是里程碑又有些不够。上海的一位学者说是阶段性的，是国际关系发展的一个阶段性变化，国际力量对比的一个阶段性变化，也是全球治理框架的一个阶段性变化。其中最突出的当然是把 G20 这个原来就存在的组织推到了全球治理特别是经济领域治理的中心地位，并且伴随着产生了一系列“G”。这些“G”组成各不相同，出席的层次各不相同，活动的方式各不相同，处理的问题也各不相同，而且成员的组成和处理的议题又处于不断的演变当中。这个事实说明，在 21 世纪，国际社会出现了利益诉求的多元化，“major players”的多元化，以及新的问题、新的挑战的层出不穷，因此全球治理多元化的时代长期在我们的生活当中出现。这还表现在，有些“G”是地区性的，有些“G”是跨地区性的，有些“G”是全球性的；有些“G”有单一议程；有些“G”有综合性议程；有些“G”已经机制化；有些“G”是论坛性的。相当一部分“G”是围绕 G20 的，比如“金砖四国”、G7/G8，差不多只是 G20 内的协商小组。有的“G”在走向更加机制化并扩大范围，比如上海合作组织，一开始只是反恐，现在进入到经济领域，最近又开了一次会议，讨论怎样保护野生老虎，所以它的范围在扩大，成员也在扩大之中。还有北约，提出了一个新的战略概念，想在新的时代发挥新的作用，并且把俄罗斯也以某种方式联系进去。

这样一些全球治理的框架和联合国是什么关系呢，我想它们是对联合国不足的补充，没有也不可能取代联合国，没有也不可能在可预见的将来和联合国合并。

首先讲一下对联合国的补充。还是拿 G20 作为例子。金融危机爆发后，本来应该由联合国及相关机构来处理的，联合国里有经济及社会理事会，是负责处理经济问题的，联合国的相关机构国际货币基金组织和世界银行应该是有权处理金融问题的，但是这些机构由于先天不足没有被赋予这样的任务。为什么呢？因为经济及社会理事会虽然是在各个地区推荐后选举产生的，但一旦当选后，只作为单个国家不再代表它的地区发挥作用。所以，查一下经济及社会理事会的组成，它的成员在任何时候都代表不了全球人口、GDP 及全球贸易的多数。而国际货币基金组织和世界银行虽然比较权威，但其权利分配很不平衡，特别是不能反映 21 世纪全球重心向亚洲转移、向新兴市场转移的特点。所以，G20 的出现补充了这两个组织的不足，G20 确实是最有代表性的，它代表了全球人口、全球领土、全球 GDP、全球贸易、全球外汇储备的多数，全球主要储备货币都在里头，而且发达国家和发展中国家各占一半。当然各占一半是否就是平衡，发展中国家可能认为不平衡，因为发展中国家的数量更多。但是，从全球经济治理来说，到目前为止还没有一个更好的组织能够代替它，所以由它来补充联合国的不足。

G20 没有取代联合国，因为它没有某些职能，所以从全球治理的角度看，现在主要是两足鼎立，联合国和 G20 并存互补。联合国里有三个机构在发挥作用：联合国大会，作为世界上的议会；联合国安理会，在维和方面的作用不可替代；联合国秘书长，作为世界道义力量的代表。

作为两足鼎立当中的一员，G20 峰会做决策，然后由国际货币基金组织和世界银行以及 WTO 来执行。现在的全球治理似乎形成了这样的架构，就是联合国机构和 G20 各自发挥自己的作用。

这两个组织不可能合一，原因也很简单，一个是 G20 不会愿意进入联合国。大家知道国际货币基金组织和世界银行与联合国之间就只有虚线联系。联合国和它的专门机构之间有一个图表，在图表中，联合国是中心，世界卫生组织、联合国教科文组织等和联合国是直线，它们作为广义的“UN family”或“UN system”的成员，但是国际货币基金组织和世界银行和它是虚线，它们作为“UN related agencies”，从不接受联合国的指示。

联合国秘书长每年会和各个机构的负责人在一起开个会议，这两个机构也从不在与会之列，而联合国192个成员国也不会愿意G20代表联合国来管理全球经济，所以在可预见的将来两者不太可能合二为一。

很不幸的是，全球治理多元化的时代也是一个全球治理缺失的时代，没有一个涵盖全球所有问题、覆盖世界每一个角落的一元化全球治理结构。全球治理缺失的时代会带来很多问题，在我们亚洲地区，全球治理缺失所带来的问题尤为严重。亚洲地区既没有一个集体安全机制，也没有经济一体化的机制，这种情况对中国的崛起是相当不利的，对美国则是比较有利的。大家看到美国把一个个国家拉过去，和它们搞自由贸易协定，先是从新加坡开始的，而中、日、韩之间的自由贸易协定还没有谈起来。在安全问题上，美国也是有日、韩、澳作为盟国，最近在拉印度，我们都是被排除在外。这就是我们面临的一个挑战。我们要不要主动推动亚洲安全体制的建立和经济贸易一体化？比如日、美、韩三边对话，我们要不要参与进去；美、日、澳、韩安全对话如开展，我们要不要做观察员去旁听。还有其他类似的机制，我们应该采取什么政策？我本人的主张是参加、利用、限制、改造。只有参加进去，我们才有发言权，才能限制对我们利益的损害。这里需要我们有自信，因为所有这些机制都是美国主导的，进去之后可能就面对三对一、四对一的局面。但这需要中国有自信，相信我们这个“一”不是小的“一”，而是大的“一”，其他一些国家也不会在一切问题上都跟美国走。一旦有自信，我们就可以参加进去，发挥作用。

最后一个问题，全球治理架构的多元化局面会不会变，这要看大国关系，尤其是中美关系。中美关系一直是既有合作，又有竞争，有些时候以对话为主，有些时候以对抗为主，某种程度上是矛盾不断、斗而不破。这种关系会不会变化，这需要双方都做出变化，美国要调整，中国也要改变“和而不同”的方针，采取“求大同存小异”的方针，理论上说这种方案是可以找到的。但从目前舆论导向来看，好像不是往这个方向走。第二种可能是中美之间的全面对抗，就是中国挑战美国老大的地位，美国要遏制中国的发展。这种趋势不仅理论上存在，而且两国的民情、舆论似乎有朝这个方向发展的可能。如果两国关系朝这个方向发展，那么必将给国际关系以及全球治理架构带来重大变化。这是我们不希望看到的。

最近（2010 年 11 月下旬），中国主管美国事务的外交部副部长跟美国记者谈话，在谈话中，他说中国永远不会取代美国的老大地位。时隔不久，12 月初，更高的领导在外交网上发表长篇文章，阐述中国的战略意图，指出“至于说中国要取代美国，称霸世界，那是神话”。两位外交界的领导人说的是同一个意思：中国永远不会取代美国当老大，称霸世界。我想这不是故作谦虚，也不是一般的韬光养晦之举。对中国的发展前景应该一分为二看。一方面，我们有 13 亿勤劳勇敢的人民，有中国共产党始终如一的领导，坚持邓小平理论，把发展作为国家至高无上的核心利益，一定能在 21 世纪内实现中华民族的复兴，使中国成为一个顶尖级（不是唯一）的全球性强国。但是，另一方面，作为国人，我们应该有自知之明，知道中国受到某些因素的制约，不适合当老大，称霸世界。我想到有三方面因素：一是地缘政治；二是历史文化；三是民族性格。

地缘政治因素最明显。大家看看美国，北面是加拿大，南面是墨西哥，两边是海洋。从地缘政治来看世界上没有一个国家能够有美国这样好的地缘政治环境，可以说是“海阔凭鱼跃，天高任鸟飞”，上帝给了这个新国家太好的地理位置。中国是什么地缘政治环境呢？大家打开地图一看就知道。

第二个因素是历史文化因素。我们经常说我们有五千年文明，但是五千年文明给了我们两个情节，一是中央帝国的情结。我们曾经是历史上的老大，我们一直有雄心当这个老大。二是我们有一百年的屈辱史，受帝国主义侵略，有受辱受虐的情结。这种两种情节交织在一起，造成中国的民情对外交的束缚很大，输不起赢不起，不能进退自如。在这方面我们和美国、俄罗斯都不能比。俄罗斯既敢于大步前进，也敢于大步后退，苏联解体后后退很厉害，但是它一旦找到机会，格鲁吉亚它一下打过去，然后很快就寻求和西方妥协，寻找新的合作点。中国能够这样大步前进、大步后退吗？大步前进我们怕“中国威胁论”，大步后退我们会被国人骂，外交部会收到许多“钙片”。美国就没有这样的缺陷。它敢于打朝鲜战争，败了之后它的大使可以追我们的大使到厕所里面去，向中国求和。它敢于打越南战争，打完了之后，它觉得不行，要退了，它就可以派基辛格秘密访华，一下子改变对华政策。它敢于打伊拉克战争，待不下去之后，它就撤了。中华民族的历史文化情结使得中国没有这样大手笔，敢于打也不怕输。

第三个因素是民族性格因素。我们中国人要面子，脸皮薄，对批评指责过分敏感。美国曾经说过，要当超级大国，就要脸皮厚。现在不是唐朝，是一个信息时代，要当超级大国，就要成为世界媒体关注的焦点，就要被媒体挑剔。美国不怕挑剔。七八十年代我们在联合国一讲话，就是批评美国，号召人们起来把它打倒。美国从来不答辩，你说你的，我听着就是了，并且说我们是“放空炮”。中国受得了吗？你看看《参考消息》《人民日报》，我们外交部的发言人天天在应对人家的批评。值得去应对吗？我们大量的外交资源都浪费在这上面了。美国和俄罗斯都有这个本事，所以单从这个角度讲都有资格当老大。吴建民大使讲过一个例子，他那时住在罗斯福饭店，过春节的时候，饭店打出一条横幅，上面写“帝国主义及其一切走狗祝贺中国春节”。还有一个例子是我亲身经历的。东盟地区论坛期间，每个国家都要上台演出。那次俄罗斯由普里马科夫总理领队，他穿着俄国海军服，拿着卡宾枪上台，演到最后他举起卡宾枪大声吼道，“俄罗斯北极熊回来了”。你能想象中国领导人会穿上龙袍上去表演节目，到最后说一句，“黄祸来了”。会吗？不会，这不符合中国的民族性格。

正是有这三个因素，制约了中国成为老大。当然，我要注释一下，第一，我并不认为美国永远会是老大，但美国成不成为老大，不取决于中国和它竞争，而是取决于它自身。第二，我也并不认为中国这三个因素绝对不会变化，理论上说是可以变的，但目前看不出变的迹象。

最后，我想引用2010年12月号《经济学家》中的一段话：“历史证明，当崛起中的大国认为它的崛起不受到阻碍，而现存的大国认为它对世界的统治不会受到威胁，那么超级大国可以和平共处。”反过来说，只要中美关系不发生突变，也就是说，只要中国不在言语和行动上试图取代美国，美国也不在言语和行动上全面遏制中国的崛起，那么全球治理的架构就只会在多元化的进程中不断演进，不会出现突变，也就是说不会突然出现新的全球格局。

联合国与新型国际关系*

张贵洪

联合国是最具普遍性、代表性和权威性的政府间国际组织。七十年来，联合国在维护世界和平与安全、促进世界经济发展、推动世界人权进步方面的努力和作用有目共睹。那么，联合国在战后七十年国际秩序的形成、演化和变革中起了什么作用？面对大量全球性问题和威胁、国际力量对比的变化、地区国际关系的迅速发展，联合国该如何应对挑战？中国提出构建以合作共赢为核心的新型国际关系，对联合国又有什么样的意义？这是联合国成立70周年之际，各会员国和“我联合国人民”值得反思和深思的问题。

一、联合国是战后七十年国际秩序的基石

与350多年前建立的威斯特伐利亚体系、200年前建立的维也纳体系、100年前建立的凡尔赛—华盛顿体系相比，战后70年国际体系的最大不同和进步是建立了以联合国为核心、以《联合国宪章》的宗旨和原则为基础的国际秩序。

《联合国宪章》的签署、生效和联合国的成立确立了战后国际秩序的基本原则和框架。联合国六大主要机关、16个专门机构和大量基金、方案，组成联合国系统，围绕安全、发展、人权三大领域开展大量工作，是战后国际政治、经济、安全秩序建立和发展的基础性、稳定性和建设性力量。但由于战后国际社会形成以东西方对抗、北约和华约对峙为代表的战

* 本文原刊载于《当代世界与社会主义》2015年第5期。

后国际政治和安全结构，以及以国际货币基金组织、世界银行和关税及贸易总协定/世界贸易组织为支柱的世界经济和金融结构，联合国未能成为战后国际秩序的主导性力量。

联合国对战后七十年国际秩序的贡献和作用主要体现在以下几个方面：

（一）《联合国宪章》奠定了战后国际秩序的法理基础

联合国是世界反法西斯战争胜利的成果，也是大国合作的产物。联合国是在国际联盟的基础上成立的，更是依据《联合国宪章》诞生的。

《宪章》提出“免战、人权、正义、民生”等目标（序言），“和平安全、友好关系、国际合作、协调行动”等宗旨（第一章第一条），“主权平等、和平解决、不使用武力、不干涉内政”等原则（第一章第二条），并提出“预防、斡旋、调解”（第六章）、“武力”（第七章）等维护国际和平与安全的手段。[①]《宪章》不仅是联合国的组织章程，也成为战后国际社会的宪法性文件。

《宪章》对战后国际关系的影响广泛而深刻。“《宪章》建立了以联合国为核心的多边主义国际秩序，确立了以安理会为核心的集体安全机制，形成了战后国际关系的基本行为规范，确认了现代人类社会的共同价值观念。”[②]《宪章》基础上形成的多边国际秩序、集体安全机制、基本行为规范、共同价值观念是战后和平与安全的基本保障，避免了大国之间的战争，又保证了中小国家的参与。《宪章》奠定了战后国际秩序的法理基础。

但是，联合国成立后，世界很快陷入冷战，联合国和安理会在很多时候、在很多问题上成为东西方对抗的工具和舞台。《宪章》规定的军事参谋团并没有有效地开展工作。美国甚至利用、挟持、控制安理会，组成和指挥“联合国军”参加朝鲜战争。《宪章》倡导的宗旨和原则并未能得到

---

① 联合国官网：http：//www. un. org/zh/documents/charter/。

② “维护《宪章》权威，共促合作共赢”，外交部副部长刘振民在“《联合国宪章》与战后国际秩序”国际研讨会上的主旨发言，2015 年 4 月 14 日。外交部官网：http：//www. fmprc. gov. cn/mfa_ chn/wjbxw_ 602253/t1255141. shtml。

全面的遵守和有效的实施，甚至被践踏。在战后国际关系实践中，以战争手段解决国家间争端、使用武力达到目的、干涉内政甚至大国入侵小国的现象很严重。安理会未能就美国发动的越南战争、入侵巴拿马和格林纳达、苏联入侵阿富汗等采取有效行动。冷战结束后，通过军事手段改变一国政权、改变领土版图、捕杀国家领导人的事例也不少见。

（二）联合国缓和地区冲突，维护了世界和平与安全秩序

联合国建立的集体安全机制是战后和平的基本保障，并创造性地通过维持和平、建设和平等行动缓和地区冲突，保障世界和平。

《宪章》对战后国际秩序最重要的影响之处是成立安理会并赋予维护国际和平与安全的主要责任。《宪章》规定在国际关系中禁止使用武力，除非得到安理会的授权或会员国行使自卫权（保护其政治独立和领土完整）。因此，《宪章》废除战争作为国家推行政策的工具，联合国的授权成为国际行为是否合法的象征和依据。通过建立安理会，实行大国一致原则，国际社会有效地避免了大国之间的直接军事对抗。因此，尽管东西方对抗、北约华约对峙，地区冲突和局部战争（印巴、阿以、中苏中印中越、美越、苏阿、两伊等）频发，但总体上处于可控范围，没有上升为世界范围内的战争，实现了战后七十年的总体和平。

冷战时期（自 1948 年首次实施维和行动至 1990 年冷战结束），联合国共实施了 18 项维和行动，冷战结束至今则实施了 51 项。联合国通过预防冲突、创造和平、维持和平、建设和平等方式，通过调停、制裁、强制等手段维护和实现世界和平与安全秩序。联合国还通过防扩散、裁军、反恐、反海盗等领域的国际合作，应对各种传统和非传统安全威胁。70 年来，联合国及其专门机构和工作人员共 11 次获颁诺贝尔和平奖。

（三）联合国确立了以民主和平等为目标的国际政治和法治秩序

第二次世界大战后，联合国完成了非殖民化进程，加强了国际社会法

治，促进和保护了人权，努力实现主权平等和国际关系的民主化。

联合国建立托管制度。通过推动民族自决，帮助实现独立，结束了殖民统治和殖民制度。随着亚非拉大量民族独立国家的出现并加入联合国，这些新兴发展中国家成为独立的国际政治力量，成为国际关系民主化的主要力量，改变了联合国的政治生态。从 51 个创始会员国，到 1990 年会员国达到 159 个，目前为 193 个。

联合国加强国际社会法治。发展和尊重国际法、推动和实现国际法治是联合国的一项重要工作。联合国通过众多途径，包括联合国大会、安理会、国际法院等机构和大量国际法和国际条约推进国际法治建设。《宪章》确立了会员国的基本行为准则，国际法院依照国际法裁决会员国提交的法律争端，为联合国机关和专门机构提交的法律问题提供咨询意见。[①] 联合国还设有其他国际法院和国际法庭处理国际争端。[②] 众多国际条约、联合国大会和安理会决议、宣言、声明等涵盖大量国际关切，规范全球公域，规定了会员国应承担的法律责任和义务。通过国内、国际以及联合国自身三个层面的法治，国际社会在人权、发展和争端解决方面的国际法治取得了长足的进步和丰富的成果。

联合国促进和保护人权。《宪章》以“我联合国人民”名义制定，把“人权”列为仅次于“免战”的第二大目标，并七次提到人权。1948 年公布的《世界人权宣言》是第一份保护世界人权的法律文件，与《公民权利和政治权利国际公约》和《经济、社会与文化权利国际公约》（1966 年联大通过，1976 年生效）共同构成国际人权宪章。人权高专办和人权理事会是联合国系统负责促进和保护人权的主要机构。冷战结束后又提出“保护的责任”和人的安全，并且加强了人道主义援助和平民保护。

---

① 目前有 70 个国家（不含中国）依照《国际法院规约》承认国际法院的管辖权具有强制性。此外，约有 300 项双边或多边条约或公约规定法院在解决关于这些条约或公约的适用或解释的争端方面具有管辖权。至 2014 年 12 月 30 日，共有 161 个案件进入法院总表。

② 主要有国际刑事法院、国际海洋法法庭、前南斯拉夫问题国际刑事法庭、卢旺达问题国际刑事法庭、塞拉利昂问题特别法庭、柬埔寨法院特别法庭、黎巴嫩问题特别法庭。

（四）联合国推动建立更加公平的国际经济和发展秩序

联合国通过实施四个发展十年、千年发展目标，制定2015年后发展议程，为促进世界经济发展和社会进步做了大量工作。

战后国际经济秩序主要以布雷顿森林体系为代表，通过国际货币基金组织、世界银行、关税及贸易总协定/世界贸易组织而建立。① 战后国际经济秩序由西方国家主导，存在大量不公正和不合理，造成南北差距和不平衡。

发展是联合国的三大支柱之一。联合国发展系统②开展大量基础性工作，推动南北对话和南南合作，致力于建立公正、合理、平等的国际经济和发展秩序。联合国通过国际开发计划署、人口基金、儿童基金实施大规模发展援助，从1960年到2000年连续实施四个发展十年战略，通过了一系列的纲领和行动计划，为联合国发展活动和业务提供战略指导。2000年联合国千年首脑会议通过《千年宣言》，据此制定的千年发展目标成为国际社会最全面、权威、系统的发展目标体系。联合国于2015年9月举行发展峰会，评估千年发展目标进展，并通过2015年后发展议程，推动可持续发展，积极应对气候变化等全球性挑战。

二、全球治理转型与联合国面临的主要挑战

2015年是联合国成立70周年。在过去的70年里，联合国一直是国际秩序和全球治理中的积极因素和建设性力量。与70年前联合国成立时相比，甚至与25年前冷战结束时相比，国际力量对比和国际格局已发生巨变，国际社会面临大量全球性问题和新威胁。近年来，国际秩序的去中心化和全球治理的碎片化越来越明显。美国的领导能力和意愿在下降，欧洲

---

① 国际货币基金组织和世界银行是联合国的专门机构，属于联合国系统。关税及贸易总协定/世界贸易组织是独立于联合国的国际组织，但与联合国有工作关系。

② 联合国发展系统主要包括大会第二委员会、经社理事会、秘书处经社部、国际开发计划署等。

忙于处理内部危机，俄罗斯复兴之路艰难。中国的力量和影响快速上升，但与周边和外部世界的关系还没有理顺，其他新兴大国还在学习如何在国际舞台上扮演更重要的角色。

冷战结束后，特别是进入21世纪以来，国际社会出现了大量新兴多边机制，其中比较有影响的包括二十国集团、金砖国家、亚太经合组织、上海合作组织、亚信会议、亚洲基础设施投资银行等。这些新兴机制在地区（包括跨地区和次区域）层面开展治理活动，应对国际社会出现和面对的新威胁和新挑战。新兴多边机制的发展，一方面丰富了全球治理的内容，弥补了联合国在全球治理方面的不足，另一方面也对联合国在全球治理中的地位和作用形成挑战。

面对全球治理的转型、新兴大国的崛起、地区机制的发展，联合国明显缺乏民主和效率，最突出的是发展中国家和新兴大国在全球治理中的代表性和发言权不足，联合国在安全、发展、人权领域的治理中都存在工作效率不高的问题。联合国在国际秩序和全球治理中的中心地位面临重大挑战，甚至出现边缘化的趋势。联合国面临的挑战主要来自三个方面：

（一）全球治理转型

在全球治理特别是全球经济治理的转型过程中，联合国的地位和作用相对下降。

全球经济治理经历了两次大的转型过程。第一次是20世纪70年代初和中叶，布雷顿森林体系瓦解，全球经济治理从美国主导到西方大国主导，体现为七国集团的成立。第二次是2008年国际金融危机，催生了全球经济治理的制度改建、重建和创建过程，全球经济治理开始了真正的转型，主要体现为二十国集团和金砖国家的兴起。

有学者提出，全球治理转型的关键是“新型”，并认为冲突后管理、国际金融制度改革、地区治理是新型的全球治理的重要内容和有效方式。①

① 庞中英著：《重建世界秩序：关于全球治理的理论与实践》，中国经济出版社2015年版，第19—30页。

全球治理转型主要包括三种方式：一是改革，如国际货币基金组织和世界银行已进行和有待进行的改革；二是转制，如二十国集团取代七国集团/八国集团成为世界经济治理的重心，又如关税及贸易总协定转变为世界贸易组织，欧洲共同体扩大为欧洲联盟，非洲统一组织转变为非洲联盟；三是创建，主要包括亚太经合组织、金砖国家、上海合作组织、亚洲基础设施投资银行等。

全球治理转型表现在全球、地区和国家三个层面。从全球层面看，国际货币基金组织、世界银行、世界贸易组织都进行了不同程度的改革和调整；从地区层面看，从八国集团延伸出二十国集团，金砖国家从一个商业概念发展为一种合作机制，一些区域性贸易安排（如 TPP、TTIP、RCEP）不断兴起，欧盟、非盟、亚信、亚太经合组织、上海合作组织、东亚峰会都提出了有针对性的治理理念和制度安排；从国家和次国家层面看，国内治理也出现许多新的特点。

从全球治理转型的发展过程和趋势来看，治理主体将从单一向多元转变，即从国家和政府扩展到社会和市场，从政府间国际组织扩展到跨国公司和全球公民社会；治理方式则从西方主导向全球共同治理转变；治理重心从安全治理向经济治理转移，一方面安全治理严重滞后，另一方面经济治理方兴未艾；治理层面从全球向国际和地区治理转变，特别是亚太地区成为治理热点；金融领域正成为全球和地区治理的突破口。

在全球治理转型过程中，三大世界经济组织一直居主导地位，而二十国集团现已成为全球经济治理的主要平台。联合国发展系统庞大，但未能有效地围绕治理而整合力量和资源。随着治理主体的多元化和地区治理的兴起，联合国需要发挥优势，有效应对挑战。

（二）新兴大国崛起

面对发展中大国的崛起和提出的改革要求，联合国未能及时、有效地做出应对。

长期以来，发达国家在贸易、投资、金融、技术等世界经济各领域居支配地位，一方面在经济总量上大大超过发展中国家，另一方面在世界经济治理中占有主导权。2008 年以来，欧美发达国家经济和社会矛盾总爆发，凸显现有全球治理机制存在的矛盾和缺陷。与此同时，以中国、印度和巴西等为代表的新兴经济体和发展中国家在经济和社会发展中表现抢眼，在世界经济中的份额和贡献不断提高，在世界经济治理中的影响和话语权也相应提升。发达国家与发展中国家的力量对比发生转折性变化，全球治理“从‘西方治理’向西方与非西方‘共同治理’转变”。[①]

在这一过程中，中国、印度和巴西这三个新兴经济大国的表现尤其突出。这些国家采取不同于西方发达国家的发展模式和道路，同时将本国的经济发展与全球经济紧密联系在一起，单独或联合发挥重要的地区和全球影响力。中国积极推动上海合作组织、东盟 +3、东亚峰会、亚信会议等地区和跨地区机制的建立和发展，提出“一带一路”倡议，并牵头组建亚洲基金设施投资银行和丝路基金等，通过这些多边机制和公共产品，中国的影响力持续上升。印度和巴西则寻求通过成为区域性领导者的途径来增强其全球雄心，如印度加强了南亚区域合作联盟的作用，提出“季风计划”，试图在南亚和印度洋地区确保其主导地位；在巴西的倡导下，相继成立了南方共同市场和南美国家共同体。

新兴大国因为在全球治理的重大议题和议程上有共同或相似的利益，一方面对现有全球经济治理体系提出温和的改革要求，如在国际货币基金组织和世界银行要求增加份额，在联合国提出入常要求；另一方面积极参与或创立新兴治理机制，如推动成立二十国集团从而与发达国家共同治理，建立金砖国家合作机制、印巴南对话论坛等从而开展跨地区南南合作治理，并在世界贸易组织多轮贸易谈判和国际气候变化谈判中组成“南南联盟”协调立场。

面对新兴大国的崛起和国际力量对比的变化，联合国反应迟缓，联合国改革一直未能取得实质性进展。同时，联合国在重大地区热点问题上往往靠边站，大国和地区组织常常扮演主角。联合国在应对金融危机、制定经济规则方面的作用也不突出。当然，联合国并不是要完全重构或取代主

① 黄仁伟：“全球经济治理机制变革与金砖国家崛起的新机遇”，《国际关系研究》2013 年第 1 期。

权国家体系，而是改进这个体系的不完善所造成的问题的工具。① 联合国需要在国际体系变革中找到合适的定位。

（三）地区治理机制兴起

联合国一直强调与地区组织的合作，但进展缓慢，效果不明显。

冷战结束后，亚、非、欧、美四个大陆的地区国际关系都发生了重大变化，但经历了各不相同的发展轨迹，其中亚洲地区的变化最为迅猛、复杂和多样。

亚洲地区国际关系的一大特点是次区域众多，碎片化严重。由于各次区域力量格局、安全挑战、发展特点各异，东北亚、东南亚、南亚、中亚因此形成各有特色的多边框架、机制和安排。

东北亚地区由于冷战遗留的固有结构和传统问题（如朝鲜半岛分裂、岛屿主权争端、美日美韩同盟等）依然存在，区内国家利益诉求差异大，冷战后未能形成本地区专属的多边机制。东南亚地区国家的规模、力量和发展水平总体上相近，与东北亚地区未能建立多边机制相比，东南亚地区被认为是多边机制发展比较成功的地区。南亚地区国际关系的基本特点是印度独大、印巴对立、安全和发展难题众多。南亚地区多边机制的发展主要取决于两个因素：一是印度是否积极推动，承担起作为南亚主导国家的领导责任，并对区外国家的参与持开放态度；二是印巴关系能否得到改善。中亚地区，上合组织很好地在扩大和深化之间保持平衡，有利于中俄两个大国之间的战略协作，也有利于中亚地区的安全稳定和务实合作。

总体来说，在亚洲，东北亚和南亚地区多边机制发展相对落后和困难，东南亚和中亚地区则较为顺利和成功。亚洲除了冷战后在东北亚、东南亚、南亚、中亚等次区域形成和发展的大量多边机制外，近年来，主要涉及亚洲的若干多边机制在中国的推动下取得新的和长足的发展，其中表现最为突出的是“丝绸之路经济带”和“21 世纪海上丝绸之路”（“一带

---

① ［英］亚当·罗伯茨、［新西兰］本尼迪克特·金斯伯里主编，吴志成等译：《全球治理——分裂世界中的联合国》，中央编译出版社 2010 年版，第 71—72 页。

一路”）、亚洲相互协作与信任措施会议（亚信会议）和亚洲基础设施投资银行（亚投行）。这些多边机制的显著特点是包容性、开放性和创新性。

联合国与地区组织合作最成功的例子是与非洲联盟共同在非洲地区开展维和行动。而在亚洲地区，联合国与上述机制的合作还有待开展，特别是联合国与“一带一路”、亚信会议、亚投行的合作有巨大的潜力。

三、联合国与未来新型国际关系

2013 年 3 月，习近平主席在莫斯科国际关系学院发表演讲时，首次提出“以合作共赢为核心的新型国际关系”的概念。[①] 此后，他在多个国际和国内场合阐明了新型国际关系的理念和思想。王毅外长也多次演讲和撰文，论述新型国际关系的内容，指出：构建以合作共赢为核心的新型国际关系，就是“政治上，树立建设伙伴关系的新思路；经济上，开创共同发展的新前景；安全上，营造各国共享安全的新局面；文化上，形成不同文明包容互鉴的新气象”。[②]

70 年过去了，联合国依然是国际社会最具普遍性、代表性和权威性的政府间国际组织。在构建新型国际关系的过程中，联合国理应维护核心地位和发挥主导作用。为此，联合国任重而道远，路径有三点：改革、治理、法治。

（一）联合国要推行全面平衡改革

为适应国际力量对比和国际格局的巨大变化，以及应对国际社会面临

① “顺应时代前进潮流促进世界和平发展”，习近平主席在莫斯科国际关系学院的演讲，外交部官网：http：//www. fmprc. gov. cn/mfa_ chn/ziliao_ 611306/zyjh_ 611308/t1024371. shtml。

② 如“构建以合作共赢为核心的新型国际关系”，王毅外长在中国发展高层论坛午餐会上的演讲，2015 年 3 月 23 日。外交部官网：http：//www. fmprc. gov. cn/mfa_ chn/ziliao_ 611306/zyjh_ 611308/t1247689. shtml，2015 年 8 月 25 日访问；王毅：“铭记二战惨痛教训，共塑以合作共赢为核心的新型国际关系”，《人民日报》2015 年 8 月 24 日。

的新问题、新挑战、新威胁，联合国需要全面和平衡地推进改革，使联合国更加民主、高效和强大。只有通过改革，联合国才能在未来新型国际关系中重塑新的核心和权威。

联合国改革需要一个顶层设计和总体方案。联合国改革的设计和方案应围绕如何更好地应对国际社会面对的挑战和威胁，而不是为了满足和平衡成员国的利益和权力分配。改革的目的是使联合国更强大，在全球（安全和发展）治理中发挥引领使用，避免被边缘化。联合国改革应在安全、发展和人权领域全面和平衡推进。

1. 回归《联合国宪章》的精神，重树《宪章》的权威。中国提出构建以合作共赢为核心的新型国际关系，“这一倡议，既是对《宪章》宗旨和原则的继承，更是一次重要的创新和发展”。[①] 联合国大会应利用《宪章》签署和生效 70 周年之际，通过决议，重申国际社会维护《宪章》精神和权威的决心和意志，呼吁成员国遵守《宪章》的宗旨和原则。同时，着手对《宪章》的某些条款进行修改，对某些机关进行改组。

联合国改革应有利于维护《联合国宪章》的宗旨和原则，有利于坚持安理会的合法性和权威性。尽管 70 年来国际力量对比和国际关系格局已发生重大变化，国际社会面临许多新的挑战和威胁，但《宪章》的宗旨和原则仍是处理当今国际关系和解决各种问题的基石。二战胜利为联合国的成立奠定了基础，《宪章》赋予安理会合法性和权威性，以及维护和平与安全的特殊责任。二战胜利成果、《宪章》宗旨和原则、安理会权威是一脉相承的有机整体，不能因为安理会存在的问题、不能因为改革而削弱甚至否定安理会的合法性和权威性。

2. 机构改革。联合国大会有足够的代表性和民主性，但权威性和效力不足，因此要加强联合国大会的立法、立规、立德功能，倡导全球性和普遍性的规范和价值；安理会的代表性严重不足，主要表现在发展中国家特别是非洲国家的代表不足。但增加代表性不能影响安理会的效力和权威，

---

① “弘扬联合国宪章宗旨和原则，构建合作共赢新型国际关系”，王毅外长在安理会公开辩论会上的发言，2015 年 2 月 24 日，纽约。外交部官网：http：//www. fmprc. gov. cn/mfa_ chn/ziliao_ 611306/zyjh_ 611308/t1239932. shtml。

要有利于安理会的团结，而不是导致国际社会的分裂，因此要加强安理会组成的代表性、改进安理会工作方法、提高安理会的工作效率；经社理事会的职能过于庞杂，影响了效力，因此要围绕发展和治理，整合和改组现有机构和功能，更好地为可持续发展和全球治理服务；托管理事会已不再运作，需要加以改组，重新发挥其作为联合国主要机关之一应有的功能；秘书处已进行过一些管理改革，但效果不甚明显，因此要加强竞争、透明度和责任，并增加来自发展中国家的职员比例，在发展中国家特别是亚太地区增设更多的地区中心和办事处；国际法院提供的咨询和裁决尚不能满足国际社会的期待和要求，因此要加强国际法治，提高国际法院通过法律方式和途径处理和解决国际争端的能力。

3. 发挥非政府组织和民间社会的作用。《宪章》以“我联合国人民”名义制定，把“人权”列为仅次于“免战”的第二大目标，并七次提到人权。最近十年，联合国提出“保护的责任”和人的安全，设立人权理事会，成立建设和平委员会，加强人道主义援助和平民保护，说明联合国改革取得的最大进展和成果就体现在人权方面。尽管联合国由会员国组成，是政府间国际组织，但在这样一个更全球性的世界，联合国更应为会员国里的人民和社会服务，与公民社会、商业团体、地区组织、地方机构等建立“新的联合国全球伙伴关系”，以加强联合国与非国家行为体之间更紧密的关系。①

（二）联合国要完善全球治理体系

联合国是最具普遍性、代表性和权威性的政府间国际组织，也是多边主义和全球治理的核心机制。以二十国集团和金砖国家为代表的跨地区新兴多边机制和以亚投行、亚信会议为代表的亚洲地区新兴多边机制充满活力，反映了全球和地区治理的客观要求和发展趋势。联合国与二十国集团、金砖国家、亚洲新兴多边机制之间的合作共治、发展共享、秩序共

① *Confronting the Crisis of Global Governance*, Report of the Commission on Global Security, Justice & Governance, The Hague Institute for Global Justice and the Stimson Center, June 2015, pp. 99 – 100.

建，可以为多边主义带来新的发展动力，并使全球治理机制更趋合理和完善。

1. 合作共治。联合国与二十国集团在全球经济治理中既有竞争，更有合作，它们反映了全球经济治理中两种不同的取向和特性，即联合国体现全球经济治理中的普遍性和平等性，而二十国集团则强调全球经济治理中的效率和效力。二十国集团代表了世界经济的主流和主体，是世界最重要经济体之间进行非正式对话的一个新机制，但它并不具有普遍性，其结构和组成将大部分国家排除在外，其决策过程也缺乏透明度和问责制。联合国是全球经济治理的传统机制，其成员具有普遍性和代表性，其治理主要通过联合国系统内的相关组织、机构、项目和活动进行。联合国特别是联合国大会是建立在主权平等原则基础上的机制，每个国家的声音都会被给予平等的分量。联合国大会可以成为二十国集团和非二十国集团的联合国会员国之间加强互动、协调行动的场所和平台。为了使二十国集团与其他国家在联大的互动更加有效和正规化，第67届联大主席耶雷米奇曾提出以下建议：邀请联合国秘书长出席二十国集团峰会；邀请联合国官员出席二十国集团筹备会议；二十国集团轮值主席国的筹备官员在峰会前后向联大通报情况；在联大全会就二十国集团的工作重点举行主题辩论；联合国秘书长及筹备官员与联大会员国在二十国集团峰会前后举行公开磋商。[①] 二十国集团峰会为国际社会合作应对国际金融危机、推动世界经济复苏发挥了重要和积极作用，联合国是最具权威和代表性的多边机构。加强二十国集团与联合国的协调合作，有助于加强全球经济治理体系的平衡，有助于世界经济的可持续增长，有助于反映中小国家的合理关切，从而也有助于实现对全球经济的合作共治。

2. 发展共享。共谋发展是金砖国家合作的主旋律。作为新兴市场和发展中大国的代表，金砖国家是全球经济增长的新动力，对世界经济贡献率在过去20年里从5.6%上升至21.3%。金砖国家领导人历届峰会的主题都

---

① 第67届联大主席在“联合国与全球经济治理”主题辩论会上的开幕致辞，2013年4月15日，纽约，联合国官网：http：//www.un.org/en/ga/president/67/statements/statements/April/governance15042013.shtml。

是围绕发展而进行。[①] 无论是成立金砖国家开发银行和应急储备基金，还是着手制定“金砖国家更紧密经济伙伴关系框架”和“金砖国家经济合作战略”，都是为了实现金砖国家的共同发展，推动世界经济的均衡发展。联合国与金砖国家可以共享发展理念、经验和议程。2014 年金砖国家启动新一轮合作，将“致力于继续建设性应对全球经济和金融挑战，在促进可持续发展、包容性增长、金融稳定、更具代表性的全球经济治理方面发出强有力的声音”。[②] 2015 年联合国发展峰会启动 2015 年后发展议程，有望“凝聚政治共识，用新型发展观指导全球发展方向；推动构建全面、均衡的国际发展合作架构，完善全球发展伙伴关系；推动南北合作，加强南南合作，实现共同发展”。[③] 因此，这是联合国与金砖国家实现共享发展的重要契机。一方面，金砖国家可以借助联合国的机制和平台，加强在全球性问题上的协调配合，提高在全球治理中的地位和影响。特别是联合国贸易和发展会议（UNCTAD），作为联合国系统唯一综合处理发展和贸易、投资、金融、技术和可持续发展领域相关问题的核心机构，在应对发展挑战方面的工作具有独特性和必要性，是金砖国家在联合国可以积极利用并发挥集体影响力的重要机制。另一方面，联合国可以通过金砖国家合作的示范效应，积极推动可持续发展和新时期的南南发展合作。联合国可以利用其全球性、代表性和权威性的优势，发挥其统筹协调的作用，调动以金砖国家为代表的新兴多边机制和变革力量与联合国发展系统、各专门机构、基金和方案的发展资源，加以整合，推动国际发展合作，提高全球发展治理架构的合法性和有效性。

---

① 第一次峰会（2009 年 6 月俄罗斯叶卡捷琳堡）和第二次峰会（2010 年 4 月巴西巴西利亚）未设主题。第三次峰会（2011 年 4 月中国海南三亚）的主题是“展望未来、共享繁荣”。第四次峰会（2012 年 3 月印度新德里）的主题是“金砖国家致力于全球稳定、安全和繁荣的伙伴关系”。第五次峰会（2013 年 3 月南非德班）的主题是“金砖国家与非洲：致力于发展、一体化和工业化的伙伴关系”。第六次峰会（2014 年 7 月巴西福塔莱萨）的主题是“包容性增长的可持续解决方案”。

② 《金砖国家领导人第六次会晤福塔莱萨宣言》，2014 年 7 月 15 日。外交部官网：http：//www. fmprc. gov. cn。

③ “2015 年后发展议程中方立场文件”，2015 年 5 月 13 日。外交部官网：http：//www. fmprc. gov. cn/mfa_ chn/ziliao_ 611306/tytj_ 611312/zcwj_ 611316/t1263453. shtml。

3. 秩序共建。亚洲已形成不少次地区、地区和跨地区的合作机制，[①]但这些地区合作机制尚未形成有效的亚洲发展秩序和良好的亚洲安全秩序。亚洲地区具有发展多样性和安全复杂性的特点。在亚洲四个主要次地区，即东亚、南亚、西亚和中亚，发展和安全的环境、问题、挑战各不相同，因此地区合作机制需要升级、整合和创新，以形成次地区、地区和跨地区的亚洲秩序。在这一过程中，联合国可以与亚洲新兴多边机制合作，共同致力于建设亚洲安全和发展新秩序。以“一带一路”为例，作为一个沿线以亚洲国家为主、其他大陆国家参与的跨地区发展合作倡议，有可能塑造亚洲发展的新秩序，可以通过联合国的机制和平台更好地予以推动。一是在联合国大会讨论一带一路，达成共识，成为联合国大会的议程和决议，从而得到更多会员国的认可、支持和参与。二是与可持续发展议程对接，使一带一路建设更好地为沿线国家和地区经济、社会、生态的可持续发展和协调发展服务。三是把一带一路打造成南南合作的典范，把一带一路建设的倡议和构想提升为新南南合作的政策和方案。又以亚信会议为例。作为亚洲覆盖范围最大、成员数量最多、代表性最广的地区安全论坛，亚信会议积极倡导共同、综合、合作、可持续的亚洲安全观，搭建地区安全和安全新架构，走共建、共享、共赢的亚洲安全之路，亚信会议有希望发展成为亚洲安全新秩序的基础。亚洲国家可以在理念和行动上为联合国主导的全球安全治理做出贡献，同时联合国也可以为亚洲安全秩序的构建提供平台和途径。又以维护和平行动为例，派遣维和人员最多的是三个南亚国家（孟加拉国、巴基斯坦、印度），分摊维和费用最多的 10 个国家中，有三个东亚国家（日本、中国和韩国）。在联合国框架下，亚洲国家（特别是东亚国家和南亚国家）加强在维和行动中的合作将是增进互信，也是建设地区秩序的有效途径。

（三）联合国要加强国际法治建设

联合国 70 年的历史表明，国际法治是实现持久和平、促进持续发展、

---

① 如经济和发展领域的东南亚国家联盟、南亚区域合作联盟、亚太经合组织等，政治和安全领域的亚信会议、东盟地区论坛、上海合作组织、六方会谈等。

有效保护人权的根本。在以主权国家为主组成的国际社会，各种矛盾、纷争和冲突难免，从以武力和战争手段变为通过政治和法律途径解决国际争端，以国际法治制约权力政治是人类文明和进步的标志。联合国是运用政治和法律方式协调和处理国际关系的主要平台和机制，也是"法治作为一种全球治理的原则的重要载体"。[①] 联合国一直倡导公正安全、公平发展作为普遍性的理念和价值，以法治规范国家行为、约束国家权力、平衡国家利益，旨在推动国际关系的法治化。2012 年 9 月，第 67 届联大专门召开国际法治高级别会议，会议通过的宣言指出，"法治是各国间友好平等关系的基石"。正如前联合国秘书长安南指出的，法治是联合国的核心概念。2014 年以来，中国政府和领导人已多次强调要坚持国际法治，推动国际关系的法治化。[②]

1. 以《联合国宪章》为国际法治的核心和基础。《宪章》是国际法治建设的出发点，《宪章》倡导和确立的和平解决国际争端原则与禁止使用武力原则是战后 70 年国际秩序的基础，也应继续成为未来新型国际关系的根本。联合国大会应利用《宪章》签署和生效 70 周年之际，通过决议，重申国际社会维护《宪章》精神和权威的决心和意志，呼吁成员国遵守《宪章》的宗旨和原则。

2. 发挥联合国安理会在国际法治中的特殊地位和作用。《宪章》赋予安理会维护国际和平与安全的首要责任，以及合法使用武力的特殊权力。需要从法律和政治相结合的角度来理解安理会在国际法治中的地位和作用。以法治原则维护国际和平与安全意味着安理会依《宪章》确立的国际法原则行使权力：一方面，安理会的决议具有权威性和约束力，所有会员国都有履行安理会决议的法律义务；另一方面，安理会采取的强制行动和

① 王奇才著：《法治与全球治理：一种关于全球治理规范性模式的思考》，法律出版社 2012 年版，第 145 页。

② 2014 年 6 月 28 日，习近平主席在和平共处五项原则发表 60 周年纪念大会上指出"我们应该共同推动国际关系民主化、法治化、合理化"。9 月 27 日，王毅外长在第 69 届联大一般性辩论会上发言，题为"共谋和平发展　共守法治正义"。10 月 24 日是"联合国日"，王毅外长又在《光明日报》发表题为"坚持推进国际法治，促进国际公平正义"的文章，指出"中国是国际法治的坚定维护者和积极建设者"，认为推进国际法治，一要强国际法治之基，二要固国际法治之本，三要弘国际法治之义，四要立国际法治之信。

授权采取的武力行动要符合法治要求，安理会从事的立法活动和司法活动应基于国际社会的共同利益，服从法治原则。安理会的效力取决于大国（常任理事国）一致和采取联合行动，也有赖于其他会员国对安理会合法性的认同和支持。可见，安理会体现了国际关系中法治和权力的相互作用，关于安理会改革的任何方案也应以此为出发点。

3. 促进会员国普遍参与和履约是联合国国际法治的重大任务。联大第六委员会（法律）和国际法委员会分别是大会处理法律问题的主要机构和专门机构。安理会采取的行动，包括维持和平、建设和平、特设法庭、制裁和决议等具有国际法效力，对会员国有法律约束力。国际法院是联合国的主要司法机关。联合国还建立内部司法系统以加强自身法治。联合国对会员国提供法律技术援助，特别是帮助冲突后社会重建法治。由联合国秘书长保存的560多份国际条约文书涉及人权、裁军、贸易、难民、环境、海洋法等广泛领域的国际法治，但国际条约的生效和履约是联合国在国际法治方面面临的最大挑战。为此，联合国自2000年开始，每年在联大开幕之际举行“联合国条约周”活动，鼓励各国政府和领导人签署、批准和加入国际条约，以推动会员国对国际条约的普遍参与和执行。

4. 不断提高国际社会通过法律途径解决国际争端的能力。通过法律解决国际争端是《宪章》规定的和平解决争端的方式和途径之一。作为联合国的主要司法机关，国际法院依国际法对当事国提交的争端做出有法律约束力的判决，即诉讼管辖，并对联合国机关和专门机构提交的法律问题提出没有法律约束力的咨询意见，即咨询管辖。目前约70个国家依照《国际法院规约》承认法院的管辖权具有强制性，约300项双边或多边条约或公约规定法院在解决关于这些条约或公约的适用或解释的争端方面具有管辖权。至2014年12月30日，共有161个案件进入法院总表，涉及领土和海洋争端、侵犯领土完整、灭绝种族、核军备竞赛等。由安理会设立的众多国际法院、国际法庭、特别法庭从事司法活动。国际刑事法院、国际海洋法法庭、世界贸易组织争端解决机制都是独立于联合国的司法实体，却体现了司法管辖在范围和效力上的发展趋势。国际法院提供的咨询和裁决尚不能满足国际社会的期待和要求，应加强国际法治，联合国应强化以法治为基础的国际秩序，提高国际社会通过法律方式和途径处理和解决国际争端的能力。

综上所述，冷战后，中国积极参与维和行动。进入21世纪，中国积极推动成立上海合作组织、金砖国家机制等。近年来，推出“一带一路”、亚投行、丝路基金等倡议和议程。2014中国举办亚太经合组织峰会和亚信会议，并于2016年主办20国集团峰会。中国主张共同体观、新安全观和新发展观，这是中国为地区和国际社会提供公共产品的一种努力，也是构建以合作共赢为核心的新型国际关系的重大实践。

联合国七十年的口号是“联合国强大，世界更美好”。中国的发展需要联合国、联合国的强大也需要中国。中国有能力和责任帮助建设一个更加强大的联合国，并与联合国合作共同发挥领导作用，建设更加公正、平等、和谐、包容的国际秩序，并致力于以联合国为核心和基础的新型国际关系。

中国发展理念的全球共享与联合国的作用*

祁怀高

理念决定着发展能否取得成功。经过三十多年的改革开放，中国在经济和社会发展领域取得了举世瞩目的成就，也逐渐形成了具有“普世”意义的发展理念。在这一背景下，其他发展中国家对于借鉴中国的发展理念表现出浓厚的兴趣。联合国的中立地位和全球经验有助于中国发展理念的全球共享。中国可以通过联合国向其他发展中国家共享中国的发展理念。

将中国的发展理念通过联合国共享给全球，对于总结中国发展理念、提升国家软实力、扮演中国在联合国中的新角色、增进国内良善治理等都有着重要的意义。一是有助于总结中国改革开放近四十年来形成的具有“普世”意义的发展理念。改革开放近四十年来，中国减贫成效显著，成功建起了世界上覆盖人口最多的社会保障网，在经济落后的情况下完成农村公共卫生体系的覆盖，基础设施改善明显，降低文盲率取得重大进展。中国好的发展理念和经验亟需总结，以便通过联合国向发展中国家推广。二是为中国国家软实力的提升提供新的思路。中国在发展领域取得的成就和形成的发展理念能够彰显中国的软实力，也对发展中国家有着极大的吸引力。向发展中国家共享中国发展理念和经验的过程，也是中国构建国家软实力和贡献知识类公共产品的过程。三是推动中国在联合国系统中扮演

* 本文曾以“中国发展理念的全球共享与国际组织的作用”为题发表在《国际观察》2014 年第 6 期，收入本文集时做了资料和数据更新。作者要感谢哈佛大学肯尼迪政府学院托尼·赛奇（Anthony Saich）教授、约翰·鲁杰（John Ruggie）教授、浦山香（Kaori URAYAMA）博士，以及复旦大学国际问题研究院张维为教授、张贵洪教授、吴心伯教授对本文写作给予的帮助。文中错漏之处由笔者负责。

更为重要的角色。如果中国能够成功地将其发展理念通过联合国系统共享给全球，那么中国将可望在联合国系统和全球发展议题的解决中获得更大的话语权、影响力和创制力。四是能够增进未来中国国内良善治理的实现。中国发展理念在与联合国双向互动的过程中，以人为本、可持续发展、包容性发展等联合国倡导的发展理念也在影响中国的发展转型与国内治理。这一互动将是增进未来中国国内良善治理的重要方式之一。

本文在结构上分为四个部分。首先，概述中国对于全球发展的贡献；其次，分析中国有哪些好的发展理念能够共享给全球；再次，阐述中国如何通过联合国将其发展理念传播到世界、共享给其他发展中国家；最后，指出中国共享发展理念还需自身转变理念。

一、中国改革开放30多年来的发展成就及其对全球发展的贡献

自1978年以来，中国经济发展和各项社会事业取得举世瞩目的成就。比如，1979—2012年，中国的国内生产总值（GDP）年均增长9.8%，同期世界经济年均增速只有2.8%。中国高速增长期持续的时间和增长速度都超过了经济起飞时期的日本和亚洲“四小龙”，创造了人类经济发展史上的新奇迹。2008—2012年，中国对世界经济增长的年均贡献率超过20%。[①] 2010年，中国成为仅次于美国的世界第二大经济体；2015年，中国的GDP达到了11万亿美元（以美元现价计算）。[②] 中国的人均国民总收入也实现同步快速增长，根据世界银行数据，中国人均国民总收入（GNI）由1978年的190美元上升至2015年的7930美元。[③] 按照世界银行的划分标

① 国家统计局：“改革开放铸辉煌经济发展谱新篇——1978年以来我国经济社会发展的巨大变化”，《人民日报》2013年11月6日，第11版。

② World Bank，“World Bank Open Data”，http：//data. worldbank. org/country/china.

③ World Bank，“World Bank Open Data”，http：//data. worldbank. org/country/china.

准，中国已经由低收入国家跃升至上中等收入国家。① 对于中国这样一个经济发展起点低、人口基数庞大的国家，能够取得这样的进步确实难能可贵。

中国的发展成就尤其体现在中国实施千年发展目标的进展上。中国在落实千年发展目标上取得了卓越成就，已基本完成发展目标。中国在消除贫困与饥饿领域取得巨大成就，中国贫困人口从 1990 年的 6.89 亿下降到 2011 年的 2.5 亿，减少了 4.39 亿，为全球减贫事业做出了重大贡献。中国九年免费义务教育全面普及，就业稳定增长，基本实现了教育与就业中的性别平等。中国医疗卫生服务体系不断健全，儿童与孕产妇死亡率显著下降，在遏制艾滋病、肺结核等传染性疾病蔓延方面取得积极进展。中国扭转了环境资源持续流失的趋势，获得安全饮水的人口增加了 5 亿多人，保障性安居工程全面启动。中国在南南合作框架下，为 120 多个发展中国家实现千年发展目标提供了力所能及的支持和帮助。②

表 1　千年发展目标在中国的实施情况

千年发展目标及其指标	进展情况
目标一：消灭极端贫穷和饥饿	
1. A　1990 年至 2015 年间，将每日收入低于 1 美元的人口比例减半	已经实现
1. B　使所有人包括妇女和青年人都享有充分的生产就业和体面工作	基本实现
1. C　1990 年至 2015 年间，挨饿的人口比例减半	已经实现
目标二：普及小学教育	
2. A　2015 年前确保所有儿童，无论男女，都能完成全部初等教育课程	已经实现
目标三：促进两性平等并赋予妇女权力	
3. A　争取到 2005 年消除小学教育和中学教育中的两性差距，最迟于 2015 年在各级教育中消除此种差距	已经实现

① World Bank, "World Development Indicators", http: //data. worldbank. org/products/wdi-maps。世界银行以人均国民总收入（GNI per capita）来区分全球的经济体。基于各个经济体的人均国民总收入，可区分为低收入经济体（人均国民总收入等于或少于 1045 美元）、低中等收入经济体（人均国民总收入在 1046 美元至 4125 美元之间）、上中等收入经济体（人均国民总收入在 4126 美元至 12735 美元之间）、高收入经济体（人均国民总收入等于或多于 12736 美元）。

② 中国外交部、联合国驻华系统：《中国实施千年发展目标报告（2000—2015 年）》，第 6—8 页。

续表

千年发展目标及其指标	进展情况
目标四：降低儿童死亡率	
4. A　1990 年至 2015 年间，将 5 岁以下死亡率降低 2/3	已经实现
目标五：改善产妇保健	
5. A　1990 年至 2015 年间，产妇死亡率降低 3/4	已经实现
5. B　到 2015 年实现普遍享有生殖保健	基本实现
目标六：与艾滋病病毒/艾滋病、疟疾和其他疾病做斗争	
6. A　到 2015 年遏制并开始扭转艾滋病毒/艾滋病的蔓延	基本实现
6. B　到 2010 年向所有需要者普遍提供艾滋病毒/艾滋病治疗	基本实现
6. C　到 2015 年遏制并开始扭转疟疾和其他主要疾病的发病率	基本实现
目标七：确保环境的可持续能力	
7. A　将可持续发展原则纳入国家政策和方案，并扭转环境资源的损失	基本实现
7. B　减少生物多样性的丧失，到 2010 年显著降低丧失率	没有实现
7. C　到 2015 年将无法持续获得安全饮用水和基本卫生设施的人口比例减半	已经实现
7. D　到 2020 年，明显改善约 1 亿棚户区居民的居住条件	很有可能
目标八：全球合作促进发展	—

资料来源：中国外交部、联合国驻华系统：《中国实施千年发展目标报告（2000—2015 年）》，第 7—8 页。

中国有效地致力于自身发展，本身就是对全球发展的重大贡献，而这一点常为西方观察家和批评者所忽视。[①] 考虑到中国人口占世界人口的近 1/5，满足中国 13 亿多人口的衣食住行、提供教育和就业等，本身就是对全球发展的巨大贡献。比如，中国减贫取得的成就加速了全球减贫的进程。从 1990 年到 2005 年，全球生活在 1 美元/天贫困线下的人口减少到 14 亿，共减少了 4. 18 亿，降低了 23%。世界银行公布的数据表明，过去 25 年全球减贫人口的 70% 左右来自中国，如果不包括中国，则全球的贫困人

① David Shambaugh, *China Goes Global*: *The Partial Power*, New York: Oxford University Press, 2013, p. 132.

口实际增加了5800万人。[①] 中国还积极为其他发展中国家和地区消除贫困提供力所能及的帮助。中国与亚非拉等十几个发展中国家签订了减贫合作协议，加强减贫经验与知识共享。2014年，中国政府提出了“东亚减贫合作倡议”，与非洲联盟共同发表了《中非减贫合作纲要》，并在中拉合作论坛框架下积极推动中拉减贫交流合作。[②]

中国除通过努力发展自身来推动全球发展外，还建立了促进发展的全球伙伴关系。中国与国际社会密切合作，共同维护多边贸易体制和金融体制，完善全球经济治理。2010年以来，中国先后发起或共同发起成立了金砖国家开发银行和丝路基金、倡议筹建亚洲基础设施投资银行，为弥补现有国际金融体制的不足发挥积极作用。中国高度重视最不发达国家、内陆发展中国家和重债穷国的特殊需要，先后6次宣布无条件免除重债穷国和最不发达国家对华到期政府无息贷款债务，累计金额约300亿元人民币。2015年1月1日，中国政府正式实施给予与中国建交的最不发达国家97%税目产品零关税待遇措施。[③] 2013年9月和10月，中国国家主席习近平在出访中亚和东南亚国家期间，先后提出共建“丝绸之路经济带”和“21世纪海上丝绸之路”的重大倡议。共建“一带一路”顺应世界多极化、经济全球化、文化多样化、社会信息化的潮流，有利于推动沿线国家开展更大范围、更高水平、更深层次的区域合作。中国积极对其他第三世界国家提供力所能及的对外援助，援助方式包括援建成套项目，提供一般物资，开展技术合作和人力资源开发合作，派遣援外医疗队和志愿者，提供紧急人道主义援助，以及减免受援国债务等。60多年来，中国共向166个国家和国际组织提供了近4000亿人民币的援助，培训了1200多万受援国各类人才。[④] 中国的一些外援项目已经非常知名，如坦桑尼亚—赞比亚铁路

---

① 中国外交部、联合国驻华系统：《中国实施千年发展目标进展情况报告（2010年版）》，第10页。

② 中国外交部、联合国驻华系统：《中国实施千年发展目标报告（2000—2015年）》，第12页。

③ 中国外交部、联合国驻华系统：《中国实施千年发展目标报告（2000—2015年）》，第60页。

④ 中国外交部、联合国驻华系统：《中国实施千年发展目标报告（2000—2015年）》，第8页。

(“坦赞铁路”)、连接中国和巴基斯坦的喀喇昆仑公路(“中巴友谊公路”)等。

对于中国的发展成就和对全球发展的贡献，中外人士都给予了积极的评价。1985 年 8 月，中国改革开放的总设计师邓小平先生在会见坦桑尼亚联合共和国总统朱利叶斯·尼雷尔（Julius Nyerere）时指出，“我们的改革不仅在中国，而且在国际范围内也是一种试验，我们相信会成功。如果成功了，可以对世界上的社会主义事业和不发达国家的发展提供某些经验”。[①] 对于中国在非洲提供的基础设施和大量投资，非洲领导人表现出非常正面的评价。比如，塞内加尔总统阿卜杜拉耶·瓦德（Abdoulaye Wade）于2008 年 1 月在英国《金融时报》（Financial Times）上撰文指出，“与欧洲投资者、捐赠机构和非政府组织缓慢而且有时带有施恩性质的后殖民主义方式相比，中国满足我们需求的方式更为适宜”。“中国要比批评它的人更有竞争力，官僚作风更少，更擅长与非洲打交道。”“事实上，刺激经济迅速发展的中国模式可以让非洲吸取很多经验。”“不仅是非洲需要向中国学习，西方也有很多需要向中国学习的地方。西方曾宣扬市场激励的价值，现在该是身体力行的时候了。”[②]

二、中国的五个发展理念

许多西方观察家把中国的发展理念简化为“威权体制”加“自由经济”。笔者认为，诸如“威权主义”、“自由市场”等西方社会科学概念并不能准确地解释中国的发展理念和经验。尽管中国作为一个发展中国家，其在经济发展中的确体现出“自由市场”和“政府干预”的结合，但中国

① 邓小平：《邓小平文选》（第三卷），人民出版社 1993 年版，第 135 页。

② Abdoulaye Wade, Senegal's President, “Time for the West to Practice What it Preaches”, *Financial Times*, January 23, 2008, http://www.ft.com/intl/cms/s/0/5d347f88-c897-11dc-94a6-0000779fd2ac.html#axzz2lP3fAdVw.

的发展理念已经超越了这一简单结合，呈现出以下五个方面的发展理念。①

（一）中国政府明确确立民生优先的导向性

保障和改善民生是中国发展的指导思想和最终目标。在发展过程中，中国优先解决劳动就业、教育医疗、社会保障、居民住房等基本民生问题，努力使改革发展成果惠及全体人民。2011 年，中国政府制定了国民经济和社会发展第十二个五年（2011—2015 年）规划纲要，在该纲要中推出了“改善民生十大行动计划”。该计划旨在努力使全体人民学有所教、劳有所得、病有所医、老有所养、住有所居，鲜明地体现了民生优先的导向。以减贫领域为例，中国政府把解决农村大量绝对贫困人口的温饱问题视为最大的发展问题和人权问题。从 1990 到 2011 年中国贫困人口减少了 4.39 亿，率先实现联合国千年发展目标中贫困人口减半的目标。以卫生领域为例，中国在总体经济发展水平偏低的条件下，把加强卫生系统建设、改善人民健康放在突出位置。

（二）在市场与政府之间把握好动态平衡

对任何一个发展中国家而言，合适的市场—政府关系对其经济发展至关重要。自 1978 年改革开放以来，中国为如何处理市场与政府之间的关系经历了相当长时期的政策辩论。在 20 世纪 80 年代，中国的一些“教条主义者”认为社会主义和市场经济不相容。直到 1992 年 10 月召开的中共十四大上，在中国建立社会主义市场经济体制才成为各界的共识。中共十四大明确了“发挥市场机制在资源配置中的基础性作用”。现在，中国领导人认为在中国的市场与政府关系上提出新的理论解释的时机已经成熟。根据中共十八届三中全会于 2013 年 11 月通过的《中共中央关于全面深化改

① 中国共产党和中国政府曾将中国的发展理念归纳为创新、协调、绿色、开放、共享。参见：《中国共产党第十八届中央委员会第五次全体会议公报》（2015 年 10 月 29 日）。本文在此基础上加以学理阐述，提出了更为具体的五方面发展理念。此次也参考了以下文献：祁怀高：“中国发展理念的全球共享与国际组织的作用”，《国际观察》2014 年第 6 期，第 22—25 页。

革若干重大问题的决定》，要“使市场在资源配置中起决定性作用”。[①] 中国政府接受“市场在资源配置中的决定性作用”有助于其在处理市场与政府关系时确立正确的理念。与此同时，中国政府在维护市场秩序、推进可持续发展和制定发展政策上仍扮演着重要作用。比如，中国减贫的一个重要理念是通过发展来解决贫困问题，这一理念就体现了市场和政府的共同作用。就市场发挥的作用而言，中国努力发挥市场经济的规律，通过市场配置资源和发展经济从而战胜贫困，采取的措施主要体现在投资基础设施建设、发展农业和工业、在农村地区修建学校等方面。[②] 就中国政府发挥的作用而言，中国在各级政府都设立了由多部门广泛参与的扶贫开发领导小组，负责动员和协调扶贫资源、组织实施扶贫工作。[③] 比如，在中央政府层面，中国设立了“国务院扶贫开发领导小组”；中国政府还于 2011 年制定了《中国农村扶贫开发纲要（2011—2020 年）》，从而在减贫中更好地发挥政府的指导性作用。

（三）以科学发展观推动发展的转型升级

发展模式转型可以帮助贫困的发展中国家走上可持续发展之路，从而较为顺利地转变为富裕国家。中国在经济快速发展过程中曾经历过一段时期的粗放发展模式，这一模式给中国带来了高污染、高能耗、粗放经营、经济结构不合理等弊端。21 世纪初，中国政府已经意识到粗放发展模式不可持续，中国必须推动经济的转型升级以寻求可持续发展。2003 年 10 月，时任中国国家主席胡锦涛在中共十六届三中全会上完整地阐述了“科学发展观”。中共十六届三中全会审议通过的《中共中央关于完善社会主义市场经济体制若干问题的决定》指出，“坚持以人为本，树立全面、协调、可持

---

① 《中共中央关于全面深化改革若干重大问题的决定》（2013 年 11 月 12 日中国共产党第十八届中央委员会第三次全体会议通过），新华网：http：//news. xinhuanet. com/politics/2013 - 11/15/c_ 118164235. htm。

② World Bank, *From Poor areas to Poor People*: *China's Evolving Poverty Reduction Agenda-An Assessment of Poverty and Inequality in China*, Main report. Vol. 1 of China, Washington, D. C. : World Bank, March 2009, p. 78.

③ 中国外交部、联合国驻华系统：《中国实施千年发展目标进展情况报告（2010 年版）》，第 10 页。

续的发展观，促进经济社会和人的全面发展”。[①]“科学发展观”的提出正是为了应对中国粗放发展模式给中国经济带来的诸多弊端。“科学发展观”提出十多年来，中国经济不断转型升级，推动中国成功地实现了从一个贫穷的、以农业为基础的国家转型为一个上中等收入的国家。正如时任世界银行副行长的林毅夫所言，“因为中国经济转型的成功和长期的稳定增长，每一个人都想知道背后的原因”。[②]

（四）大力整合发展利益攸关者的力量

中国的经济和社会发展不仅是中国中央政府与地方政府之间的协约，而且也是包括政府、民间社会组织、私营部门等所有发展利益攸关者之间的协约。中国的每个发展利益攸关者都必须侧重于其资产的最佳利用，以高效、有效和集体协作的方式行动起来。比如：（1）中国政府部门要制定政策和构建机制以实现发展目标；（2）民间社会组织也应该致力于发展目标议程；（3）私营部门需要传播技术，创造体面就业并以同样的方式努力支持发展目标。以中国的减贫为例，中国广泛动员和组织各种社会力量参与到减贫进程中去。中国的党政机关、人民团体和大型国有企业定点帮扶了481个重点县。中国东部较发达的省、市和地区对口帮扶西部11个省区市。[③]党政机关和企事业单位定点扶贫，东西扶贫协作，军队和武警部队支援，社会各界参与，形成有中国特色的社会扶贫方式，推动贫困地区发展，增加贫困农民收入。中国整合所有利益攸关者的减贫方式得到了国际社会的认可。比如，时任联合国开发计划署署长马克·马洛·布朗（Mark Malloch Brown）在2004年5月举行的全球扶贫大会上表示，中国为世界提供的最有价值的发展经验是制定并长期坚持有效的扶贫政策，中国政府积

---

① 《中共中央关于完善社会主义市场经济体制若干问题的决定》（2003年10月14日中国共产党第十六届中央委员会第三次全体会议通过），新华网，参见网址：http://news.xinhuanet.com/newscenter/2003-10/21/content_1135402.htm。

② Antoaneta Bezlova, “Lin Yifu's World Bank Job May Add To China's Clout”, *Inter Press Service News Agency*, January 30, 2008, http://www.ipsnews.net/2008/01/economy-lin-yifu39s-world-bank-job-may-add-to-china39s-clout/.

③ 中国外交部、联合国驻华系统：《中国实施千年发展目标进展情况报告（2010年版）》，第11页。

极动员和组织全社会力量参与扶贫，从而确保了中国的扶贫工作能顺利进行并产生深远的社会影响，“这同样值得他国学习和借鉴”。[①]

（五）务实利用国际援助和开展对外援助

中国在利用国际援助时，在政策选择上注重实用性。中国政府寻求国际援助和投资主要用于补充国内资源，而不是将其作为长期的主流融资渠道。[②] 中国在接受外援的整个过程中，无论是主管援助贷款项目的财政部门，还是主管赠款项目的商务部门，都以邓小平提出的“以我为主、为我所用”的方针，有意识地引导外援向有利于自己的方向发展，并借助外援进行渐进式的改革。[③] 尽管中国是一个正在致力于自身发展的发展中国家，但多年来中国始终坚持向经济困难的其他发展中国家提供力所能及的援助，承担相应的国际义务。中国对外援助坚持平等互利，注重实效，与时俱进，不附带任何政治条件，形成了具有自身特色的模式。[④] 中国对外援助的务实性和不附加条件受到了受援国的普遍欢迎，就连西方学者也不得不承认这一点。美国学者斯蒂芬·奥尔森（Stephen Olson）和克莱德·普雷斯托维茨（Clyde Prestowitz）就认为，“中国发展援助模式有着无附加条件、讲求时效和执行力强的特点，这受到整个发展中国家的好评。中国的发展援助模式也与世界银行或国际货币基金组织的发展援助项目形成了鲜明的对比”。[⑤]

在上述中国的五个发展理念中，民生优先的发展议题解决理念是最为核心的中国发展理念。该理念与西方国家坚持的民主优先的发展议题解决

---

① 廖雷：“专访联合国开发计划署署长布朗”，新华网，2004 年 5 月 28 日，http：//news.xinhuanet. com/newscenter/2004 – 05/28/content_ 1494730. htm。

② OECD，*China in Focus*：*Lessons and Challenges*，OECD，Paris，2012，p. 123，http：//www. oecd. org/china/50011051. pdf.

③ 周弘、张浚、张敏：“外援与发展：以中国的受援经验为例”，《欧洲研究》2007 年第 2 期，第 14 页。

④ 中国国务院新闻办公室：“中国的对外援助”，2011 年 4 月，参见：http：//www. scio. gov. cn/zxbd/nd/2011/Document/896471/896471. htm。

⑤ Stephen Olson and Clyde Prestowitz，*The Evolving Role of China in International Institutions*，Prepared for The U. S. -China Economic and Security Review Commission，January 2011，p. 81，http：//origin. www. uscc. gov/sites/default/files/Research/TheEvolvingRoleofChinainInternationalInstitutions. pdf.

理念形成了哲学意义上的竞争，即所谓“北京共识”和“华盛顿共识”之间的竞争。“华盛顿共识”通常指20世纪80年代以来位于美国首都华盛顿的三大机构（国际货币基金组织、世界银行和美国财政部）针对拉美国家减少政府干预、促进自由贸易和金融自由化的经验所提出并形成的一套政策主张。1989年，英国经济学家约翰·威廉姆森（John Williamson）将它归结为“华盛顿共识”，共包括10条改革建议，其核心思想是自由化、市场化、私有化加上财政政策稳定化。[①] 2004年5月，美国高盛公司高级顾问乔舒亚·库珀·雷默（Joshua Cooper Ramo）发表了一篇题为《北京共识》（The Beijing Consensus）的论文，指出“北京共识”不仅适合中国，也是发展中国家追求经济增长和改善人民生活足可效仿的成功榜样。雷默对北京共识的经验概括为三方面：主动创新和大胆试验；创造一个有利于持续与公平发展的模式；坚持自主。其中，创新和试验是“北京共识”的灵魂，强调解决问题应因事而异，灵活应对，不求统一标准。[②]“北京共识”实质上就是中国作为一个发展中国家在全球化背景下实现社会现代化的一种战略选择，它是中国在改革开放过程中逐渐发展起来的一整套应对全球化挑战的发展战略和治理模式。[③]“北京共识”和“华盛顿共识”之间的竞争不仅为其他发展中国家提供了更多的发展选择，而且中国的民生优先等发展理念将在这一竞争中得以检验和完善。

三、将中国发展理念通过联合国共享给全球的政策启示

基于中国经济和社会发展所取得的重大成就，其他发展中国家对于借鉴中国的发展理念表现出浓厚的兴趣。鉴于联合国的中立地位，它们对国

---

① John Williamson, “What Washington Means by Policy Reform”, in: Williamson, John (ed.): *Latin American Readjustment: How Much has Happened*, Washington, D. C.: Institute for International Economics, 1989, pp. 7 – 20.

② Joshua Cooper Ramo, “The Beijing Consensus”, May 2004, London: The Foreign Policy Centre, http: //fpc. org. uk/fsblob/244. pdf.

③ 余东华：“‘华盛顿共识’、‘北京共识’与经济转型”，《山东社会科学》2007年第11期，第93页。

际规范、标准和公约的推动，它们的全球经验和专业知识，都对中国发展理念和经验的推广极具意义。在笔者看来，中国借助联合国向其他发展中国家共享其发展理念的政策选择包括：通过联合国向世界讲述中国发展故事，与联合国开展国际发展合作，引领全球可持续发展，发挥中国非政府组织在国际发展合作中的作用。

（一）通过联合国向世界讲述中国发展故事

如果中国要成功地将其发展理念和经验共享给其他发展中国家，那么中国就必须讲述好中国的发展故事从而能够让世界感兴趣。未来中国可与联合国开展合作，讲述好以下两个发展故事。中国“五位一体建设总布局”（即经济、政治、文化、社会和生态文明建设）可作为一个总揽全局的发展故事。“五位一体”发展故事的内容是：中国把生态文明建设放在突出地位，融入经济建设、政治建设、文化建设、社会建设的各方面和全过程，努力建设美丽中国。“五位一体”发展故事的精髓是实现中华民族永续发展，这是一个值得全世界借鉴的“可持续发展”的故事。中国建设经济开发区的经验可作为一个新的中国发展故事。一直以来，发展中国家对中国如何推动经济开发区的快速发展有着浓厚的兴趣。中国可以和联合国系统合作，从相关发展中国家的实际需求出发，讲好中国建设经济开发区的新故事。比如，故事的内容可包括：中国的经济开发区发展规划的设计和实施、可持续的开发区管理模式、激励体制的设计和实施、关税和贸易便利化、技能开发和公私合作关系等。

（二）与联合国开展国际发展合作

联合国系统是中国开展国家发展合作的重要伙伴。中国已经与联合国系统（联合国开发计划署、粮食计划署、儿童基金会、人口基金会、国际粮农组织、世界卫生组织等）建立起紧密的工作关系，以共同应对全球发展面临的挑战。为了更好地将中国的发展理念和经验共享给其他发展中国家，中国和联合国系统可以尝试开展以下三方面的合作。一是中国可支持联合国开发计划署设立“中国发展工具箱”（以下简称“工具箱”）。这一“工具箱”将主要包含那些经过改革开放实践检验的成功的中国发展理念和经验。借助这一“工具箱”，发展中国家将能快速便捷地获取中国有参考价值的发展理念和经验。比如，该“工具箱”可放入中国减贫治理的经验，中国在经济落后的情况下完成农村公共卫生体系覆盖的做法，中国的社会救助救济方式，中国的基础设施改善经验，中国降低文盲率的途径等。二是中国可与联合国系统合作设立“中国发展实践知识中心”（以下简称“知识中心”）。设立“知识中心”是为了建立一个有效的合作机制和全球发展网络，以促进中国和联合国围绕全球发展议题加强合作，并向世界其他发展中国家传播中国发展的创新性解决方案。三是中国可与联合国系统合作为其他发展中国家设立“中国发展基金项目”。比如，中国政府可在世界银行的帮助下，考虑设立一个“中国经济与社会发展基金项目”，旨在资助非洲等地区的发展中国家，以及资助非洲等地区经济与社会发展领域的国际学者。

（三）引领全球可持续发展

自 2015 年 9 月联合国发展峰会通过 2030 年可持续发展议程以来，中国在全球可持续发展合作中扮演着越来越重要的引领作用。2015 年 9 月，中国国家主席习近平在联合国发展峰会上宣布中国将设立国际发展知识中心；在南南合作圆桌会上宣布中国将设立南南合作与发展学院。一个中心和一个学院的设立，预示着中国在争取国际话语权和设置国际议程方面的某种突破。[①] 2016 年 3 月，中国政府公布的“十三五”规划中纳入了落实 2030 可持续发展议程。2016 年 9 月的二十国集团杭州峰会上，中国政府推动“就落实联合国 2030 年可持续发展议程制订行动计划”，并提出“全球基础设施互联互通联盟倡议”。不论在国内还是国际，不论是在 SDGs 被明确提出之前还是之后，中国都是可持续发展进程中重要的参与者和践行

---

① 国平：“主导南南合作引领全球发展——习近平主席访美并出席联合国系列活动成果评述九”，光明网，http：//theory. gmw. cn/2015 – 10/07/content_ 17260567. htm。

者。今后，中国需要在引领全球可持续发展中扮演更大的责任和担当。比如，认真细致地研究发展中国家的发展战略，找到实现可持续发展战略对接的可行方案，包括中国的“一带一路”如何与沿线国家和地区的发展战略对接，如何与2030年发展议程进行对接。中国要为最不发达国家、内陆发展中国家和小岛屿发展中国家提供具有针对性和借鉴意义的可持续发展解决方案。

（四）发挥中国非政府组织在国际发展合作中的作用

非政府组织兴起于20世纪80年代，致力于全球范围的公益性事业，是目前世界上最富发展潜力的民间组织。[①] 非政府组织已被广泛视为一个参与国际发展的独立行为体，它们在全球发展合作中扮演着以下重要作用：为社区提供教育、医疗、女性生殖保健、农业扶持和食品安全、金融服务和商业支持等方面的服务；为当地社区和机构带来独特而专业的发展知识和“在地化”的发展经验；通过培训和能力建设传播发展技能和知识；推动政府机构和官员增加透明度和责任心等。[②] 与西方发达国家成熟的非政府组织和公民社会相比，中国的非政府组织和公民社会欠成熟。中国非政府组织的欠成熟和弱势使得它们很难为全球发展合作贡献出有影响力的理念或建议。要推动中国非政府组织的成长和加强它们在国际发展合作中的作用，中国政府需要实施构建现代社会组织体系的政策。

与此同时，中国政府和中国非政府组织之间需要建立一种“伙伴关系”、“合作关系”和“对话关系”。就“伙伴关系”而言，这意味着中国政府需要把中国非政府组织视为推动全球可持续合作的平等伙伴。中国外交部门可以从中央和驻外机构两个层面建立与海外中国非政府组织定期沟

---

① 李宝俊、金彪：“全球治理中联合国与非政府组织的关系”，《现代国际关系》2008年第3期，第50页。

② Brian Tomlinson and AidWatch Canada, *Working with Civil Society in Foreign Aid*: *Possibilities for South-South Cooperation*? Published by UNDP China, September 2013, pp. 45 – 48, http://www.undp.org/content/dam/china/docs/Publications/UNDP-CH-Working%20With%20Civil%20Society%20in%20Foreign%20Aid.pdf.

通的稳定伙伴机制。就“合作关系”而言，中国政府需要为中国非政府组织的海外项目提供资金支持，并尝试让非政府组织参与对外援助项目；中国政府也需要在能力建设方面扶持中国非政府组织，为非政府组织的发展壮大构建有利的成长环境。就“对话关系”而言，中国政府需要倾听中国非政府组织在推动全球可持续合作和完善中国对外援助政策方面的建议，并将非政府组织的好建议反映到政府的政策制定中。

四、共享发展理念还需自身转变理念

当前中国越来越重视对发展中国家开展“发展外交”，中国外交的议题也更加重视发展议题。中国外交的宗旨正在由过去的“反对霸权主义，维护世界和平”，向“维护世界和平，促进共同发展”转型。在这一转型过程中，将中国的发展理念通过国际组织共享给其他发展中国家，能够强化中国的南南外交力度。在南南合作框架下，中国通过建设“丝绸之路经济带”和“21 世纪海上丝绸之路”、亚洲基础设施投资银行、丝路基金等途径，为发展中国家落实 2015 年后发展议程提供支持。①

在笔者看来，中国发展理念的全球共享意味着中国亟需转变思路，即从以前的“世界能为中国发展做什么”转变为今后的“中国能为世界发展做什么”。在改革开放之初，中国主要是从联合国学习国际规则和治理理念。比如，中国在落实千年发展目标的过程中，以人为本、可持续发展等理念也深刻影响了中国的发展理念。② 改革开放近 40 年后的今天，中国在经济社会发展领域积累了一些理念和经验，如明确确立民生优先的导向性，在市场与政府之间把握好动态平衡，以科学发展观推动发展的转型升级，大力整合发展利益攸关者的力量，务实利用国际援助和开展对外援助等。中国的上述发展理念和经验通过联合国向发展中国家推广，既是中国

---

① 中国外交部、联合国驻华系统：《中国实施千年发展目标报告（2000—2015 年）》，第 10 页。

② 祁怀高：“联合国千年发展目标与中国发展理念的互动”，《国际关系学院学报》2012 年第 6 期，第 54—55 页。

构建国家软实力的过程，也是中国为全球发展贡献知识类公共产品的过程。

“中国发展理念的全球共享”并无在全世界推广“中国发展模式”的主观意图，而是主张发展道路的多样化。中国的发展理念具有“普世”价值，但考虑到每一个国家的独特发展道路，中国政府并不希望其他发展中国家简单地复制中国的发展道路，而是鼓励它们走适合自己国情的发展道路。因此，中国在对外交往中恪守不干涉内政和尊重其他国家的发展道路。比如，中国在对外援助中奉行不干涉受援国内政和“不附带任何政治条件”的原则，尊重受援国自己独立选择发展道路和发展模式的权利。

在将中国发展理念通过联合国共享给全球的过程中，不必讳言中国在现阶段发展过程中遇到的诸多挑战和难题。中国还需清醒地认识到其发展道路存在许多有待进一步改善的地方。中国在向其他发展中国家共享其发展理念时，也将共享中国是如何应对自身发展过程中出现的新挑战。这种应对发展挑战的理念共享可以让中国的发展理念更贴近现实，从而让其他发展中国家在发展过程中少走弯路。

中国发展理念的总结、提炼和共享是为了给其他发展中国家提供更多的发展道路选择，从而促进全球的可持续发展。同时，也能推动中国在全球发展类议题的解决进程中获得更大的话语权、影响力和创制力。

联合国制裁恐怖主义机制的功能和不足*

李金祥

冲突与合作是国际政治研究者的经久话题。现实主义理论家关注冲突问题，探讨国际权力分配与国际冲突的关系。自由主义理论家关注合作问题，偏重国际制度对国际合作的意义。治理恐怖主义是一个涵盖了冲突与合作的课题。“9·11”事件反映了恐怖主义的巨大危害，为打击这种危害，国际社会进行了各种努力。在这些努力中，美国的单边主义政策居主导地位。单边主义政策强调利用权力治理恐怖主义，这反映了国家与国家、国家与非国家行为体之间冲突的一面。顾及到单边主义政策无法解决恐怖主义的跨国流动问题，即使在单边主义政策影响最盛的时期（“9·11”事件后的前几年），美国也采取了多边主义的政策以争取其他国家的合作。这体现了治理恐怖主义对制度的需求。联合国制裁恐怖主义机制（下文简称制裁机制）正是这种需求的产物。当前，国内外已出现很多研究美国单边主义政策的成果，但缺乏系统研究制裁机制与国际反恐合作的成果。

在国内外，国际法和国际政治学者都对制裁恐怖主义机制进行了关注。国际法学者关注它的程序和价值缺陷。研究者认为机制缺乏正当的列

* 本文发表于《欧洲研究》2011 年第 5 期，中国人民大学报刊复印资料《国际政治》2012 年第 3 期全文转载。

名和除名程序，并违背了人权原则。[①] 国际政治学者则侧重于探讨该机制所处的困境、机制运作所依赖的动力和缺陷。加拿大学者卡尔娅妮·莫莎妮（Kalyani Munshani）指出，联合国综合清单机制的运作由国家间的利益冲突推动，这些冲突使综合清单具有一种静态性质，制裁机制因此不能满足国际反恐的需要。[②] 美国圣母院法学院的吉米·古诺（Jimmy Gurulé）教授探讨了制裁机制在冻结资产方面的困境，并认为这种困境的原因在于成员国的不合作。他提出建议，主要国家应当发挥反洗钱金融行动特别工作组（FATF）的作用，对于那些不服从制裁制度的国家和地区，由金融行动特别工作组把他们专门列入不合作的名单［the FATF list of non-cooperative countries and territories（NCCT）］并予以公布。[③] 很明显，他希望美国发挥领导作用，进一步增强压力以迫使他国合作。这种建议有一个前提，即不触动美国的制度霸权。国际法学者要求反恐不能违背人权，这有其合理性，但国际政治学者的建议则完全为西方的外交政策服务。在不顾及发展中国家的需求和利益的情况下，这类建议一味地强调反恐的合法性与合理性和他国制裁恐怖主义的义务。虽然相关学者注意到了机制在推动国际合作方面的不足，但他们却没有深入探究成员国不合作的根本原因而且他们也没有客观地评价制裁机制对于国际合作的贡献和不足。本项研究旨在弥补这些不足。

联合国制裁恐怖主义机制指联合国制裁塔列班、“基地”组织及与其相关的个人和团体的规则、机构和决策程序的总称。“9·11”事件后不久，安理会推动了这一机制的形成。它的前身是制裁国家的机制。1999

① Larissa Van Den Herik, “The Security Council's Targeted Sanctions Regimes: in Need of Better Protection of the Individual”, *Leiden Journal of International Law*, 2007, Vol. 20, pp. 797 - 807; Peter Gutherie, “Security Council Sanctions and the Protection of Individual Rights”, New York University Annual Survey of American Law, 2004, Vol. 60, pp. 491 - 541; Andrew Hudson, “Not a Great Asset: The UN Security Council's Counter-Terrorism Regime Violating Human Rights”, *Berkeley Journal of International Law*, 2007, Vol. 25: 2, pp. 203 - 227; 王孔祥：“强行法与公正审判权的冲突——联合国安理会1267号决议评析”，《武汉大学学报》2010年第1期，第33—37页。

② Kalyani Munshani, “The U. N. Consolidated List: Effect of Committee Dynamics on Creation and Compliance”, *Cardozo Law Review De · Novo*, 2009, pp. 284 - 310.

③ Jimmy Gurulé, “The Demise of The U. N. Economic Sanctions Regime to Deprive Terrorists of Funding”, *Case W. Res. J. Int'l L.* 19 2009, pp. 60 - 61.

年，联合国设立了制裁阿富汗塔利班政权的1267委员会。由于该机制不能有效地对付恐怖主义，通过1333号决议（2000），联合国把制裁对象扩大到“基地”组织，并增设了监测机构。制裁机制初步形成。2002年阿富汗战争后，随着塔利班下台，安理会的1390号决议（2002）进一步扩大了制裁对象，包括与塔利班和“基地”组织相关的个人和集团。到2004年，安理会改组和强化了监测机构，设立了分析性支助和制裁监测工作小组（下文简称监测组）。由此，制裁恐怖主义机制正式形成。它由决议中的规则（综合名单、冻结资产、游游禁令和武器禁运）和机构（1267委员会和监测机构）组成。制裁机制对国际合作有哪些贡献？它促进了多大程度的国际合作？哪些缺陷限制了它发挥作用？为回答这些问题，下文将首先评估该机制的功能和不足，然后探讨这些不足的根源，最后提供一些增强这些功能的对策。

一、联合国制裁恐怖主义机制的功能

国际机制的功能是指机制所带来的行为模式的后果。① 在罗伯特·基欧汉看来，国际机制有两大功能：一是惩罚功能。对故意违反机制的国家行为，机制具有惩罚作用。二是服务功能。机制为成员国提供高质量的信息，减少信息不确定性。② 而在国内学者门洪华看来，国际机制的功能还应该包括示范作用、规范作用、约束作用。③ 因而，可以说，对于国际合作，国际机制具有五大功能。不过，由于制裁恐怖主义机制所应对的目标是非国家行为体，它的功能设计有别于处理国家间问题的机制。这种区别体现于该机制的惩罚作用，该机制在联合国系统里运作的方式会对成员国

① Robert O. Keohane, “The demand for international regimes”, footnote 22, *International Organization*, 36, 2, Spring 1982, p. 333.

② Robert O. Keohane, *After Hegemony*, Cooperation and Discord in the World Political Economy, Princeton: New Jersey: Princeton University Press, 1984, pp. 80–83, 92–93.

③ 在门洪华的分析框架里，国际机制的另一个功能是惯性作用。由于惯性作用更多地与机制的变迁相关，与国际合作缺乏直接的联系，笔者在此省略了这一功能。参见门洪华著：《和平的纬度：联合国集体安全机制研究》，上海人民出版社2002年版，第103—106页。

产生一种隐性的惩罚功能。如，监测机构会把国家的不作为或不合作行为记录在案，或者记录在监测机构的报告。一旦这些报告成为联合国的正式文件，就会在联合国永久记录在案，这必将有损相关成员国的名声。虽然如此，由于有关制裁机制的一系列联合国决议都没有明确规定对违规国家的惩罚，国家间机制意义上的惩罚作用不适用于制裁恐怖主义机制。所以，制裁机制的功能体现于以下四个方面。

（一）示范作用

示范作用指机制给国际政治行为体带来新的主观认知与互动关系。[①] 而且，在新认知的基础上，国际机制会促进国家形成模式化的新行为和对他国如此行为的预期。制裁机制为成员国带来了三种新的认知与互动关系。

1. 综合清单。综合清单列有涉嫌与恐怖主义相关的个人与实体的名字。如，2010 年 7 月底，综合清单有 488 个个人和实体。[②] 在国际社会尚未就恐怖主义定义达成共识的情况下，综合清单为大部分国家指明了反恐的方向。在综合清单的示范作用下，一些国家或国际组织也仿照联合国制定了自己的反恐清单，它们是美国、英国、印度、澳大利亚、加拿大、俄罗斯、印度、欧盟和上海合作组织等。可以说，制裁机制有效地推动了新的认知观念的扩散。

2. 成员国的报告制度。安理会的 1390 号和 1455 号（2003 年）等决议要求成员国向制裁委员会提交本国实施制裁措施的报告。2003 年，安理会为此专门规定了成员国提交报告的指导准则，这些准则包括七大类 26 个问题。[③] 报告制度体现了一种新的安全理念，它不同于处理传统安全问题的思路。在机制运作之初，这种理念并没引起太多的国家注意，只有 70 个国家提交了报告。[④] 在安理会、1267 委员会和监测机构的推动下，成员国意

---

① Peter M. Haas, "Do regimes matter? Epistemic communities and Mediterranean pollution control", *International Organization*, Vol. 43, No. 3, Summer, 1989, pp. 401 – 402.

② 联合国文件，S/2010/497，摘要，第 1 段。

③ http：//www. un. org/Docs/sc/committees/1267/guidanc_ en. pdf.

④ 截至 2002 年 8 月 12 日的数据，见联合国文件：S/2002/1050，第 103 段。

识到不提交报告将有损自己的利益。更多成员国接受了这种理念，并递交了大量有关国内反恐措施的报告。到 2004 年，88 个国家依 1390 号决议提交了报告。截至 2009 年 12 月 4 日，大部分国家依 1455 号决议提交了报告，还剩 32 个会员国未提交报告。[①] 在联合国的制裁机制中，如此多的国家提交报告，史无前例。

3. 制裁机构官员访问成员国的制度。为推动成员国重视制裁机制和评估成员国的制裁情况，1455 号决议和 1526 号决议（2004 年）分别授予 1267 委员会主席和（或）成员及监测机构成员访问选定国家的权力。由此，委员会和监测机构的成员开始亲临成员国的边防、海关以了解执行制裁的情况。这示范了一种新的互动关系，是联合国下属机构合法介入成员国国内事务的一种尝试。到 2011 年 2 月，监测机构已经完成了对 90 个会员国的访问，有的是多次访问。[②] 由于制裁机构的访问，成员国增强了对制裁机制的了解和重视度。访问制度还带来了成员国对国家利益的新界定。访问是在成员国的许可之后进行，如此多的国家愿意接受制裁机构的访问，本身就说明，成员国意识到，遵循访问制度的要求符合本国的国家利益。

示范作用为制裁恐怖主义的国际合作提供了理念基础和合作路径。综合清单解决了制裁对象的问题。报告制度和访问制度带来了新的制裁理念和互动方式。制裁机构推动了这些理念和互动方式的扩散。它们在成员国中产生了一种示范效应。

（二）规范作用

规范作用指国际机制使世界政治行为体的行为模式化和规范化。制裁机制从两个方面规范了行为体。

1. 规范国家和国际组织与制裁机构的互动关系。1390 号决议、1455 号决议和 1526 号决议都要求所有国家和国际组织须与制裁机构充分合作。对于成员国，制裁机制的规范作用体现于三个方面。第一，除了前文所述的成员国提交报告程序和内容外，还通过《1267 委员会工作准则》规范了

① 联合国文件，S/2004/1037，第 12 段；S/2011/245，第 77 段。

② 联合国文件，S/2011/245，第 72 段。

成员提交新恐怖主义名单和从名单中除名的程序。① 第二，机制规定了被列名者所在国或国籍国以书面形式通知当事人的义务。② 第三，机制还规范了制裁国的行为。出于人道主义考虑，机制要求成员国给予被列名者以制裁方面的人道主义例外和豁免。③ 制裁机制也规范了国际组织与自己的合作方式。在安理会的推动下，制裁机构与联合国反恐委员会、1540 委员会建立起协作关系。到 2009 年，监测机构已经联合 1540 委员的专家对成员国进行了 12 次访问。联合国还与空运协会、国际民航组织和国际刑警组织形成了新的合作关系，互相支持对方的反恐任务。在 2006 年，监测组同国际民航组织和空运协会开始了打击非法空运武器和弹药方面的合作进程。④ 安理会还与国际刑警组织联合并定期发出通缉恐怖主义者的海报(或通知)。截至 2008 年 11 月，两个机构所发布的针对个人和实体的通知分别为 308 份和 20 份。到 2010 年 9 月底时，该数据进一步增加，达到 361 份。⑤ 这些合作加强了制裁恐怖主义的国际力量。

2. 规范国家与非政府组织间的关系。在一些地区，尤其是穆斯林社会，没有管理慈善机构或人道主义基金会的传统，这为恐怖分子滥用这类组织提供了机会。安理会的 1526 号决议（2004 年）规定，为切断“基地”组织、奥萨马·本·拉丹和塔利班等恐怖主义者与资金、其他金融资产及经济资源的联系，要防止他们滥用非营利组织。⑥ 为此，制裁机构推动了成员国对国内非政府组织的管理。到 2003 年时，海湾国家已关闭了大约 50 个慈善机构，还使 40 多个慈善机构处于官方监管之下。沙特阿拉伯审计了 245 个国内慈善机构、冻结了它们的驻外办事处、关闭了 12 个慈善机构并禁止在商店和清真寺设置捐赠箱。⑦ 到 2005 年，成员国又进一步采

① http://www.un.org/chinese/sc/committees/1267/committee_ guidelines.pdf.

② 联合国决议，S/RES/1617（2005），第 5 段。

③ 联合国决议，S/RES/1452（2002）。

④ 联合国文件，S/2006/750，第 112 段。

⑤ 联合国文件，S/AC.37/2008，第 20 段；S/2010/497，第 67 段。

⑥ 联合国决议，S/RES/1526（2004），第 4 段。

⑦ 这些估计数字由著名的反恐专家阿米尔·塔赫里汇编，见 2003 年 5 月 12 日《纽约邮报》阿米尔·塔赫里的文章“恐怖的秋天”。见沙特阿拉伯发言人阿德尔·朱拜尔的讲话，刊登于 2003 年 5 月 18 日《福克斯星期日新闻》，后来由驻华盛顿特区的沙特阿拉伯王国大使馆公布。转引自《监测组关于对“基地”组织、塔利班以及有关的个人和实体实行制裁的第二次报告》，S/2003/1070，第 38 段。

取了管理非政府组织的措施。[①] 可以说，由于规范作用，国际组织间的反恐合作和成员国对国内非政府组织的管理已经成为一种模式化的行为。

规范作用解决了制裁合作的依靠力量和手段问题。依靠力量是国家和国际组织。手段是递交相关的资料和管理成员国国内的非政府组织。

（三）约束作用

约束作用指机制对世界政治行为体的预期和行为的限制性作用。在确立自己的利益时，这些行为体必须把国际机制考虑在内，在机制约束的范围内实现自身利益最大化。相关的行为体也会藉此预期他者的行为。[②] 制裁机制规定了国家制裁恐怖主义的两方面义务：（1）把恐怖主义定罪。1390 号决议规定，对那些属于制裁对象的本国国民和在本国领土内活动的其他个人或实体，所有国家须采取立法或行政措施，加强国内法律或规章，以采取有力措施给他们定罪。（2）执行三大制裁措施：对清单中的个人和团体实施冻结资产、旅行禁令和武器禁运。在冻结资产方面，“9·11”事件后，约 166 个国家和司法部门发布了冻结资产的命令，中止了相关的金融和其他经济交易，冻结了大量资产。[③] 到 2007 年年底，36 个成员国依制裁制度冻结了约 8500 万美元的资产。[④] 在军火禁运和旅行禁令方

---

① 这些措施包括：（1）向其他国家提供技术援助，改进慈善部门的法人治理和监管。英国通过英格兰和威尔士慈善委员会，向中东、东南亚和撒哈拉以南非洲的一些国家提供技术援助。这些援助帮助接受国利用英国的制度作为模式，加强慈善部门的治理。（2）阿联酋要求海外慈善组织以实物形式（如货物和服务）而非资金形式提供援助，以减少挪用捐款的危险。（3）沙特阿拉伯设立机构，以监管所有海外慈善活动。沙特在通知捐款接受国的同时，还采取逐个批准海外捐款的政策。（4）美国则对其管辖范围内的慈善机构，发布了关于理事结构、财务透明性和责任制以及防止资助恐怖主义的程序诸方面的指导方针。联合国文件，S/2005/572，第 88 段。

② 门洪华著：《和平的纬度：联合国集体安全机制研究》，上海人民出版社 2002 年版，第 103—104 页。

③ 对于“基地”组织的资产，人们有不同的观点。有反恐专家指出，“基地”组织有 3 亿美元的资产，这些资产来自本·拉登的私人财富和其他资金来源。但“9·11”调查委员会得出不同的结论：1994 年沙特剥夺了拉登的国籍，强迫其家庭卖掉拉登在家庭公司中的股份。1996 年本·拉登离开苏丹时，没带走一分钱，财产被苏丹接管。“基地”组织的经费有多种筹资渠道，而不是所谓的 3 亿。笔者支持后一观点。http：//www. people. com. cn/GB/guoji/14549/2792843. html。

④ 联合国文件：S/2007/677，第 57 段。

面，大部分国家称有这方面的国内管制制度，也没有发现违反者。可以认为，在一定程度上，制裁机制发挥了作用。

约束作用规定了国际制裁合作的内容。由于机制的存在，成员国在确立自己的国家利益时，需要顾及这两方面的义务。只有在将恐怖分子绳之以法，不资助恐怖分子，不向恐怖分子提供庇护地，不向他们提供武器或培训的情况下，成员国才能合法追求自己的利益。这些义务防止了成员国对恐怖主义的资助，也确立了他国不资助恐怖主义的预期。

（四）服务作用

在无政府的国际政治中，由于没有一个最高的权威，信息的不确定性使国家间互动的成本极为高昂。服务功能指国际机制为改变这种状况而采取的努力。国际机制可以向国际行为体提供可靠的信息和信息交流的渠道，加快信息流通，降低信息不确定性。① 服务作用为制裁合作提供了外部条件。1267 委员会和监测机构的活动都旨在为成员国服务，为他们提供可靠信息。国际反恐的可靠信息指国际反恐的现状和制裁对象的准确资料。

首先，制裁机构的报告为成员国提供了国际反恐现状的信息。安理会要求 1267 委员会和监测组定期汇报现有制裁措施的执行情况，评估在执行制裁措施方面存在的问题。自 2004 年后，制裁委员会主席多次向安理会口头汇报各国实行制裁的情况和制裁机构的工作。在分析和评估成员国报告的基础上，监测机构向安理会提交了近 20 份书面报告。这些报告减少了成员国获得国际反恐的现状和信息的交易成本。

其次，提供制裁对象的准确资料。为了向成员国提供可靠的恐怖主义名单，安理会要求 1267 委员会定期更新综合清单。更新的内容主要是补充识别信息。所需的识别信息包括制裁对象的全名、出生日期和出生地点、国籍、地址和居住国等内容。在初期，综合清单上的人名缺乏足够的识别

① ［美］罗伯特·O. 基欧汉著，苏长和等译：《霸权之后》，上海人民出版社 2001 年版，第 115 页。

信息。如2003年时，清单上的34个个人仅提供了姓名。在执行过程中成员国难免会遇到诸多重名问题。据监测组的报告，葡萄牙曾经发生过一个金融机构数据库内大约有50个姓名与联合国清单上一个人的姓名相同的情况。一些国家也因此表明，由于缺乏最起码的所需识别要素，所以它们无法将联合国清单上的某些姓名列入国防管制程序。为改变这种情况，安理会的1455号决议（2003年）在要求成员国提交新名单的同时，还规定会员国必须向1267委员会尽可能地提供被列名者的识别资料，以便在综合清单上增列更详细的信息。[①] 为补充识别信息，监测机构也多次向成员国索取清单所列个人的资料。结合成员国和国际刑警组织所提供的数据，1267委员会多次修订名单，增加了综合清单中的识别信息并优化了名单格式。仅2007年一年内，制裁机构就对名单上的现有条目进行了324次修改。在2010年，制裁机构又对名单做了465项修订，影响到391个现有条目。[②] 这些措施有效地减少了成员国实施制裁的困难。

第三，提供与清单所列实体相关的机构的资料。在冻结资产时，一些跨国的非政府组织，如慈善组织，是制裁方的一个难题。它们遍布世界各地的办公室或者分支机构，便利了恐怖主义资金的转移，要查清楚这些办公室和分支机构，任何一个国家都存在困难。制裁机构从成员国的报告中获得了大量有关这些非营利组织的分支机构和办公室的信息。如与基地组织有密切关系的国际仁爱基金会有20个分支机构，全球救济基金会有22个分支机构。[③] 通过制裁机构对成员国报告的汇总，那些分支机构和办公室陆续被更多国家掌握。

由于制裁合作所需的理念基础、合作路径、依靠力量和手段、制裁的内容和外部条件得到实现，国际范围内形成了一个制裁恐怖主义的国际联盟，联盟包括主权国家、国际组织等成员。机制增强了制裁恐怖主义的国

---

① 联合国决议，S/RES/1455（2003）。

② 联合国文件，S/2008/324，第27段；S/2010/497，第43段。

③ 联合国清单中的国际仁爱基金会机构，除在美国之外，还包括其设在阿富汗、阿塞拜疆、孟加拉国、波斯尼亚和黑塞哥维那、加拿大、车臣、克罗地亚、格鲁吉亚、荷兰、巴基斯坦、俄罗斯联邦、沙特阿拉伯、苏丹、塔吉克斯坦、联合王国和也门，以及达吉斯坦、加沙地带和印古什的机构。《分析性支助和制裁监察组第二次报告》第54页；《分析性支助和制裁监察组第七次报告》第17页。

际力量，也提升了冻结资产、军火禁运和旅行禁令的效力。对于那些受恐怖主义危害的国家，制裁机制是一种有益的公共产品。它防止了成员国公然资助恐怖主义，明确了国际反恐的对象，并推动更多国家采取制裁措施等。可以说，制裁机制在一定程序上削弱了那些造成大量无辜平民伤亡的恐怖主义者的力量，并形成了一种治理非传统安全问题的新模式。

二、联合国制裁恐怖主义机制功能的不足

从理论上来看，制裁机制应对所有的联合国会员国都具约束力，无论是超级大国还是中小国家。因为设立该机制的决议都注明，安理会依据宪章第七章采取行动，而《联合国宪章》第25条规定："联合国会员国同意依宪章之规定接受并履行安理会之决议"。① 但事实上，并非所有成员国都遵从机制的规则。结合成员国的遵约情况，我们会发现机制存在以下不足：约束功能较弱；示范作用的普及范围较窄；规范作用的效度有限和服务功能的质量不高。

（一）约束功能较弱

约束功能的不足体现于两个方面。首先，机制对制裁行为的约束能力较弱。依监测机构的报告，综合清单涉及89个国家，其中58个国家是综合清单中的国籍国、居住国或注册地国。② 按照机制的约束功能，本该有58个制裁国，如此，制裁机制才能真正在全球层面上运作，但事实上，实施冻结资产的国家只有36个国家。按地区来划分，这些国家包括：欧洲、欧亚地区和北美约占70%；南亚约占8%；近东占21%（主要在沙特阿拉伯和阿拉伯联合酋长国）；东亚地区和非洲所占比例不到1%。③ 而且，在

① 《联合国宪章》。

② 联合国文件，S/2008/324，第1段。

③ 这是2003年的数据，但后来该数据变化不大。联合国文件，S/2003/669，第37段。

所冻结资产总价值中，95%以上由9个国家执行。与此类似，依监测机构的说法，旅行禁令和武器禁运的措施没有受到成员国足够重视。[①] 可以说，制裁国具有数量少和地区不平衡的特征。其次，依要求提交新恐怖主义者名单的国家较少。在2004年和2005年，提交名单的成员国较多，分别为21个和18个，此后没有更多国家提交名单。目前，名单的提交国难以超过50个。提名国的数量少，不代表成员所掌握的恐怖分子少，相反，一些国家掌握了这类人。2003年，埃及、约旦、科威特、黎巴嫩、摩洛哥、阿拉伯叙利亚共和国和也门均报告逮捕了据称属于塔利班和"基地"组织的个人，[②] 但这些国家不愿提供名字。制裁国和提名国较少，表明制裁机制的约束功能较弱。

（二）示范作用的影响范围较窄

在示范功能中，制裁机构访问了90多个国家，访问制度的普及范围较广。报告制度则不同。从数量来看，32个国家仍没提交报告，这远逊于1373号决议机制下成员国全部提交报告的情况。而且，虽然大部分成员国汇报了国内的反恐情况，但正如监测组所指出的，大多数报告是描述性的，既未具体详述该国为实施仲裁制度而采取的行动，也未提供其他有益信息来回答提问，好象是走过场。[③] 很明显，大部分国家只是为了履行义务而报告，不是为了反恐而做报告。从报告的质量看，愿意受机制约束的国家较少。可以说，报告制度的实际普及范围限于那些在反恐问题上利益攸关的国家。再则，综合清单的示范作用也不能被高估，仅限于上文所提及的几个地区或国家设立了自己的反恐清单。因此，示范作用的影响范围较窄。

① 联合国文件：S/2007/677，第100段；S/2003/1070，第93段。

② 联合国文件：S/2003/1070，第19段。

③ 联合国文件：S/2004/679，第82段。

（三）规范作用的效度有限

在规范国际组织和成员国管理非政府组织方面，我们同样不能高估制裁机制的功能。一方面，从国际组织来看，现有机制主要规范了制裁机构与国际刑警组织、民航组织和国际空运协会及联合国系统内的反恐机构的互动关系，而对于世界银行和国际货币基金组织这类与制裁密切相关的组织，制裁机制不能规范它们与自己的互动关系，这限制了制裁机制的规范作用。对国际组织规范作用的有限性难免会弱化制裁机制的声誉和效度。另一方面，在制裁机制推动成员国管理本国的非政府组织方面，规范作用也有其限度。在全球化的背景下，要有效管理非政府组织，尤其是那些具有跨国活动能力的非政府组织，不仅需要国家层级的努力，还需要国际层面方面的应对。从管理非政府组织的实际后果来看，相关国家不愿将违规的非政府组织列入制裁清单，在这种情况下，国际社会无法获得这类非政府组织的相关信息并从国际层面治理它们。以上两方面显示，制裁机制的规范作用的效度有限。

（四）服务功能的质量不高

机制的服务功能本应能为成员国提供更全面和准确的有关恐怖主义者的信息。有资料显示，“9·11”事件后，102 个国家逮捕了超过 4000 名与“基地”组织有关的恐怖分子，[①] 但事实上，自制裁机制产生以来，综合清单的名字总数在 500 个左右。这表明，制裁机制的服务质量远不能满足国际社会的反恐需求。再则，有效的制裁依赖于高质量的综合清单。只有在

① Michael Chandler and Rohan Gunaratna, *Countering Terrorism: Can We Meet The Threat of Global Violence?*, Reaktion Books Ltd, 2007, p. 85; Rohan Gunaratna, “The New Al Qaida: Developments in the Post-9/11 Evolution of al-Qaida”, in ed. Boaz Ganor, *Post-Modern Terrorism: Trends, Scenarios, and Future threats*, Interdisciplinary Center (Hertseliyah, Israel), 2006, p. 47; “联合国官员谴责部分成员国不合作致制裁‘基地’失败”，2003 年 11 月 4 日，http://www.chinanews.com.cn/n/2003-11-14/26/368668.html。

综合清单提供了详细识别信息的情况下，成员国才能定位制裁对象，进而采取制裁措施。尽管制裁机构对综合清单做了多次修改和补充，但事实上，缺乏足够的识别信息一直是综合清单的硬伤。如，2008 年 5 月的综合清单有 482 个名字，其中的 57 个人还未列出全名和出生日期；另外的 5 个名单仅仅有全名和出生日期；其他的 26 个条目列出了名字、出生日期和出生地点，但是却没有诸如国籍、地址或居住国等任何其他识别资料。① 可以说，只有 392 个名单具有准确性。因而，在完善识别信息方面，制裁机构的服务质量同样不高。

综上可见，我们固然无法否认制裁机制对国际反恐合作的积极意义，但也不能无视其功能的局限性，这些局限性限制了制裁恐怖主义的国际合作的广度和深度。对于局限性的原因，制裁机构归之于成员国的能力不足和不配合。② 的确，在执行制裁时，有一些国家缺乏能力，某些小国甚至没有书写报告所需的人才和设施。但这样的小国毕竟是少数，对于大部分国家而言，缺乏能力不是他们不配合联合国制裁机构的主要原因。在笔者看来，国家不合作的行为有更广泛的原因。

三、联合国制裁恐怖主义功能不足的根源

宏观和微观层次的诸多因素影响着成员国的合作意愿，本文仅列出关键性的因素。宏观层面的因素主要是权力分配和相互依赖；微观层面的因素来自制度本身，即制度的健全度和透明性。

（一）权力分配

奥兰杨指出，在构成要素（in material sense）上，国际机制参与者之

① 联合国文件，S/2008/324，第 24 段。

② 联合国文件，S/2002/1338，第 33 段；S/2007/677，第 26、60 段。

间的权力分配严重失衡限制了机制的有效性。[①] 权力分配的失衡也同样会限制国际机制的功能。制裁机构在权力分配上的严重失衡体现于两个方面。首先核心规则由美国、英国和俄罗斯等国主导制定。其次，在联合国制裁恐怖主义机构中，西方国家的官员占主导地位。[②] 可以说，制裁机制具有浓厚的西方色彩，机制中的权力分配不利于非西方国家。虽然这种严重的权利不对称便利了制裁机制的建立，但弱小无权者也因此感受到机制的不合理。弱小无权者既指那些非安理会的成员国，也指综合清单上的被列名实体。在本国没有决策权的情况下，一些非安理会的成员国不愿采取合作态度。另一方面，早在阿富汗战争后不久，本·拉登就指责联合国对穆斯林犯下了罪行，并指责自称是阿拉伯领导人而同时与联合国合作的人是异教徒。[③] 制裁机制的西方色彩进一步加强了这类被列名团体的敌对态度。2004 年 5 月，本·拉登发出悬赏刺杀联合国秘书长安南的信息。[④] 这种威胁性的姿态更坚定了一些成员国的不合作态度。所以，尽管 20 多个列入综合清单的个人据称是突尼斯国民或居民，但突尼斯的报告中并没有充分谈到这一问题。[⑤] 那些抓到相关人的国家也不愿提交名单。

（二）相互依赖

成员国的合作意愿还与国际政治中的相互依存度有关。恐怖主义袭击使得相互依存发生了两方面的变化。一方面，由于恐怖主义势力所针对的目标主要是西方国家。为从全球层次上打击恐怖主义，西方国家对非西方国家的依存度提升，这改变了非西方国家对西方的单方面依赖局面。在反恐方面，非西方国家的对外依存度较低。另一方面，跨国恐怖主义的发源

---

① Oran Young, "The Effectiveness of International Institutions: Hard Cases and Critical Variables", in James N. Rosenau and Ernst Otto Czempiel, *Governance without Government: Order and Change in World Politics*, Cambridge University Press, 1992, p. 185.

② 李金祥："联合国制裁恐怖主义制度的构成及其本质"，《和平与发展》2011 年第 3 期，第 25 页。

③ "本·拉登再次发表录像声明，对联合国横加指责"，《中国日报》2001 年 11 月 5 日。

④ 新华网，2004 年 5 月 7 日。

⑤ 联合国文件，S/2003/1070，第 34 段。

地大部分处在非西方世界。非西方国家配合联合国的制裁机制，就会提升国内社会的相互依存度（内部依存度）。[①] 对于那些被列名者的国藉国与居住国而言，此时内部依存度会高于外部相互依存度。因而，尽管西方国家对非西方国家有反恐合作的需求，但非西方国家只能在确保国内安全和稳定的情况下提供反恐合作。所以，虽然综合清单所涉及的国藉国与居住国较多，但实际参与制裁的国家较少。

（三）机制的健全度

国际机制的健全度是指它在程序方面的完善程度。在健全度方面，制裁机制的不完善体现在综合清单的运作程序缺陷和缺乏对违规国家的惩罚性规定。综合清单的运作程序缺陷在于列名和除名程序的规则。1267 委员会的列名和除名规则不同于安理会的议事规则。在安理会，程序性事项的表决需要 9 个理事国的同意票；对于非程序事项或称实质性事项的决议表决，要求包括全体常任理事国在内的 9 个同意票。而 1267 委员的表决规则需要安理会全体理事国的同意，也就是说，安理会的任何成员都拥有否决权。该规则易使除名过程耗时冗长。麦瑟·阿登（Messrs Aden）和阿里（Ali）的案例就表明了这一点。他们的居住国瑞典政府曾两次请求 1267 委员会将其除名，但都遭到拒绝。[②] 第二次申请时，委员会的大多数成员都表示同意解除对他们的制裁，但由于美国、俄罗斯和英国的反对而未能达成一致。后来，经过瑞典和美国多次协商，并向美国提供两人与基地组织没有任何联系的证据，安理会才解除了对他们的制裁。到 2007 年，制裁机构仅使 5 人除名。一名来自英国，其他四人分别来自瑞士、瑞典和德国。后三个国家通过长时段的外交游说才实现目标。这方面的缺陷限制了成员国提交更多名单的意愿。一些国家直言，因为制裁机制缺乏健全的除名机

---

① Oran Young, "The Effectiveness of International Institutions: Hard Cases and Critical Variables," in James N. Rosenau and Ernst Otto Czempiel, *Governance without Government: Order and Change in World Politics*, Cambridge University Press, 1992, p. 189.

② Case T－306/01R, Aden v. Council, 2002 E. C. R. II－2387, 90.

制，自己在向综合清单提名时犹豫不决。[①] 另一方面，正如前文所述，制裁机制没有惩罚违规国的规定。尽管不设立惩罚性规定减少了安理会成员国自身的约束，但这也带来了一些国家的不作为。监察机构的报告指出，如果不进一步提醒，一些会员国可能忘记了 1390 号决议所规定的提交报告的义务。[②] 可以说，制裁机制本身的两方面缺陷，限制了机制推动国际合作的功能。

（四）机制的透明度

国际机制的透明性指机制的设立、规范的建立、组织的创设和机制的运作程序具有公开的特征。制裁机制的透明度缺陷体现于它的运作程序，即综合清单的列名和除名程序——闭门会议。机制不透明带来了两种后果。第一，闭门会议确保了 15 个理事国对列名和除名权的垄断，也使非理事国得不到与理事国同等的信息。在决策权不平等和信息不对称的情况下，很难出现更多国家提交新名单的情况。其次，闭门会议极易引起误列名的现象。误列名现象的直接受害者是被列名者，而间接受害者是与列名者相关的国家。第三国误列名单的行为，可能会使相关国家陷于反恐不力的窘境，并因此蒙羞。误列名必然有损于相关国家的双边关系。这两种后果已经引发了成员国对机制不透明的不满。在 2006 年，50 多个会员国已因此质疑该机制的透明度。[③] 2010 年，不结盟运动也吁请安全理事会制裁委员会精简其列名和除名程序，以便确保正当程序和透明度。[④] 机制不透明降低了一些国家参与制裁的热情和意愿。

综上所述，设立国际机制的目的在于通过国际合作来治理恐怖主义。与其他国际机制类似，只有机制能使成员国获得相对收益，制裁机制才能成功运行。制裁机制能使一些深受恐怖主义危害的国家获益，所以它得到了成功运行。如果没有制裁机制，很难说这么多国家和国际组织会参与制

---

① 联合国文件，S/2005/572，第 54 段。
② 联合国文件，S/2004/1037，第 12 段。
③ 联合国文件，S/2006/154，第 40 段。
④ 联合国文件，A/C. 6/65/SR. 2，第 22 段。

裁的行列。如果没有监测机构，未必会有如此多的国家汇报本国的制裁情况，成员国也难以及时获得最新的全球反恐信息。人们无法否认制裁机制对国际反恐的贡献。美国驻联合国副大使罗斯玛丽·迪卡洛（Rosemary Di Carlo）指出，过去11年来，制裁“基地”组织和塔利班的制度一直是联合国最有效的反恐工具之一，也是世界各国一致应对“基地”组织和塔利班所构成持续威胁的象征。[①] 正是由于制裁机制的贡献，美国国内对联合国的支持度极速上升。根据2009年的一项民意调查，在备选的八项反恐措施中，通过联合国反恐赢得了美国人84%的支持，[②] 这改变了克林顿时期美国国内强势的敌对联合国的声音。

不过，研究者不能夸大制裁机制的功能。在促进国际反恐合作方面，制裁机制还存在着一系列缺陷：制裁国和提交相关名单的国家都较少，成员国的报告质量差，无法规范强势的国际组织；综合清单质量低等。事实上，它仅仅获得了部分国家的支持，它的实际功能远逊于其初始目标——在全球范围内制裁恐怖主义。机制不能得到广泛支持的原因在于成员国的不配合。

成员国不配合的原因在于权力分配不对称和相互依赖的变化与制裁机制自身的不健全和缺乏透明性。十年来，尽管国际社会治理恐怖主义的事业已经取得了进展，但正如沈丁立教授所言，“基地”与美国一百年不会言和。[③] 因而，治理恐怖主义仍然是世界各主要国家的重要事务，制裁恐怖主义机制也会因此长期存在。要进一步提升治理恐怖主义的效力，需要进一步推动国际社会的反恐合作。这就需要联合国制裁机制自身的完善，需要各主要国家改变机制中的权力分配不对称和相关国家在相互依赖中的困境。

要完善制裁机制，一方面，安理会应当改革综合清单的列名和除名程序，采取安理会的表决规则，而非一致同意原则。另一方面，为增强成员国的国际义务意识，制裁机制应该增加一些惩罚性规定。与吉米·古诺一

---

① 联合国文件，S/PV. 6424（2010）。

② “U. S. Opinion on Transnational Threats: Terrorism”, November 2009, p. 2, arrive at http://www. cfr. org.

③ 沈丁立：“基地与美国，一百年不会言和”，《环球时报》2011年9月9日。

味强调金融行动工作组的作用不同，笔者认为，在平衡权力分配和努力根除恐怖主义产生的根源的同时，制裁委员会可以借鉴反洗钱金融行动特别工作组（FATF）的做法，设立类似的自己的名单。依据这个名单，联合国的发展援助机构对相关国家提供不同待遇，这既可以产生激励作用，也会成为一种变相惩罚的手段。制裁委员会还需要提高其运作的透明性。虽然闭门会议的行事方式便利了理事国内部的协调，但闭门会议并不能阻止外界了解到安理会内的斗争。[①] 既然反恐是正义事业，制裁委员会不妨改变闭门会议的行事方式。

在权力分配方面，主要大国应当意识到反恐问题的复杂性和对外依赖性。尤其对于西方国家而言，要成功治理恐怖主义，非西方世界的合作必不可少。大国需要改变制裁机构的西方色彩，提升非西方国家在制裁机构和监测机构中的人员配额。由于制裁牵涉到89个成员国，西方国家可以在保持其人员配额的情况下，扩大制裁委员会和监测机构的成员，这样可以提升一些非西方国家的主人翁地位，增强其国际责任的意识。对于相互依赖因素所造成的困境，这不是成员国可以在制裁机制范围内解决的问题。制裁是治理恐怖主义的不可缺少的手段，但它终归不能根除恐怖主义产生的根源。要提升一些国家的合作意愿，就需要结合其他手段，如发展援助，减少非西方国家国内的困境，逐渐消除恐怖主义产生的根源，使相关国家在反恐合作方面无后顾之忧。

① Kalyani Munshani, "The U. N. Consolidated List: Effect of Committee Dynamics on Creation and Compliance", *Cardozo Law Review De Novo*, 2009, p. 307.

联合国与全球气候变化治理：问题与应对*

石晨霞

气候变化是人类当前面临的主要全球性问题之一，它不仅是一个气象问题，影响着大气环境，也是一个复杂的社会问题，制约着人类经济社会的发展。近些年来，随着气候问题的突显，包括主权国家、国际组织、跨国公司、全球公民社会等多元治理主体纷纷参与全球气候变化治理，并形成了一系列治理机制，其中最主要的是联合国框架下的全球治理机制。在过去的几十年中，联合国成为应对气候问题的主要平台，联合国的治理框架是最重要的合作渠道，联合国框架下的气候变化治理也取得了很多成就。但是，随着气候治理中涉及的问题越来越多，治理主体之间的矛盾不断激化，整体治理结构面临着前所未有的困境。因此，作为全球气候变化治理的主要协调中心，联合国需要适时调整其结构和功能，有效地应对挑战，引领气候变化治理实践实现新的突破。本文试图在该问题上进行一些分析。

一、联合国框架下的全球气候变化治理进程

从20世纪80年代中期开始，气候变化问题从一个单纯的科学问题转变为国际政治中的焦点问题。如今，气候变化已然成为世界的首要发展议

---

* 本文发表于《社会主义研究》2014年第3期。

题，[①] 也是历次国际会议无法回避的重要议题，因此受到全球治理的重点关切，成为当前全球治理的关键内容之一。

按照《联合国气候变化框架公约》（UNFCCC）的界定，气候变化问题是指“除在类似时期内所观测的气候的自然变异之外，由于直接或间接的人类活动改变了地球大气的组成而造成的气候变化”。[②] 由此可见，气候变化问题从本质上是由人类活动所引起的，影响范围遍布全球的，必然要求人类从生产方式、生活方式以及处理人与自然关系等方面做出适度的调整与改变，以共同应对的全球性公共问题。[③]

气候变化问题具有鲜明的特点。第一，跨国性。气候变化问题无论从影响范围或治理过程都具有跨国性特点，是单个国家所无法独立应对的全球性问题。第二，长期性。气候变化问题的产生不是短期人类行为的结果，而是自工业革命以来两百多年人类活动累积的结果，因此对于该问题的治理也是一个长期的过程，不能一蹴而就，同时治理效果的显现也需要数十年甚至上百年的时间。第三，复杂性。从目前来看，气候变化问题早已不是一个单纯的气象学问题，而是涉及政治、经济、能源、社会、生态等领域的多元复合问题，对于该问题的应对，不仅影响各个主权国家的经济发展空间，也是影响国际格局演变的重要变量。第四，不确定性。直到现在，对于全球变暖这一问题的争论仍在持续，仍然有人在质疑气候变化问题的科学依据。上述这些独特的属性是理解气候变化问题的重要维度，同时也使得气候变化治理的实践步履维艰。

联合国框架下全球气候变化治理进程大致可以分为四个阶段：

第一，气候变化科学研究与认知阶段（1972—1987 年）。20 世纪 70 年代，科学家已经认识到气候变化的威胁，并对其进行系统的研究，但是由于科学的不确定性，科学家尚未形成统一的看法。随着科学研究的逐步推进以及气候问题的频繁突显，气候问题逐渐超越学术讨论的范畴，成为

① 黄仁伟：“新兴大国参与全球治理的利弊”，《现代国际关系》2009 年第 11 期。

② 《联合国气候变化框架公约》第 1 条，参见：http://unfccc.int/resource/docs/convkp/convchin.pdf。

③ 于宏源：《环境变化和权势转移：制度、博弈和应对》，上海人民出版社 2011 年版，第 113 页。

社会焦点问题，引起国际社会的关注。1972 年 6 月，联合国人类环境会议在斯德哥尔摩召开，会议通过了《人类环境宣言》《行动计划》等文件，这标志着包括气候变化在内的各类环境问题首次成为国际社会的重要问题。1979 年 2 月，第一届世界气候大会在日内瓦召开，会议首次将气候变化作为一个影响人类生存与发展的重要议题进行讨论，并号召各国政府“充分利用现有的关于气候变化的知识，加强相互之间的合作协调，规划经济社会发展”。[①] 1985 年，菲拉赫气候会议召开，科学家在气候变暖问题的成因和影响上达成了一些共识，这是该问题在科学研究中迈出的重要一步。与此同时，科学研究的进展推动了人们认知的提升，也为气候变化全球治理奠定了基础。

第二，气候变化治理基本框架形成阶段（1988—1994 年）。在这一阶段中，气候变化治理实现了从科学进程向政治进程的转变，[②] 同时也建构了基本的治理框架，是全球气候变化治理发展中具有里程碑意义的阶段。1988 年 6 月，多伦多气候变化大会召开，呼吁国际社会应立即采取联合行动加以应对，要求发达国家到 2005 年温室气体排放量比 1988 年减少 20%，同时要建立综合性的框架公约和气候基金来保护大气层。[③] 同年 11 月，世界气象组织和联合国环境规划署共同推动建立了联合国政府间气候变化专门委员会（IPCC），IPCC 为气候变化治理提供科学依据和政策指导。1992 年 6 月，联合国环发大会召开，154 个国家正式签署了《联合国气候变化框架公约》，《公约》确立了气候变化治理的“共同但有区别的责任”（CBDR）原则，并“将大气中温室气体的浓度稳定在防止气候系统受到危险的人为干扰的水平上”[④] 确立为最终目标。《公约》成为气候变化治理中最关键的法律基础，也标志着气候变化基本治理框架的确立。1994 年《公约》正式生效，由此它开始指导此后的气候变化谈判。

---

① The First World Climate Conference, “Declaration (‘An appeal to nations’) and supporting documents”, http: //www. wmconnolley. org. uk/sci/iceage/wcc - 1979. html.

② 蔺雪春：“全球环境事务进程分析：以联合国气候变化议程为例”，《国际论坛》2010 年第 6 期。

③ HL Fergson, The Changing Atmosphere: Implications for Global Security (Toronto Conference Statement), *American University Journal of International Law and Policy*, Vol. 5, 1989 - 1990, p. 517.

④ 《联合国气候变化框架公约》第 2 条，http: //unfccc. int/resource/docs/convkp/convchin. pdf。

第三，气候变化治理结构的进一步丰富与完善阶段（1995—2009 年）。这一阶段的气候变化治理主要是在《公约》的框架下建构全面、具体的治理机制。1997 年，《公约》第三次缔约方会议（COP3）在日本京都召开，会议通过了《京都议定书》，随后经过 8 年艰难谈判，最终于 2005 年生效，它首次对工业发达国家规定了具有法律约束力的温室气体减排幅度、减排时间表，以及减排的温室气体种类，[①] 并制定了更为细致的规则，是对《公约》的重要补充和扩展，使国际社会对气候变化的治理达到一个新的高峰。[②] 2007 年，《公约》第十三次缔约方会议暨《议定书》第三次缔约方会议（COP13/MOP3）在印尼巴厘岛举行，会议通过“巴厘路线图”探讨了 2012 年后气候谈判进程，决定于 2009 年完成后京都谈判，同时“巴厘路线图”进一步确认了《公约》和《议定书》下的“双轨”谈判进程，启动了一个旨在通过长期合作，全面、有效和持续地履行公约的综合性进程。[③] 2009 年，哥本哈根世界气候大会召开，会议最终达成一个不具有法律约束力的《哥本哈根协议》。该协议维护了“共同但有区别的责任”原则，在资金、技术援助、透明度等问题上达成了一些共识。虽然会议的成果令人失望，也使气候变化治理陷入低谷，但是此次会议将国际社会对气候问题的认知和关注推向了前所未有的高度。[④] 总体来看，这一阶段的气候变化治理机制逐步完善，气候谈判进入实质性阶段。

第四，气候变化治理调整阶段（2010 年—目前）。2010 年的坎昆会议，国际社会虽然对落实《议定书》第二承诺期的时间表尚未达成一致，但是维护了《公约》《议定书》和“巴里路线图”，并将“减缓”和“适应”置于同等优先的位置，决定着力提升发展中国家的适应能力。[⑤]《坎昆

---

① 《京都议定书》规定了六种主要的限排温室气体，分别是二氧化碳、甲烷、氧化亚氮、六氟化硫、氢氟碳化物和全氟化碳。

② Pamela S. Chasek, David L. Downie, and Janet Welshi Brown, *Global Environmental Politics*, Sixth edition, Boulder: Westview Press, 2013, p. 160.

③ Ad Hoc Working Group on Long-term Cooperative Action under the Convention (AWG-LCA), http://unfccc.int/meetings/ad_ hoc_ working_ groups/lca/items/4381.php.

④ Pamela S. Chasek, David L. Downie, and Janet Welshi Brown, *Global Environmental Politics*, Sixth edition, Boulder: Westview Press, 2013, p. 165.

⑤ “坎昆气候大会通过应对气候变化决议”，新华网，http://news.xinhuanet.com/world/2010-12/11/c_ 12870312.htm。

协议》是国际社会集体应对气候变化长期挑战，采取全面具体行动的重要协议，[①] 推动了气候谈判进程，也向人们传达了积极信号。2011 年，气候变化会议在南非德班举行，最终确定实施《京都议定书》第二承诺期、建立德班增强行动平台特设工作组、正式启动绿色气候基金。此次会议尽管只是达成了一个最低目标，但是在《京都议定书》第一承诺期即将到期的情况下，德班会议使《议定书》第二承诺期得以存续，及时避免了《议定书》过早退出历史舞台的结果，而且德班会议上，各方也更加理性务实，[②] 为下一步集体应对气候变化问题奠定了基础。2012 年，多哈气候大会在《京都议定书》第二承诺期、《长期合作行动》、德班平台、气候资金等一系列问题达成了协议，宣布 2013 年开始实施《京都议定书》第二承诺期，但是它的重要性在于承前启后，它结束了 5 年前启动的巴厘路线图进程，开启了旨在 2015 年达成所有缔约方均参与的新的协议谈判。[③] 2013 年华沙会议将“共同但有区别的责任”原则作为德班平台的重要原则，而且发达国家再次承认应出资支持发展中国家提高应对适应能力，另外就损失损害补偿机制问题达成初步协议，同意开启有关谈判。尽管三个议题的实质性争议都没有解决，但在“基础四国”和其他发展中国家推动下，气候谈判仍然能够克服阻力前行，取得“各方都不满意但都能接受”的成果。[④] 这一阶段的气候谈判主要是对哥本哈根气候谈判受挫之后的调整，一方面维持《议定书》的存续，另一方面开始着手开启 2020 年后的谈判，具有明显的承前启后作用，同时谈判各方也更加务实、理性，通过这一阶段的调整，气候变化谈判进程将进入一个新的进程。

---

① The Cancun Agreements，http：//cancun. unfccc. int/cancun-agreements/main-objectives-of-the-agreements/#c33.

② “解读德班会议三大关键词：诚意、务实和妥协”，中国网，http：//www. china. com. cn/international/zhuanti/cop17/2011 -12/12/content_ 24126962. htm。

③ “多哈气候大会在掌声与错愕中落幕 承前启后留悬念”，中国新闻网，http：//finance. chinanews. com/ny/2012/12 -10/4394719. shtml。

④ “气候谈判克服阻力向前行”，新华网，http：//news. xinhuanet. com/world/2013 -11/24/c_ 118270071. htm。

二、联合国在气候变化治理中面临的困境与挑战

联合国作为全球气候变化治理的重要主体之一，在提升人类对气候问题的认识、通过持续发布科学、权威的气候评估报告为各国制定政策提供科学依据、为多边气候谈判提供平台、设定议程、协调利益矛盾、凝聚社会共识等方面发挥了不可替代的作用。但是，联合国也存在很多问题，松散的治理结构以及有限的治理能力使其很难有效地推动治理进程的发展，无法真正发挥主导作用，相应地也导致其在该领域地位和影响力的下降，面临日益被边缘化的挑战。

（一）治理结构混杂松散

全球气候变化治理有赖于联合国机构的有效运作以及各项规制的顺利实践，但是长期以来，联合国却一直面临着机构臃肿、庞杂等问题，许多机构的职能出现重叠。例如在气候变化治理中，除了最主要的联合国环境规划署、世界气象组织、政府间气候变化专门委员会等组织机构参与其中，还包括世界银行集团、可持续发展委员会、联合国开发计划署等其他众多机构和组织在该问题上均有所涉及，而且它们之间在很多工作内容上是重复的。这种情况同样存在于多边气候协议的缔约方大会及其辅助机构中，这不仅在很大程度上造成资源的浪费，而且无形中降低了机构的工作效率。①

此外，尽管在气候变化治理问题上涉及到众多的组织和机构，但是它们之间却缺乏足够的协调、明确的分工，往往是众多机构混杂而分散，不能形成合力，所有机构都希望确保将它们认为应该由自己采取的处理问题

① Thomas G. Weiss, David P. Forsythe, Roger A. Coate, and Kelly-kate Pease, *The United Nations and Changing World Politics*, Seventh edition, Boulder: Westview Press, 2013, p. 298.

的行动留给自己。[①] 气候变化治理机制与经济治理机制之间的协调互动不充分，往往导致气候变化的治理效果低下，因为世界银行和国际货币基金组织等经济治理机制引导下的经济行为很可能导致温室气体排放的增加。资料显示，从1992年以来，世界银行审批的新能源项目与传统的不可再生能源项目的比例是1∶25，而且在世界银行的所有项目中，只有不足1/10接受对环境影响的审查。[②] 这些问题是联合国自身在气候变化治理中面临重要挑战，治理结构上的分散导致其治理效率低下，治理效果不佳，从根本上影响联合国的权威和合法性。

（二）治理能力有待提高

联合国的治理能力强调其促使成员国采取集体行动实施有效治理的能力，其中包括协调整合能力、责任控制能力、强制能力、监督能力等几个方面。[③] 从现实角度来看，联合国目前在气候变化方面的治理能力明显不足。首先，联合国的协调整合能力有限。气候变化问题的跨国性要求治理的全球性，因而协调整合多元主体的不同利益诉求是联合国的主要功能之一，也是全球治理的题中应有之义。随着气候变化谈判中利益集团的分化组合加快，迫切需要加强利益协调来维系脆弱的集体行动，但是联合国有限的协调能力并不足以将分散的利益整合起来，也未能在主要国家之间建立起应有的共识和信任，这一点在历次气候会议的谈判中都有所体现，每当谈判陷入僵局，联合国似乎完全成为一个谈判的平台，未能真正发挥协调者的作用，化解僵局往往是少数大国以双边接触代替多边谈判，最终达成的协议多以少数大国的双边或多边妥协为结果。

其次，监督能力有待提高。气候变化治理的效果最终取决于各成员国对减排、资金和技术援助承诺的落实和执行，这有赖于成员国对国内政策的调整，但是在政策的执行过程中，联合国缺乏有效的监督和评估能力，

---

① ［英］亚当·罗伯特、［新西兰］本尼迪克特·金斯伯里主编，吴志成等译：《全球治理——分裂世界中的联合国》，中央编译出版社2010年版，第358页。

② 卢静："透析全球治理的困境"，《教学与研究》2010年第8期。

③ Jon Barnett, *Security and Climate Change*, Tyndall Centre Working Paper No. 7, 2001, pp. 5 – 7.

因此无法监测执行情况，也很难评估治理效果，而且联合国也没有配套的遵约奖惩制度，成员国出现违约情况时，往往采取非约束性和自愿性纠纷解决程序，[①] 这些问题也是导致治理效果不佳的重要原因。

此外，执行能力低下也是联合国面临的重要问题。在气候治理中，虽然主权国家之间围绕治理目标、减排承诺等问题进行着艰难的谈判，共识的达成实属不易，但是执行不力却使得谈判成果的意义降低，减排承诺最终要靠执行才能体现其价值，否则便是一纸空文，目前气候变化治理就存在这样的问题。

最后，强制能力不足。联合国在气候变化治理中的条约、原则、规范的“柔”性特征非常明显，大多数治理规制不具有法律约束力，主要依靠成员国的自愿遵守，一旦成员国基于利益考量不愿遵守，就会导致治理进程停滞不前。

总体来看，联合国在应对气候变化中的治理能力还很有限，通过逐步改革努力提升治理能力是其必然选择。

（三）地位逐渐边缘化

近些年来，联合国在全球气候变化治理中的地位出现逐渐边缘化的趋势，这是联合国在该问题上面临的主要挑战。从纵向上来看，联合国在全球气候变化治理进程中的地位并非一成不变，而是随着治理的细化和深入，它所扮演的角色和作用有所不同，地位也有所变化。20 世纪八九十年代，气候变化问题进入国际政治议程初期，联合国作为最具权威和普遍性的政府间国际组织，在凝聚国际共识、提升国际认知、推动国际环境法制建设等方面都发挥了非常关键的作用。[②] 首先，《联合国气候变化框架公约》和《京都议定书》均在这一时期通过，联合国推动了气候变化治理框架的形成；其次，在联合国的引导下，主权国家尤其是发展中国家在这一

① 庄贵阳、朱仙丽、赵行姝：《全球环境与气候治理》，浙江人民出版社 2009 年版，第 65 页。

② Pamela S. Chasek, David L. Downie, and Janet Welshi Brown, *Global Environmental Politics*, Sixth edition, Boulder: Westview Press, 2013, pp. 312 – 314.

时期逐渐认识并重视气候变化问题，将其作为制定国内政策的重要考量因素，并适时调整了国内环保政策。由此可见，联合国在这一阶段中真正处于全球气候变化治理的主导者地位。但是进入21世纪以来，气候变化谈判中的各种矛盾日益突出，主权国家之间的分歧也越来越大，致使气候变化治理步履维艰、迟滞不前，而联合国尚未具备超越矛盾与分歧、有效协调各方利益的能力，只能在主权国家的推诿与争论中逐渐削弱了自己的主导地位，① 甚至出现被边缘化的趋势。

从横向上来看，联合国目前也面临着其他治理机制的竞争与挑战，这也在一定程度上造成其地位的边缘化。随着气候变化治理的深入发展，越来越多性质不同、功能各异的组织、机构创设了一些新的治理机制，这些机制主要以地区治理为导向，以协调地区内主要国家间的气候政策为重点，致力于实现对气候变化问题的控制和改善。例如由美国、日本等国家组成的亚太清洁发展和气候新伙伴计划。此外，包括八国集团、二十国集团、亚太经济与合作组织等机制也将气候变化作为重要议题，开展地区内的合作治理。由于这些地区性治理机制一般具备较好的合作基础，成员国之间的分歧相对较小，易于推动治理目标的实现，这些新机制对联合国框架下的气候变化治理机制形成了一定挑战，也使联合国面临被边缘化的尴尬处境。

总体而言，随着气候变化治理的逐步深入，涉及的利益日益复杂，治理格局的分化组合加速，集团化趋势逐渐显现，联合国在结构、功能等方面均面临着巨大挑战，只有通过适时的结构调整和功能革新才能做到快速反应，及时应对。

三、联合国有效应对挑战的路径

目前，联合国框架下的气候变化治理面临诸多困境，整体治理效果不

---

① Shannon K. Orr, "Reimagining Global Climate Change: Alternatives to the UN Treaty Process", *Global Environmental Politics*, Vol. 11, No. 4, 2011, p. 135.

佳，其中主要原因是发达国家与发展中国家在治理目标、责任分担、资金、技术转让等问题上存在分歧，很难达成一致。但是，作为气候变化治理的组织者和推动者，联合国自身也存在一些问题，因此改革和完善联合国在气候领域的机制、提升治理能力、创新治理理念、找准角色定位都有利于应对挑战，引领气候变化治理走出困境，开辟新的发展空间，也是联合国重塑国际形象的必由之路。

（一）机制改革

尽管联合国在应对气候变化问题中的作为不尽如人意，但是维持联合国框架下的治理机制仍是最明智的选择，也是实现公平、合理、有效治理目标的现实选择。[①] 正如潘基文所言："联合国的地位和能力是独一无二的。我尤其相信，气候变化和我们对此采取的行动，将决定我们自己和我们时代的特性，并最终决定我们留给世界的遗产。"[②] 但是，对现有治理机制进行适度改革和完善也是必需的，这是避免气候变化治理陷入僵局、停滞不前的首要举措。

首先，在应对气候变化问题上，联合国内部并不存在一个独立的、有力的治理机构来推动治理进程的发展，而作为该领域最重要的机构，联合国环境规划署并非专门机构，而且常常受制于《公约》秘书处，作用非常有限，地位也很尴尬。[③] 因此，对环境规划署的改革应该提上日程，联合国应通过提供必要资金，使环境规划署成为一个专门的联合国机构，增强其地位和责任，赋予其处理环境包括气候变化问题的能力，[④] 这样的机制创新能够将松散的治理机构更好地整合起来，而且有利于创造更有利的合

---

① Chukwumerije Okereke, "Equity Norms in Global Environmental Governance", *Global Environmental Politics*, Vol. 8, No. 3, 2008, p. 31.

② 潘基文：《秘书长关于联合国工作的报告》，第62届联合国大会，2007年，第2页。

③ Dunoff, Jeffrey, L., "From Green to Global: Toward Transformation of International Environmental Law", *Harvard Environmental Law Review*, Vol. 19, No. 2, 1995, p. 249.

④ Frank Biermann, *Reforming Global Environmental Governance: The Case for a United Nations Environment Organisation*, SDG2012 - Stakeholder Forum's Programme on Sustainable Development Governance towards the UN Conference on Sustainable Development in 2012, 2011, pp. 6 - 7.

作环境。

其次，谈判机制的改革。目前在气候变化谈判机制中，过度强调减排目标这一支柱，而忽视了适应、资金、技术等其他三大支柱。① 事实上，减排目标和减排份额确定之后，最主要是通过发达国家对发展中国家的资金、技术援助来落实上述目标，因此平衡减缓、适应、资金、技术四个方面的关系是气候谈判急需改善的地方。

此外，在法律约束机制方面，联合国应该逐步强化各类气候治理条约、机制的法律约束力。《联合国气候变化框架公约》并不具备法律约束力，只是提出了气候变化治理的框架性原则，而《京都议定书》虽然对附件一国家设定了具有约束力的减排份额，第一承诺期已过，多数发达国家尚未完成规定减排目标，但是联合国并未有相应的惩罚机制，因此加强条约的法律约束力也是机制改革的重要方面。

（二）能力提升

联合国在气候变化治理中能力不足是制约其发挥作用的关键因素，也是导致其地位边缘化的重要诱因，因此提升治理能力是联合国面临的主要任务。其一，在气候变化治理中，整合能力是联合国能力建设中的重中之重，由于目前面临的根本问题是主要国家之间对于合作应对气候变暖问题的政治意愿不足，也并未赋予全球治理机制足够的权力和资源，② 联合国应该着力提升整合能力，增进主要国家的政治意愿，促进合作治理。另外，主权国家应该在气候问题上赋予联合国适度资源，使其真正发挥作用，才能利于气候问题的解决。其二，监督能力也是联合国能力建设的关键问题。长期以来，联合国缺乏监督机制来监测成员国对协议的执行情况，导致治理效果无法评估，因此在未来的发展中联合国应该弥补监督机

---

① Mukul Sanwal, "Trends in Global Environmental Governance: The Emergence of a Mutual Supportiveness Approach to Achieve Sustainable Development", *Global Environmental Politics*, Vol. 4, No. 4, 2004, pp. 19 – 20.

② Halliday, Fred, "Global Governance: Prospects and Problems", *Citizenship Studies*, Vol. 4, Issue. 1, 2000, pp. 21 – 24.

制的缺失，建立相应的监督、奖惩制度，以提升治理效果。其三，资金问题是联合国长期面临的问题，气候资金的匮乏严重制约着联合国的治理能力，有限的环境基金往往导致联合国主导的气候项目无法顺利进行。因此，提高气候治理机制的融资能力也是联合国必须考虑的问题，一方面通过动员成员国切实履行承诺，向全球环境基金捐款（参见表1），同时努力拓宽资金来源；另一方面联合国内部也应该加强相关资金机制的整合。①最后，合作能力的提升也是一项重要内容。随着气候变化合作治理的趋势越来越明显，联合国需要与其他国际机制（如世界贸易组织、世界银行等）、非政府组织（如绿色和平组织、地球之友等）加强合作，实现优势互补，全面提升治理能力。联合国治理能力建设是一项系统工程，涉及联合国内部众多机构、部门，也与主权国家、非政府组织、社会团体的支持密切相关，是一个复杂的进程，同时也是一个长期的渐进过程，但是应该提上联合国的日程。②

表1　主要国家对环境基金的资金捐助（单位：美元）

国家	2010 年	2011 年	2012 年
荷兰	12901000	10368800	10017600
德国	9819747	10496639	9696293
英国	8572758	8211870	57074 40
美国	6000000	6000000	6587000
法国	5440000	5440000	5850000
日本	2963807	2818436	2779194
俄罗斯	900000	900000	900000
中国	500000	500000	500000
印度	100000（承诺）	100000（承诺）	100000

① 庄贵阳、朱仙丽、赵行姝：《全球环境与气候治理》，浙江人民出版社 2009 年版，62—63页。

② Thomas G. Weiss, David p. Forsythe, Roger A. Coate, and Kelly-kate Pease, *The United Nations and Changing World Politics*, Seventh edition, Boulder: Westview Press, 2013, p. 352.

续表

国家	2010 年	2011 年	2012 年
南非		63000	63000（承诺）
巴西	280000（承诺）		
总额	79177781	80623280	71075586

资料来源：UNEP Annual Report，2010，2011，2012，http：//www. unep. org/publications/.

（三）理念创新

理念指导行动，理念改变世界，新的理念是改变人们生活方式和思维方式的动力，[①] 也是人类行为模式创新的先导。同样，治理理念指导治理行为，引领治理进程，指导治理实践，因此促进理念创新是当前全球治理领域的热点问题。在气候变化治理中，联合国也需要实现理念创新，将更多的共生价值、可持续发展理念、危机意识、全球意识融入到新的治理模式中，从观念、理念和意识层面推动治理进程的发展。此外，联合国历来是新理念的倡导者、践行者，理念创新不仅具有提升联合国价值的作用，也是发挥其优势的重要契机。

理念创新在实践意义上，主要体现于联合国着力推动一些传统观念的变革与扬弃：在国际层面上，联合国应该积极倡导国际社会和谐共生理念。共生理念是指在全球化背景下，以多元互补、利益相关、彼此平等为基础，以全球共生系统中人与自然、人与社会、人与自身的相互依赖，互惠共存、全面和谐的关系为主要内容，以最终实现人的全面自由发展为根本价值取向的新理念。[②] 面对日益严峻的全球性问题，和谐共生是人类发展的必然选择，尽管目前在处理气候变化等全球性问题上，主权国家之间仍然围绕利益争吵不休，很难达成一致，但是和谐共生的价值理念是超越竞争与冲突，实现人类和谐发展的指引，因此联合国应该在该领域做出应

---

① Richard Stengel，“The Power of Ideas”，*Time*，Vol. 171，Issue. 12，March 24，2008，p. 6. 转引自卢静：“透析全球治理的困境”，《教学与研究》2010 年第 8 期。

② 胡守钧：《走向共生》，上海文化出版社 2002 年版，第 52 页。

有的贡献。

在国家层面上，联合国应该积极倡导实现从传统政治理念向生态政治理念的转变。生态政治理念是对传统主权观念的深刻变革，强调在全球化背景下国家权利弱化的同时，国际社会的权威相对增强、全球市民社会的价值得以体现，同时要重视处理经济发展与生态环境之间的复杂关系，生态政治理念的发展会使主权国家在全球环境和气候合作中更容易找到共识，也会潜在地影响国家内部气候政策的调整。

在企业层面上，联合国应该在全球范围内倡导社会责任理念，引导企业在自身发展战略和日常经营中融入社会责任，建立起负责任的管理体系和制度。① 同时，联合国应该以全球契约组织②（UN Global Compact）为平台，积极传播社会责任理念，努力推动环境可持续发展与企业社会责任的联结，真正促进全球企业社会效益、经济效益的不断提高。③

（四）角色定位

全球治理需要具有权威性和广泛影响力的主导者，没有合适的主导者，全球治理难以真正实现。④ 而在众多治理主体中，只有联合国具备主导全球治理的基本条件，尤其是在气候变化这样的“柔”性议题中，但是这并不意味着联合国自然会成为主导者，而在于其能否通过准确的角色定位和功能转变将自己置于核心地位。鉴于上文中关于联合国在全球气候变

---

① 《WTO 经济导刊》，北京大学社会责任与可持续发展国际研究中心：《2012 金蜜蜂中国企业社会责任实践基准报告》，2013 年 6 月 5 日，第 3 页，http：//www. csr-china. net/FILES/CSRREPORT2012/中国企业社会责任实践基准报告 2012. pdf。

② 联合国全球契约于 2000 年启动，汇集了企业与联合国机构、劳工界、民间社会、政府共同推进人权、劳工标准、环境和反腐败领域的十项公认原则。全球契约旨在通过集体行动的威力，使十项原则纳入世界各地企业活动的主流；促成支持更广泛的联合国发展目标的行动。全球契约有来自 120 多个国家逾 4000 家企业的参与，现已成为全球最大的自愿企业公民倡议。

③ Jennifer Clapp, "Global Environmental Governance for Corporate Responsibility and Accountability", *Global Environmental Politics*, Vol. 5, No. 3, 2005, pp. 31 – 32.

④ Christer Karlsson, Charles Parker, Mattias Hjerpe, Björn-Ola Linnér, "Looking for Leaders: Perceptions of Climate Change Leadership among Climate Change Negotiation Participants", *Global Environmental Politics*, Vol. 11, No. 1, 2011, p. 92.

化治理中面临的困境，迫切需要其进行角色调整，积极承担治理进程的主导者角色。一方面，面对日益边缘化的困境，联合国需要充分发挥其所拥有的广泛代表性和影响力、道德价值，以及在气候变化领域的科学评估能力等方面的优势，同时以更加开放的态度加强与相关行为体的合作，重新确立其主导地位，维持并完善现有的治理制度，推动联合国主导下的全球气候变化治理的发展。另一方面，面对气候变化治理进程的停滞不前，也迫切需要联合国作为主导者引领其走出困境，利用联合国的多边舞台和协调机制，使存在分歧的有关国家进行及时有效的沟通和协调，促进共识的达成。最后，在联合国的主导下，保障气候变化治理在公平正义的原则指导下推进，使责任与权利得到公平、合理的分配。

另外，联合国应该处理好其行政角色与政治角色的转换。联合国的行政角色强调它在组织各类全球事务中的功能性价值，包括提供会议场所、议题议程的安排、会议成果的发布等事务性功能，但是却忽视了它本身作为一个全球治理主体的价值，即它与主权国家、国际组织等具有同样的独立地位和能力参与问题的解决过程。现实中，联合国更多地扮演行政角色，为主权国家的谈判、协商提供服务，这样导致的后果是削弱了它作为独立治理主体的作用，因此为了更好地发挥联合国的作用，需要使其更多地扮演政治角色，作为独立主体参与治理。①

综上所述，从1972年斯德哥尔摩人类环境会议开始，全球性的气候变化治理已走过40多年历程，其间实现了很多突破，为人类的生存和发展做出了贡献，但是数十年的气候变化治理与气候问题本身的长期性相比仍然是短暂的，而且目前的气候变化治理面临困境，气候谈判困难重重，治理效果不佳，这些问题使整体治理进程远远滞后于解决气候变化问题的需求，因此未来人类共同应对气候问题任重而道远。客观地讲，气候变化治理未来的发展将会更加艰难，因为短期内人类还无法破解“吉登斯难题”，即气候变化所引发的抽象后果与日常生活相去甚远，人们虽然已认识到它

---

① Mukul Sanwal, “Current Debates: Evolution of Global Environmental Governance and the United Nations”, *Global Environmental Politics*, Vol. 7, No. 3, 2007, pp. 10 – 11.

的重要性，却缺乏做出实质性努力的动力。[①] 此外，在整体经济形势比较严峻的国际背景下，很难期待主权国家会将更多精力投入到气候变化的治理中，这是气候变化问题本身的附属性所决定的。最后，气候治理中的公平正义问题尚未得到真正厘清，这种原则性问题的模糊很难开启充满活力的气候变化治理。因此，近期内实现气候变化的有效治理可能并不现实。

尽管如此，联合国作为国际舞台上最具权威和影响力的国际组织，有责任推动治理进程走出困境，除了自身在能力、机制、理念、角色等方面的完善之外，更应该以一种全球共同价值为指引，超越主权国家之间的利益分歧，凝聚多元主体的力量，真正为人类共同生存与发展做出实质性的努力。此外，从另一个角度来讲，联合国应该在气候变化治理这样一个新的领域中重塑自身的价值与地位。联合国在安全、发展、人权等领域的功能和价值有所不同，在安全领域，由于涉及主权国家的传统核心战略利益，联合国的弱势地位一时很难改变，但是包括气候变化在内的发展问题应该是联合国有所作为的领域，因为发展问题的不可分割性更加明显，更需要全球合作，联合国凭借自身在道义和合法性方面的优势真正推动人类的可持续发展，这将是提升其地位的重要契机。

---

① Anthony Giddens, *The Politics of Climate Change*, Cambrige: Polity Press, 2009, Introduction, p. 2, http://www.amazon.co.uk/Politics-Climate-Change-Anthony-Giddens/dp/074564693X.

联合国 2030 年可持续发展议程与全球经济新规则*

邹志强

自 2010 年启动以后，联合国 2015 年后发展议程在联合国千年发展目标（MDGs）的基础上不断取得进展，“呈现多轨并进、广泛参与的特点，成员国政府间谈判、联合国系统的努力以及其他国际谈判和磋商机制均推进了 2015 后议程的制定和实施”。① 2014 年 9 月第 69 届联大的主题也聚焦于落实和执行 2015 后议程，决定将可持续发展目标开放工作组（OWG）提出的报告提案作为 2015 后议程的基础。② 在 9 月 11 日联大有关制定 2015 后议程的高级别会议上，潘基文发表讲话敦促国际社会不要失去历史性机遇，“所有构成变革性的联合国 2015 年后议程的要素都需要以符合全体会员国和全球公民期待的方式结合在一起，我们必须构建一个框架，使在千年发展目标中的承诺——抗击贫困、饥饿、无知和疾病得以持续和完成，我们必须迎接一系列新旧挑战”。③ 目前留给 2015 年后发展议程的制定时间只有不到一年的时间，日益受到全球范围的高度关注。但当前 2015 年后发展议程表现出的某些发展趋势及其所带来的深入影响也对发展中国

---

* 本文发表于《国际关系研究》2015 年第 2 期，原标题为“2015 年后发展议程与全球经济新规则塑造：联系与挑战”。

① 陈迎：“联合国 2015 年后发展议程：进展与展望”，《中国地质大学学报》2014 年第 5 期，第 15 页。

② “Report of the Open Working Group on Sustainable Development Goals established Pursuant to General Assembly resolution 66/288”, United Nations, http://www.un.org/ga/search/view_doc.asp?symbol=A/68/L.61&Lang=E.

③ “联大举行高级别会议推动国际社会建立变革性 2015 年后发展议程”，环球网，http://china.huanqiu.com/News/mofcom/2014-09/5136744.html。

家构成了多重压力与挑战，这也是中国应该予以重视和注意应对的重大议题。

一、2030 年可持续发展议程的发展趋势审视

2015 年后发展议程抓住了新的时代条件下发展问题的复杂性、多维性及对一系列社会环境条件的依赖性等特点，可持续发展的理念反映了未来的发展趋势，为全球发展治理指明了方向。如今的发展概念已不同以往，追求可持续发展反映了人类对发展问题认识的不断深入，可持续发展重视发展相关问题之间的关联性，超越了传统的单纯减贫与发展的消极涵义，而演变为更为丰富系统的积极发展。发展内涵的广泛性受到很多西方政治家和学者的推崇，包含从收入、就业、教育到民主、政治权利、媒体、法治与个人安全等诸多领域，对于发展中国家与发达国家均适用。[①] 现实中出现的发展困境也说明传统意义上的单纯的消极发展会导致严重的负外部性，带来可持续发展的失败或灾难，也不能解决不平等、社会动荡等复杂问题。近年来发展水平与完成千年发展目标相对较好的突尼斯等中东国家发生剧变就是最为鲜明的例子。同时，2015 年后发展议程很有可能会带来全球发展范式的变化，[②] 既形成全新的系统发展理念与发展模式，也推动建立更加平等互利的发展合作伙伴关系。但同时当前 2015 年后发展议程出现了议题日益泛化和模糊化、全球性与普适性掩盖差异性、发展条件而非发展目标导向、西方价值理念主导的规范化等倾向，这给全球发展进程与世界各国带来了重大而复杂的影响。

---

① Henk-Jan Brinkman, "Peace, Justice and Governance in The Post－2015 Development Framework", *Journal of Peacebuilding and Development*, Vol. 8, No. 3, 2013, p. 93.

② 祝鸣等："'第六届中非合作论坛部长级会议与 2015 年后全球发展议程' 国际学术研讨会综述",《国际展望》2014 年第 3 期，第 148 页。

（一）议题泛化与目标模糊化

联合国千年发展目标针对发展中国家的发展援助，目的是减少极端贫困；2015年后发展议程强调全球性、普适性的可持续发展目标体系，覆盖领域广泛，将社会、环境与经济并列为三大支柱。2015年后发展议程的目标设定已经远远超出了传统纯粹的发展目标，特别是对可持续发展环境与条件相关的气候变化、自然环境、和平、良治、人权、就业机会、透明度等议题的关注度不断提高。在不断有新议题加入的同时，发展的目标设定日益脱离经济发展核心，经济层面的目标日益减少，而非经济层面的目标日益增多和突出。有学者统计，千年发展目标的8大领域主要是减贫和满足卫生、教育等方面的基本需求，环境和可持续发展目标仅占1个；可持续发展目标草案建议的17个总体目标中，经济方面仅2个，即目标8和目标9，而社会方面有5—6个，环境方面4—5个，经济本身的目标事实上已经居于次要地位。[①] 各方都忙于提出各式各样的发展目标，而疏于达成广为接受的国际共识，发展议程的设置已经降为对发展目标的设定。面对日益增多的目标，各参与方需要明确设置一个标准以避免过多和模糊不清的目标加入进来，否则无法取得成功。"如果相关各方继续将重点放在罗列目标上，将会出现议程'超载'甚至完全没有议程的结果；每一个参与者都必须做出抉择，是保持千年发展目标清晰、具体、可衡量的特性还是转向无止境的、令人困惑的愿望清单上。"[②] 由此，对发展问题的探讨日益与全球治理靠拢，2015年后发展议程变成应对全球问题治理的公共论坛，发展本身也迷失在日益庞杂和冗长的目标清单之中。

---

① 陈迎："联合国2015年后发展议程：进展与展望"，《中国地质大学学报》2014年第5期，第20页。

② Jan Vandemoortele, "Post-2015 Agenda: Mission Impossible?", *Development Studies Research*, 2014, Vol. 1, No. 1, pp. 223, 229.

（二）条件导向与标准普适化

2015 年后发展议程目标的泛化与模糊化不仅使之更加难以量化，增加了实施与评估、监督的难度，也使普适性与差异性的矛盾更加突出。可持续发展的理念与要求可能本身就超越了部分最不发达国家和脆弱国家的实际；且可持续发展也必须以经济发展为核心支撑，脱离经济发展核心设置出来的发展目标可能本身就缺乏发展性。同时，2015 年后发展议程试图制定出新的系统的全球普适性发展规范并进而以之影响和改变各国国内相关规范、制度与政策行为，使之符合高水平可持续发展所倡导和需要的环境和条件，将发展的环境和条件置于比当前实际中一切发展需求更为优先的地位，实质上错位为发展条件导向论而不是发展目标导向论。可持续发展目标强调具有全球性并适用所有国家，但这与现实中的巨大差异性形成了内在矛盾。很明显，并非所有的全球目标都是普适性的，所有国家是否都愿意承诺实现这些全球普适性目标也存在疑问。[①] 有学者就对 2015 年后发展议程协商进程中的参与主体性与议程设置权力分配提出了批评，虽然高达 100 万人的参与从形式上看似十分广泛，实际上优先议程设置的权力依然掌握在少数发展专家手中，作为受益方的弱势群体无法影响议程的发展方向，表现出“参与的专制性”。[②] 全球性和普适性的发展目标与理念往往没有充分考虑到全球发展的多样性、层次性与复杂性，没有充分顾及到不同国家和地区的国情差异。如此一来，全球性与普适性的旗帜高高飘扬，发展的差异性与多样性就被忽视，“共同但有差别的责任”变为一刀切式的高水平推进和责任共担，同时发展问题的主角——发展中国家反而可能被边缘化，处于被动接受塑造的新的不利地位，其发展水平、能力、需求的差异性可能被掩盖或忽视。

---

① Jan Vandemoortele, “Post－2015 agenda: mission impossible?”, p. 226.

② Charis Enns, Brock Bersaglioand Thembela Kepe, “Indigenous voices and the making of the post－2015 development agenda: the recurring tyranny of participation,” *The Third World Quarterly*, 2014, Vol. 35, No. 3, pp. 358－375.

（三）西方主导与价值规范化

2015年后发展议程的国际谈判可能成为新一轮全球经济发展新规则与价值规范塑造进程，联合国2015年后发展议程框架也可能成为新的全球价值规范塑造平台。日益增多的发展目标虽然看起来可能是技术上的，实则大多数是政治性的，背后反映的主要是处于主导地位的发达国家的发展理念与价值规范，所有议题都过于强调全球性和普世性，发展中国家发展权利的基本保障例如主权有意无意地遭到忽视。照此路径发展，在实践中可能出现价值规范凌驾于基本发展需求之上和超越发展中国发展水平和能力的矛盾和问题，对发展中国家的经济社会发展带来严重挑战和巨大负担，使发展需求在短期内更加难以实现和得到保障。过于强调社会与环境标准的全球普适性，使发达国家在原有能力与技术、理念等多方面强势地位的基础上进一步占据道德高地，拥有一种无形的道德裁判权力，拥有某种新形式的“保护的责任”，这为有意无意间将上述名为可持续发展需要实则是政治、意识形态等非经济规范强加给发展中国提供了便利，使国际发展治理偏离发展本身这一主题，带来追求可持续发展却没有实现发展的事与愿违的结果，造成新的发展悖论，落入20世纪新自由主义主导的“华盛顿共识”的窠臼。有学者认为2015年后发展议程存在着对包括广大发展中国家极为不利的倾向，讨论正逐渐偏离发展主题，过于关注发展所需要的条件或手段，存在通过隐性手段将政治和社会条件植入国际发展议程的重大危险。① 实际上这已经逐步成为现实，如开放工作组建议的第16条目标——“为了可持续发展要促进和平和包容的社会，提供所有人可获取的正义，在各层面建立有效、负责任和包容的机构。”其下属多条具体目标牵涉到各国国内法制与公平正义构建问题。② 2014年6月在联大举行的“人权与法制在2015年后发展议程中的贡献”高级别会议上，潘基文说

---

① 张春：“对中国参与‘2015年后国际发展议程’的思考”，《现代国际关系》2013年第12期，第2—4页。

② “Open Working Group proposal for Sustainable Development Goals”, United Nations, http://sustainabledevelopment.un.org/content/documents/1579SDGs%20Proposal.pdf.

“人权和法制既是发展方法也是发展目标”，不少国家对此表示反对，认为人权不属发展，法制属于内政。①

二、2030 年可持续发展议程与全球经济新规则的内在联系

当代国家关系中的相互依存特征日益突出，对抗性减弱，合作性上升，这使国际社会合作应对全球性问题成为可能与必然，但权力政治仍是国际关系的本质特征，全球化时代并未改变国家的行为标准与方式。国际体系是理解国际经济关系的重要维度，国际体系及其中的权力结构是国际经济关系存在的基本环境。国际体系中的大国和大国集团在全球事务治理中拥有更大的发言权，国际秩序总是受到强国的较大影响或控制。全球经济规则与经济治理是在一定的国际体系中形成和运行的，其发展当然会受到全球权力关系与结构及其变化的制约，国际体系权力结构的变化深刻影响和决定着其形式和内容。至于依赖，其本身是相互的，但同时也是不平等的、不对称的，罗伯特·吉尔平指出相互依赖指的是“相互的但又不平等的依附关系”,② 这就是所谓的“非对称相互依赖”或相互依赖的非对称性。③ 与此相关的是，国际制度背后反映的总是权力和利益的不平衡分配，如由美元主导的国际货币体系及相关国际经济制度。国际制度也总是在更大程度上维护规则主导者即在国际体系中占据主要权力地位的国家的利益，这在全球经济领域尤为突出。新形势下，全球经济规则塑造与国际权力结构及权力转移之间的互动关系更加凸显，全球经济新规则塑造事关国际经济权力转移与结构变迁进程，掌握全球经济新规则塑造的主导权也成为发达国家维持其国际权力地位的重要途径。

---

① “联大高级别会议讨论人权和法治在 2015 年后发展议程中的促进作用”，北京大学法学院人权与人道法研究中心网站，http：//www. hrol. org/News/WorldNews/2014 –06/3518. html。

② ［美］罗伯特·吉尔平：《国际关系政治经济学》，经济科学出版社 1989 年版，第 24 页。

③ ［美］肯尼思·华尔兹：《国际政治理论》，中国人民公安大学出版社 1992 年版，第 190 页。

2015年后发展议程的发展趋势和特点让人不禁联想到近年来发达国家在全球经济格局变迁背景下推动的有关全球经济新规则塑造进程。当前新兴国家的群体性崛起成为全球经济格局与治理变革的最大推动力量，对国际秩序的重塑以及全球经济治理的积极参与使全球经济权力由西向东转移的势头日益明显，发达国家的权力地位出现明显下降。但发达国家在经济实力、技术、规则等方面的相对优势不可能朝夕发生巨变，国际权力转移与全球经济治理变革是一个曲折漫长的过程。当前发达国家不愿兑现改革承诺，并采取转移自身经济风险与压力的自私举措，以至利用现有优势紧密合作打压新兴国家的势头上升。① 其中一个主要表现就是通过塑造排他性的、更高标准的全球贸易与投资新规则，试图通过新规则塑造削弱新兴发展中国家的竞争优势，并植入自己所希望的诸多非经济条件，夹杂着复杂的地缘政治与地缘经济动机，对全球经济新规则塑造与全球经济治理进程带来复杂而重大的影响。

目前由发达国家主导的全球经济新规则塑造进程主要有三个，即美国在亚太与欧洲方向同时推进的跨太平洋伙伴关系协议（TPP）与跨大西洋贸易与投资伙伴关系协议（TTIP）谈判以及诸（多）边服务业协议（PSA）或服务贸易协定（TISA，ISA）谈判。TPP、TTIP、PSA等国际协议创立的目的在于提升全球经济开放度，通过推动区域经济一体化、促进贸易与投资的自由化与便利化，以及强化知识产权保护、环境保护与劳工标准来建立更高水准的多边经济合作机制，为贸易、投资、服务业市场制定一个具有全球意义的新“游戏规则”，同时借助国际经济新规则在优化外部环境的同时提升国内市场质量成为各国的共同目标，而参与新规则议程设置可以最大化地保障国家利益。② 因应全球经济发展的形势变化制定新的全球经济规则并促进各国国内改革是发展的必然，也是应对当前多边贸易进程停滞不前的有效方式之一，历史上国际经济规则与组织如WTO的创立就发挥着这样的功能。2015年后发展议程在某种程度上也是如此，

---

① 邹志强：“全球经济治理变革对中国与新兴国家合作的启示”，《世界经济与政治论坛》2014年第4期，第77页。

② 郑永年等：“全球经济新规则下的自贸区实验”，《文化纵横》2013年第6期，第63页。

其重要出发点之一就是通过更高水平的发展理念与议程的设置促进各国的国内改革与政策行为。

但不可忽视的是全球新规则制定进程中的主导权、主导理念与主导利益问题这一关键问题。由发达国家掌握主导权并制定出的主要反映其发展需求与利益的新规则，必然很难照顾到其他各方的需求与利益，从而对没有参与规则制定的后来者以及本身发展水平较低的国家造成巨大压力和挑战。上述三项新规则塑造进程无一例外是由美国及发达国家主导，将贸易、投资等经济问题与环境、人权、劳工、知识产权等标准挂钩，同时否定区别对待原则，体现出绝对市场导向。上述进程确立的新规则不同于现行的国际经贸规则，设置的“高门槛”往往超越了发展中国家的发展水平，从技术和事实上将大多数发展中国家排除在外，自由开放的全球多边贸易体系遭到破坏，发展中国家的固有竞争优势将受到极大削弱，其全球市场与投资来源将被大幅压缩。面对过高的准入门槛、非经济标准以及一刀切的做法，绝大部分发展中国家或无缘这一新规则塑造进程，或后来加入但处于受制于人的被动接受地位。其实质是在新的全球经济格局下，发达国家特别是美国通过全球经济新规则的制定削弱发展中国家的生产制造与市场优势，继续掌握全球经济主导权。TPP、TTIP 与 PSA 构成了美国 21 世纪的未来战略，也是美、欧、日主要高收入国家的“铁三角”稳固以其为主导的全球贸易秩序的根本所在。[①] 美国希望通过“两洋”战略制定和实施新规则，重掌国际贸易的“话语权”以及“游戏规则”的制定权，建立美国主导下的国际贸易“新秩序”。[②] 另一方面，发达国家主导的全球经济新塑造进程还普遍包含有超出经济发展范畴的政治与安全动机。如美国推动 TPP 进程就有通过在亚太地区塑造更高标准的贸易投资新规则、联合其他亚太国家制约中国崛起的意图，并与美国推动的亚太再平衡战略相配合，针对中国的意味明显。“美国在太平洋和大西洋双管齐下谈判高标准

---

① 巩胜利：“21 世纪：美国新战略‘三大’规则”，《国际金融》2013 年第 5 期，第 32 页。

② 姜跃春：“世界经济新变化与中国面临的挑战”，《国际问题研究》2014 年第 1 期，第 121 页。

的贸易协定，意在制衡以中国为代表的新兴经济体，并重掌国际经贸领导权。”①

如此来看，2015 年后发展议程与发达国家主导进行的全球经济新规则塑造之间存在着某种一致性和内在联系，2015 年后发展议程似乎也成为全球经济新规则塑造的组成部分和重要平台之一。二者明显具有很多共同特点：首先是“过高门槛”，其既是相对目前更高水平的理念与制度安排，同时政治社会等非经济标准作为新规则与规范的重要指标成为“高门槛”的主要特征和内容。其次是“共同标准”，都试图否定“共同但有区别的责任原则”，搞一刀切式的水平推进；同时采取以外部规范促进国内改革的实施路径。最后是“西方主导”，在推进过程中都是由发达国家主导，特别是市场至上的自由主义经济理念与普世价值规范具有共通性，均或明或暗地隐藏其中。与全球经济新规则塑造及全球经济治理一样，2015 年后发展议程也很难摆脱利益纷争，其间渗透着发达国家的价值理念与利益追求。特别是将环保、良治、透明度、劳工和人权等发达国家占有绝对先发优势的非经济标准纳入全球经济与发展新规则的塑造进程之中，这既不公平也会带来严重问题。其超越了发展中国家的发展水平和承受能力，名义上开放，事实上将发展中国家排除在外，在议程设置中忽视甚至以牺牲发展中国家的权益为代价来制定符合自身利益的国际议程、规则和规范。进而可能将根据自身发展水平、能力和利益设定的规则推广为全球普世性规范，强加给没有多少发言权的广大发展中国家，最终可能损害了很多发展中国家的发展权益。

2015 年后发展议程与全球经济规则塑造出现日益增强的联动趋势，既

① 孙芳等：“TTP 和 TTIP：美国战略与中国应对”，《国际经济合作》2014 年第 9 期，第 46 页。关于美国通过 TPP、TTIP 与 PSA 争夺全球经济主导权与排斥新兴国家的分析还可参见：刘中伟等：“跨太平洋伙伴关系协议（TPP）：研究前沿与架构”，《当代亚太》2012 年第 1 期；赵金龙：“美国 TPP 战略的动机及其对东北亚经济一体化的影响”，《东北亚论坛》2012 年第 6 期；饶芸燕：“模板、跳板、挡板：美国战略视角下 TPP 功能的三位一体”，《世界经济研究》2013 年第 8 期；舒建中：“‘跨太平洋伙伴关系协定’：美国的意图与中国的选择”，《南京政治学院学报》2014 年第 4 期；范思聪：“美国主导下 TPP 的战略特点与中国的应对”，《当代世界与社会主义》2014 年第 3 期；肖光恩等：“欧美 TTIP 谈判对世界经济的影响与中国对策”，《湖北社会科学》2014 年第 7 期；陈继勇等：“论美国主导下的 TPP 对中国的挑战”，《湖北社会科学》2014 年第 7 期等。

是全球经济社会发展进入新阶段的客观要求，更在于全球经济格局与全球经济治理变迁对发达国家和发展中国家带来的不同冲击使然。二者既是当前发达国家与发展中国家存在巨大差异，以及发达国家在理论创新、舆论引导、技术革新与规则塑造中优势地位的客观反映，也是发达国家在新的全球经济格局变迁背景之下力图利用自身领先优势继续掌握和主导未来全球经济发展趋势与规则的主动应对举措，是发达国家应对新兴国家力量快速上升、维护自身利益与权力的主动出击之举。

三、发展中国家面临的挑战与应对思考

国际规则具有刚性特征，经济全球化背景下国际经济规则对民族国家的约束力越来越强，因而任何国家都必须关注规则的形成机制；同时国际规则也具有非中性的特点，制定规则的国家总是能从中获得更大收益。[①]当前2015年后发展议程与全球经济新规则塑造及其联动对发展中国家提出了内外多方面的挑战：一是其包含着众多未来经济发展的新要求，影响到发展中国家的国内经济发展模式与前景；二是正在形成国际经济交流的新规范，影响到发展中国家对外经济交往的方式与进程；三是带来国际经济权力关系的新变化，影响到发展中国家在全球经济格局与治理变迁中的权力地位。美欧国家积极推动包括发展议程在内的高标准的全球经济新规则塑造，力图引领新时期全球经济秩序安排，将自身具有竞争优势的发展理念、价值规范转化成国际经济规则的“新标准”，必然影响到全球所有国家未来的经济发展模式、国家间经济关系以及在全球经济体系中的权力关系与地位。因此，面对这一史无前例而又无法避免的巨大挑战与压力，发展中国家不能将当前新“游戏规则”的制定权拱手相让，被动接受发达国家主导制定的新规则，而要积极参与新规则塑造进程，发出更大声音，提出自身的发展目标、议程和实施方式，通过主动参与加以塑造，力争保障

---

① 参见李向阳：“国际经济规则的形成机制”，《世界经济与政治》2006年第9期，第67—76页。

自身的正当发展权益。

第一，发展中国家应提高重视和参与程度，紧扣发展主题和发展目标，影响 2015 年后发展议程与全球经济新规则塑造。重视和参与不足以及参与能力有限是发展中国家在全球议程与规则塑造中缺乏话语权的重要因素之一。当前 2015 年后发展议程与全球经济新规则塑造进程和发展中国家的关系十分密切，影响深远而重大，只有积极参与其中才能争得更大的设置权和主动权。消除贫困排在 2014 年开放工作组设置的 17 项目标的首位，联合国文件中更多次明确指出，消除贫困是最大的全球挑战和可持续发展的必然要求。① 发展特别是不发达国家的发展应是联合国千年发展计划与 2015 年后发展议程的核心和不变的主题。因此，应紧扣经济发展主题与目标参与影响和塑造现有进程，避免出现超出自身发展实际、于己不利的经济规则与价值规范塑造完全主导议程设置与实施的局面。不放弃可持续发展的目标与方向，同时把握好全球性与差异性、共同发展与区别责任、共同愿景与区别实施、经济目标与社会环境目标之间的多重平衡，使新的目标设置与规则塑造既反映普适性也反映差异性。每个国家面临的可持续发展挑战千差万别，应努力创造一个更加协调的全球性途径来制定发展议程，各国能够根据本国国情制定各自的发展计划。实践中在有条件实施的国家和领域有序推进，强调“共同但有区别的责任”原则，而不能一刀切地搞高起点的发展目标设定，不能置现实紧迫的基本发展需求于不顾。因此，2015 年后发展议程应是充分区分水平和责任的多层次、多轨制综合发展目标体系，在共同目标与愿景下容许有责任、实施上的差异，因地制宜、本土化地加以推进实施。

第二，发展中国家应进一步加强南南合作，形成推动全球经济与发展议程的共同理念与应对举措，增强谈判能力，提高参与水平。联合国一直支持通过南南合作、南北合作等途径加强发展中国家的可持续发展能力建设。② 当前全球经济新规则塑造与 2015 年后发展议程均渗透着发达国家的

---

① “Open Working Group Proposal for Sustainable Development Goals”, United Nations, https://sustainabledevelopment. un. org/content/documents/1579SDGs%20Proposal. pdf.

② “The Future We Want”, United Nations, http://www. un. org/ga/search/view_ doc. asp? symbol = A/RES/66/288&Lang = E.

理念与价值认知，有意无意超越和忽视了发展中国家的现实需求与发展权益，显现出发达国家从多个方向抢占有利地位的意图，发展中国家面临的经济发展环境有恶化的趋势。处于明显劣势地位的发展中国家如果希望按照自身的意志、目标和利益推进全球新规则塑造与治理变革，就必须从战略高度充分认识与积极推进相互间合作，否则就难以在与发达国家的博弈中取得更大的进展，因此再次提出了南南合作向纵深发展的要求。加强南南合作是推进2015年后发展议程与全球经济新规则塑造进程的重要方式，更是发展中国家在此进程中维护自身权益的根本途径。全球新兴发展中国家群体的崛起使之对于全球经济发展的推动作用日益增强，相比过去，依靠发展中国家之间的相互合作可以逐步解决自身面临的很多发展问题，这也构成发展中国家在2015年后发展议程与全球经济新规则塑造进程中加强合作的重要基础。既通过合作在该进程中发出自己的更大声音，增强参与和议程设置能力，也联合起来抵制于己不利的发展趋势，反对强加于己甚至侵犯主权的非经济规范和要求。

第三，发展中国家应维持与发达国家的合作态势，以体制内的国际合作为原则推动2015年后发展议程与全球经济新规则塑造进程。当前发展中国家的崛起与发展并没有从根本上改变发达国家主导的全球经济及其治理格局，必须直面和接受既有的全球经济机制及其压力。在此背景下，发展中国家既不能与发达国家强行对抗，也不能期冀完全推倒既有的全球经济体系与规则，另搞一套自己的体系与规则，而应以体制内的国际合作为基本原则推动全球经济合作与治理变革，争取与发达国家间维持合作态势，加入其试图“另起炉照”的新规则塑造过程，以合作促进竞争，抵御不利国际经济环境的消极影响与发达国家的挤压，通过多种方式抵制与瓦解发达国家转移自身经济风险、单独制定全球经济新规则的企图，维护全球多边经济治理体制。在新一轮全球经济结构与规则调整中，发展中国家特别是发展中大国在利用压力“倒逼”国内改革的同时通过主动参与使之更多反映自身的利益诉求，推动全球多边贸易、投资规则的制定，在合作与斗争中争取和维护自身的发展权益。为此中国加入了诸多边服务业协议（TISA）谈判，与美国、欧盟分别开始了双边投资协定（BIT）谈判，就是中国直接参与全球经济新规则构建的重要一环。[1]

第四，发展中国家应善于构建具有包容性的发展目标与实施路径，努力推动建立新型全球发展伙伴关系。推动建立新的全球伙伴关系是2015年后发展议程的重要保障之一，可持续发展目标的实现有赖于包括政府、公民社会、私人部门与联合国系统共同参与的全球伙伴关系。[2] 2000年以来全球发展伙伴关系取得了不错成绩，但实现MDG8的差距很大，其面临的压力也日益加重。[3] 全球发展伙伴关系面临着并没有正在实现包括所有南北方国家在内的利益相关者共同决策的目标，近年来各国（特别是发达国家）“对全球发展伙伴关系的长期政治承诺事实上在削弱”。[4] 包容性增长已成为世界普遍认同的发展理念，新的全球经济与发展规则塑造的目标与愿景应更具包容性，尊重主权，不借此干涉内政，建立全面、平等、普惠、均衡的发展规则与发展关系；新型全球伙伴关系应既是相互依存型的共同体关系，也是平等、普惠、均衡的合作伙伴关系。在此背景下，发展中国家特别是新兴大国需要发挥更大的作用，中国的作用尤其受到国际社会的期待。

2013年9月，中国政府发布了2015年后发展议程的官方立场文件，主张应坚持将消除贫困和促进发展作为核心，避免议程内容过多过杂而偏离发展主题；坚持发展模式多样化原则，由各国自主选择适合本国国情的发展模式和发展道路；坚持“共同但有区别的责任”原则；提出将消除贫困和饥饿、推进社会进步并改善民生、促进经济包容性增长、加强生态文明建设与促进可持续发展、加强全球发展伙伴关系作为重点领域和优先方向。[5] 2014年9月，中国外长王毅在联大再次强调了中国政府的一贯主张。

---

① 东艳：“全球贸易规则的发展趋势与中国的机遇”，《国际经济评论》2014年第1期，第63页。

② “Open Working Group Proposal for Sustainable Development Goals”, United Nations, https: //sustainabledevelopment. un. org/content/documents/1579SDGs%20Proposal. pdf.

③ 黄梅波、洪燕秋：“2015年后的全球发展伙伴关系的建立”，《国际经济合作》2013年第9期，第44页。

④ “全球发展伙伴关系：我们面临的挑战”，联合国网站，http: //www. un. org/zh/millennium goals/pdf/MDG%20Gap%202013_ Chinese. pdf。

⑤ “2015年后发展议程中方立场文件”，中华人民共和国外交部网站，http: //www. fmprc. gov. cn/mfa_ chn/zyxw_ 602251/t1078969. shtml。

中国的主张正是站在推动全球发展事业和发展中国家的立场上，努力平衡多重目标及其内在矛盾，兼顾了各方利益。随着中国国际地位与能力的提升，以及对2015年后发展议程与全球经济规则塑造参与程度的提高，必将在其中承担更大的责任，做出更大的贡献。

纵观全文，本文并没有全面考察2015年后发展议程与全球经济新规则塑造进程的全部发展特征与趋势，仅仅是从当前2015年后发展议程体现出的部分倾向性出发，论及其与全球经济新规则塑造进程的某种内在联系，分析这种倾向性与内在联系对发展中国家可能带来的重大压力与挑战，并在此基础上提出一些应对建议。对2015年后发展议程与全球经济新规则塑造进程的上述分析既不能掩盖或否定其所代表的发展方向与带来的积极意义，也不是借此逃避应该承担的责任，更不主张对这一新的全球进程采取抵制与对抗的态度。恰恰相反，虽然对这种发展倾向可能造成的复杂影响应保持一定警惕，但这也并不完全是坏事，发展中国家总体上作为全球开放经济体系的受益者，应该坚持国际合作和积极参与的态度，依然可以在2015年后发展议程与全球经济新规则塑造进程中大有作为，以直面压力与挑战的精神和团结、合作与创新的方式维护自身发展权益，这也是文中主张进一步加强南南合作与南北合作的原因所在。对于中国来说尤其如此，针对2015年后发展议程与全球经济新规则塑造中的不利倾向，既无法置身事外，更不能针锋相对，而应提高重视程度，秉持开放的态度积极参与上述进程以期发挥塑造性作用是中国的必然选择。当然，对于其中一些不利倾向如将和平与安全问题纳入全球发展议程等，也应坚持原则并联合其他国家加以反对和抵制。由此，即将到来的2015年后发展议程政府间谈判进程是一个关系重大而十分艰难的互动与博弈过程，需要中国与其他发展中国家认真加以准备和面对。

中国是最大的发展中国家，是新兴国家的核心代表，也日益成为当今全球经济发展与治理变革的决定性力量之一。金融危机以后，中国已经迈入主动引领全球经济合作和推动全球经济治理变革的新时期，中国与发展中国家、发达国家的经济合作需求都日益提高，既要坚定代表发展中国家的共同利益，也应极力维护发展中国家与发达国家之间的全球经济合作态势，努力凝聚各国共识，共同应对新的全球经济挑战。同时始终坚持平等、互利、共赢的理念，扮演推动全球经济增长与发展的关键角色，增强全球大国责任的主动性与能动性，通过投资、贸易、货币合作以及发展援助等多种手段在更大程度上主动承担起带动发展中国家经济增长的责任，发挥关键作用但不追求主导地位，以新的经济合作理念引领世界经济合作与发展，推动实现普惠、均衡、可持续的包容性增长。面对当前2015年后发展议程与全球经济新规则塑造对发展中国家及中国自身带来的影响与挑战，应加快国内改革和对外开放，提升本国经济竞争力，秉持国际合作与负责任的态度，联合内外多方力量，积极参与全球经济与发展规则的谈判与塑造，争取更大的国际话语权，以务实有效的路径与策略推动全球多边经济体制的构建。

安理会制裁制度：兼论安理会对朝制裁进展及对我国的挑战*

刘建伟

一、安理会制裁制度：机构与变革

安理会制裁——包括拟定决议、实施制裁以及监督评估等环节——是一项十分庞杂的“系统工程”，它不仅涉及联合国安理会这一核心机构，而且离不开秘书处、联合国各附属机构等部门的通力合作。

（一）安理会

根据《联合国宪章》第七章，安理会有权通过武力或者非武力强制措施来履行维护国际和平与安全之职责，强制性制裁是安理会强制执行措施的一个重要方面。《宪章》第七章第四十一条明确规定：“安理会得决定所应采武力以外之办法，以实施其决议，并得促请联合国会员国执行此项办法。此项办法得包括经济关系、铁路、海运、航空、邮电、无线电及其他交通工具之局部或全部停止，以及外交关系之断绝。”① 因此，安理会是联合国强制性制裁的决策机构，也是最为重要的机构。同其他议题决议一样，安理会的制裁决议需要得到包括五个常任理事国在内的2/3多数理事国同意方能通过，决议对联合国全部会员国具有约束力。一般来讲，安理

* 本文刊载于张贵洪主编：《联合国发展报告2012》，时事出版社2013年版。

① 《联合国宪章》第七章第四十一条。

会每通过一项新的制裁决议，都会成立一个附属委员会即制裁委员会来促进制裁的管理、监督和执行。[①] 除此之外，安理会还会通过成立专家小组、特别监督机构、制裁问题工作组以及责成联合国维和行动提供支持等方式来促进制裁的实施。

1. 制裁委员会

安理会成立的第一个制裁委员会是针对南罗德西亚问题的第253号决议所设委员会（南罗德西亚也是安理会第一个强制制裁对象）。最初，该委员会由安理会七个理事国代表组成，委员会主席固定不变。委员会组成之后有所调整，理事国代表由原来的七个扩大到十五个，每个理事国拥有一个代表名额。委员会主席任期为一年，在每年年初经由选举产生。自此之后的制裁委员会基本延续了第253号决议所设委员会的组成模式：每个理事国选出一名代表组成制裁委员会，委员会主席与副主席任期一年，在每年年末选举产生。但有一条不成文的规定，委员会主席和副主席大都由非常任理事国的代表担任。各个制裁委员会的工作方式和运行规则不尽一致，但它们都拥有一个相同的决策原则——“一致同意”，即委员会任何决定都必须得到全体委员会成员的同意。就运作程序而言，许多委员会都在具体实践中形成了一种“无异议程序”：委员会将决议案传发给各个委员会成员国审议，如果有反对意见，各成员国须在规定时间内提出。如果有异议提出，则决议案不得通过；如果在规定时间内无异议提出，决议案则正式通过。[②] 到目前为止，几内亚比绍制裁委员会、“基地”组织制裁委员会等13个委员会仍在运行。[③]

作为安理会制裁的执行机构，各制裁委员会尽管具体职能不尽相同，但都承担着一些相似的任务。第一，接收报告与汇报工作。如接收各会员国在执行制裁方面所提交的报告，同时承担如下相关工作：审核秘书长关

---

① 当然，同一议题的后续决议除外，后续制裁安排的管理、监督和执行仍由原来的制裁委员会负责。再者，也存在不设立制裁委员会的情况。例如，安理会在1996年对苏丹实施的制裁中就决定不成立制裁委员会，而是要求联合国秘书长来负责相关的监督管理工作。详见安理会第1054（1996）号决议。

② Jeremy Matam Farrall, *United Nations Sanctions and the Role of Law*, Cambridge: Cambridge University Press, 2007, p. 156.

③ 参见 http://www.un.org/chinese/sc/committees/index.shtml。

于制裁执行问题的报告；向安理会报告应对拒绝执行制裁决议问题之举措；向安理会报告提高制裁效力之建议；向安理会报告在《宪章》第四十一条范围内可进一步采取的举措；通过委员会主席向安理会进行口头汇报。第二，豁免管理。如考虑豁免申请；判断人道主义形势是否足以严重到需要采取粮食豁免措施，如伊拉克；公布得以豁免及无需得其批准之物项的通告。第三，考虑《宪章》第五十条规定的特别援助请求，并就此向安理会提供建议。第四，监督制裁实施。如监督制裁决议之执行；建立相关机制以监督制裁违禁物项之销售和供给；监督那些虽遭受全面制裁但出于使被制裁国能够购买人道主义物品考虑而给与豁免的商品的销售与供给；考虑违反制裁决议的相关信息并向安理会提供对策建议；草拟包括豁免监督条目在内的制裁监督规则；考虑那些运往被制裁国邻国但最终使用者是被制裁国的武器运输信息；对所收到的违反制裁报告进行调查；就提高制裁执行之监督办法提供建议。第五，促进制裁的执行。如争取被制裁国邻国的合作；向被制裁国所在地区派出由委员会主席带领的代表团以显示安理会的制裁决心；与地区性组织磋商以增强制裁执行等；第六，与其他制裁附属机构进行联络。如向安理会转送专家小组、监督机制及其他附属机构的工作报告；向安理会通告任何拒与专家小组、监督机制和其他附属机构合作的行为；与其他相关制裁委员会进行合作等。第七，改进工作方法。如公布及更新指导原则以促进制裁执行；改善提交制裁豁免申请的程序；以适当媒介公布相关信息等。第八，管理定向制裁对象名单。如建立并管理定向制裁对象——包括个人及实体——名单；指认属于航空制裁范围的飞行器；指认属于金融制裁范畴的金融资源；定期通知各国关于定向制裁对象的名单等。第九，考虑制裁的人道主义后果。如向安理会报告包括人道主义后果在内的制裁影响；向安理会提供减少制裁非故意后果的相关建议等。①

2. 专家小组与监控机构

成立专家小组以促进制裁决议的执行是安理会制裁制度的一大创新。

① Jeremy Matam Farrall, *United Nations Sanctions and the Role of Law*, Cambridge: Cambridge University Press, 2007, pp. 148 - 156.

安理会制裁的良好实施以及预期目的的实现离不开对制裁机理特别是安理会强制制裁运行机理的把握，然而长期以来，由于相关研究滞后，或者制裁研究成果未能及时反映到安理会制裁决策中，安理会制裁严重缺乏制裁专业知识的支撑。在 19 世纪 90 年代中期，安理会逐渐认识到这一问题，开始重视制裁问题专家的作用，逐渐探索通过成立专家小组等方式来促进制裁决议的实施。当然，并不是每一个制裁决议都会成立专家小组。作为安理会的一种附属机构，专家小组的组成一般由那些对制裁研究尤其是安理会制裁研究有所造诣的专家组成，并且适当考虑区域与大国平衡原则。专家小组成员的任期一般较短且时间长短不一，从几周到几个月不等。不同制裁决议设定的专家小组的具体职责也有所不同。一般而讲，专家小组承担着这样几项基本任务：第一，信息搜集与分析。专家小组需要及时搜集和分析由会员国、联合国相关机构及其他实体所提供的决议执行信息；第二，评估决议执行状况，包括调查违反决议的情况、评估会员国执行决议的能力等；第三，就决议执行的调查评估结果向所属制裁委员会并进而向安理会进行汇报；第四，就提高决议的执行状况、增强会员国执行决议之能力与意识、降低或避免制裁的负面后果等向制裁委员会及安理会提供建议；第五、向制裁委员会及安理会提供制裁对象（个人或实体）名单，并评估制裁除名申请。

安理会内第一个独立专家小组是针对制裁安哥拉问题而建立起来的，它也是效果最为明显、同时争议最大的一个专家小组。之所以说其争议大，是因为专家小组的调查报告采取了不留情面、直接点名的方式指出了违反制裁决议的行为及名单，其中被公开点名的就包括多哥与布基纳法索两国的总统。可能正是由于这种激烈的形式，制裁争取安哥拉彻底独立全国同盟（UNITA）的决议得到了各国重视和更多关注，并进而减少了违反决议的行为。①

专家小组的建立对于安理会制裁决议的实施具有重要意义，其作用得到了安理会及相关国家的积极评价。专家小组在辅助制裁委员会和安理会

---

① David Cortright, George A. Lopez & Linda Gerber, *Sanctions and the Search for Security: Challenges to UN Action*, Boulder: Lynne Rienner Publishers, 2002, pp. 66 –68.

以管理制裁实施方面发挥着不可或缺的作用，其报告对于改善制裁监督与执行至关重要。对违反制裁决议行为及方式的指认，为增进制裁执行而采取的实地探访以及提出的改善建议都有助于各国及国际组织理解安理会制裁决议的要求并增强关注。①

除设立专家小组之外，安理会在某些决议中还通过成立各种监控机构（monitoring bodies）来监督制裁的实施，如安理会第661（1991）号决议决定成立一个进出口监控机制来增强对伊拉克的武器禁运；第1526（2004）号决议决定成立一个监控机构来加强反恐决议的实施等。同专家小组类似，监控机构也属于安理会的附属机构，并且有义务通过制裁委员会向安理会汇报工作。

（二）秘书处

联合国秘书处同安理会制裁委员会一样在促进和保障制裁执行方面发挥着重要作用，但与制裁委员会不同，秘书处主要提供的是技术支持和行政服务。具体而言，为安理会制裁提供工作保障的主要是秘书处内政治事务部安理会事务司下属的安理会附属机关处（Security Council Subsidiary Organs Branch）。再者，就制裁对象的列名与除名问题，秘书处根据安理会建议所建立的除名协调人（Focal Point）和监察员（Ombudsman）办公室的作用也越来越重要。

1. 安理会附属机关处

联合国秘书处政治事务部下辖九司一股即非洲（一、二）司、美洲司、欧洲司、亚洲及太平洋司、中东和西亚司、选举援助司、巴勒斯坦人民权利司、安理会事务司和非殖民化股。其中，安理会事务司专门负责为安理会相关事务提供行政及技术支持，该司又分成四个组织单位，即安理会秘书处事务处、安理会附属机构事务处、安理会惯例和宪章研究处以及

① David Cortright, George A. Lopez, and Linda Gerber-Stellingwerf, with Eliot Fackler and Joshua Weaver, "Integrating UN Sanctions for Peace and Security", 2010, p. 11, http://www.fourthfreedomforum.org/wp-content/uploads/2011/04/Integrating-UN-Sanctions-for-Peace-and-Security1.pdf.

军事参谋团秘书处。安理会附属机构事务处与安理会制裁事务最为紧密相关，其核心职责包括：向安理会各附属机关包括各制裁委员会提供实质性支助和秘书处服务；依照需要，起草附属机关提交安理会的报告；依照要求，编写与安理会或附属机关工作有关问题的分析和评价报告；监测制裁方面的事态发展，包括与《宪章》第五十条有关的情况；与各代表团和联合国系统其他组织保持联系；就安理会有关附属机关的工作相关的问题向其他部厅提供资料；处理从各国和各组织收到的涉及属于有关附属机关职权范围内事项的来文和申请书；为《联合国各机构惯例汇编》编写关于《宪章》有关条款的研究报告。①

2. 除名协调人与监察员

从综合制裁（comprehensive sanctions）过渡到定向制裁（targeted sanctions）是联合国制裁制度和理念的重大进步，然而这也引起了一系列政治、法律及道义争议，特别是在制裁对象（个人及实体）名单的指认和撤销方面。以制裁除名（delisting）为例，在设立除名协调人一职之前，制裁对象只能通过其居住国或国籍国向联合国发出请求。这种间接申请除名的方式存在着许多弊病，其表现之一就是申请人的除名申请可能会因法律程序或者政治因素而受到阻碍，其基本权利难免可能受损。为应对这一弊病并缓减由此带来的人道主义指责，安理会在 2006 年 12 月 19 日通过了第 1730（2006）号决议，决定在秘书处内设立除名协调人一职来专门接收除名申请。这样，制裁对象不仅可以通过其居住国或国籍国间接提出除名申请，而且还可以直接通过除名协调人向联合国提出除名请求，从而避免了制裁对象所在国国内因素可能对其造成的除名阻碍，使其基本权利得到更好的保障。②

就除名问题建立监察员办公室是安理会制裁制度的又一项创新。安理会在 2009 年通过了第 1904（2009）号决议，决定设立一个最初为期 18 个

---

① 参见联合国秘书处政治事务部网站：http：//www. un. org/zh/aboutun/structure/dpa/sc. shtml。

② Thomas Biersteker & Sue Eckert，“Addressing Challenges to Targeted Sanctions：An Update of the “Watson Report”，2009，pp. 12 – 14，http：//www. watsoninstitute. org/pub/2009_ 10_ targeted_ sanctions. pdf.

月的监察员办公室，提请秘书长与委员会密切协商，任命一位品德高尚、公正、廉明，并在法律、人权、反恐和制裁等相关领域具备良好资格并拥有丰富经验的知名人士担任监察员，并决定监察员应独立、公正地执行这些任务，不得寻求或接受任何政府的指示。监察员办公室只针对有关基地组织的除名申请，在任命监察员后，第1730（2006）号决议所设协调人机制应不再接受此类请求，并指出协调人机制应继续接受个人和实体提出的其他制裁名单的除名请求。在第1989（2011）号决议中，安理会又对监察员办公室的职责进行了进一步的厘清。①

除了联合国安理会与秘书处之外，联合国维和部队、国际刑警组织、国际刑事法院等组织或实体也常常参与到安理会制裁的相关工作中。例如，在对索马里、利比里亚、南斯拉夫、民主刚果、苏丹与科特迪瓦等的制裁中，安理会就曾要求维和部队参与到制裁的执行与监督中来。在2011年对利比亚制裁中，国际刑事法院在评估确认利比亚内战中严重违反人权等刑事问题上发挥了作用，并有助于后续制裁决议的设计、通过与执行。国际刑警组织则在安理会对“基地”组织等恐怖主义组织的制裁中扮演了重要角色。

二、安理会制裁制度：内容及创新

自安理会于1966年通过针对南罗德西亚的第一个制裁决议以来，安理会制裁的内容、类型都发生了显著的变化。近年来，安理会实施的制裁在内容模式上逐渐成形，形成包括经济制裁、金融制裁、外交制裁、旅行制裁等多种类型的制裁模式。

（一）经济制裁

经济制裁包括综合经济制裁（comprehensive economic sanctions）及专

① 参见安理会第1904（2009）号、第1989（2011）号决议。

项经济制裁（particular economic sanctions）两种。综合经济制裁是指为阻止任何商品与货物流入或流出制裁对象国而采取的一种严厉的制裁类型。自联合国成立以来，安理会仅仅采取了5次综合经济制裁，包括对南罗德西亚（安理会第232（1966）号及后续决议）、伊拉克（安理会第661（1990）号及后续决议）、南斯拉夫联邦共和国（安理会第757（1992）号决议）、波黑塞族（安理会第820（1993）号决议）及海地（安理会第841（1993）号决议）五国或实体的制裁。由于综合经济制裁不但未必能够实现改变对象国政策的目标，而且因其附带的巨大人道主义后果而饱受国际社会指责，所以联合国安理会逐渐放弃了综合经济制裁选择。自海地之后，安理会再没有通过实施综合经济制裁的决议。

专项经济制裁。20世纪90年代中期之后，专项经济制裁逐步代替综合经济制裁成为安理会经济制裁的最主要类型。[①] 专项经济制裁是指禁止某种特定物品、商品流入或流出制裁对象国的制裁形式，如武器制裁（禁运）、石油制裁、钻石制裁、林木制裁、奢侈品制裁等，其中武器制裁是专项经济制裁中最为常见的一种类型。专项经济制裁是安理会认识到综合经济制裁之缺陷、接受了定向制裁理念之后的选择。根据定向制裁理念，制裁效果不仅仅取决于制裁的全面性及力度，更取决于制裁对象及制裁措施选择的准确性。欲使制裁更好地发挥作用，制裁对象就必须要有选择性，所采用的制裁措施则需要能够显著影响到制裁对象的决策判断。因此，针对制裁对象所严重依赖的某种特定物品或商品采取限制性措施即专项经济制裁，越来越成为安理会制裁的一种重要方式。

（二）金融制裁

从广义上讲，金融制裁也是经济制裁的一种类型，它是为了阻断制裁对象国与外部世界金融往来而采取的措施。与上述经济制裁一样，安理会的金融制裁也可分为综合与定向两种，前者要求各会员国冻结制裁对象在

---

① 当然，这并不意味着安理会在此之前并未采取过专项经济制裁。例如，安理会对南非的武器禁运（第418（1977）号决议）就属于专项经济制裁。

各自管辖范围内的所有金融资源与资产，阻止其金融资源与资产转移到制裁对象国内实体或者这些实体的代表机构中；后者对制裁对象与内容的选择则更为具体，它所寻求冻结的是制裁对象中关键决策者或机构实体的全部或特定金融资源与资产。在官方及民间发起的联合国制裁改革倡议的推动下，安理会的金融制裁也越来越精细、成熟。[①] 自20世纪90年代末期以来，安理会关于金融制裁的决议大都设定了一系列豁免安排，并且规定了较为详尽的列名和除名程序。

（三）外交与代表制裁

为宣示某国或某实体行为的非法性，安理会还会要求会员国中止或断绝与制裁对象的官方关系，以此对其施加压力，此即外交与代表制裁（diplomatic and representative sanctions）。外交与代表制裁还有所不同，前者所针对的对象是那些获得国际社会承认并且与各国存在外交关系的主权国家；后者则有所不同，其主权国家地位并未被国际社会正式承认，或者它们原本就没有成为主权国家的诉求或可能，因而与其他各主权国家的正式关系只能称作代表而不能冠之以外交称谓。安理会曾对利比亚（安理会第748（1992）号决议）、苏丹（安理会第1054（1996）号决议）实施过外交制裁，曾对南罗德西亚（安理会第227（1970）号决议）、南斯拉夫联盟共和国（安理会第757（1992）号决议）、争取安哥拉彻底独立全国同盟（安理会第1127（1997）号决议）以及塔利班与基地组织（安理会第1333（2000）号决议）实施过代表制裁。

（四）旅行制裁

旅行制裁也是向对象国施加压力以迫使其做出妥协的制裁形式，它谋

① Thomas J. Biersteker, Sue E. Eckert etc., "Targeted Financial Sanctions, A Manual for Design and Implementation, Contributions from the Interlaken Process", 2001, http://www.watsoninstitute.org/pub/TFS.pdf.

求阻止与制裁对象相关人员的跨国流动。在安理会的旅行制裁实践中，既有针对制裁对象全部人群实施的旅行制裁，如安理会对南罗德西亚实施的制裁（如安理会第253（1968）号决议），也有针对制裁对象部分个人或实体实施的制裁，如安理会对伊拉克（安理会第1137（1997号决议））、利比亚（安理会第748（1992）号决议）、海地（安理会第917（1994）号决议）、朝鲜（安理会第1718（2006）号决议）、伊朗（安理会第1737（2006）号决议）等。[①]

上面四种是安理会较为常用的制裁形式。除此之外，安理会制裁还包括航空制裁、通信制裁以及体育、科技文化制裁等多种制裁形式。

除了在内容与类型方面取得重要进步之外，安理会制裁还在如下几个方面实现了重大创新：第一，以定向制裁取代了综合经济制裁，制裁对象更加具体化、多元化。由于综合经济制裁的严重弊病，安理会除在20世纪90年代中后期对伊拉克、南斯拉夫和海地实施过综合经济制裁之外，再没有对任何对象实施过这种制裁。而且，在制裁对象的选择上，安理会制裁更加具体化、多元化。联合国的制裁对象不再是作为整体意义上的目标国，而是细化为包括政府、反政府实体、恐怖主义组织、企业、官员及其他实体与个人的多元主体。与全面制裁的第一次分离发生在1992年对利比亚的制裁上，安理会明确将利比亚政府单独列为制裁对象，并将由其主导的特殊经济行业包括入内。[②] 1992年对柬埔寨红色高棉的制裁则开启了联合国制裁非政府行为体的先例。对非政府行为体的制裁随之成为一种普遍趋势，它获得广泛的政治支持，并体现在安哥拉、卢旺达、塞拉利昂、阿富汗等随后的大部分实践之中。[③] 第二，制裁豁免固定化、制度化。由于缺乏实践经验，安理会初期实施的制裁不存在或者没有固定的人道主义豁免安排。如在对南罗德西亚实施制裁的第232（1966）号决议中，安理会

---

① 这部分内容可参见：Jeremy Matam Farrall, *United Nations Sanctions and the Role of Law*, Cambridge: Cambridge University Press, 2007。

② 安理会第748（1992）、883（1993）号决议。

③ Carina Staibano, "Trends in UN Sanctions: From ad hoc Practice to Institutional Capacity Building", in Peter Wallensteen & Carina Staibano eds., *International Sanctions: Between Words and Wars in the Global System*, London: Routledge, 2005, pp. 47–48.

并没有将豁免安排写入决议。直到1968年，安理会才通过决议将豁免问题置于制裁的实施之中。[①] 在此之后，安理会在实施制裁时一般都会虑及人道主义豁免问题，但是具体措施不一，且并无常形。当今的豁免安排则取得了重大进展，它成为联合国制裁机制的一个有机组成部分。安理会豁免安排逐渐实现制度化，形成包括如下三种类型的豁免模式：制度指向型豁免，如允许红十字会组织进入目标国活动；项目指向型豁免，如对食品、饮用水和医疗器材的制裁豁免；国家指向型豁免，即根据不同国家的实际状况来制定豁免安排。[②] 第三，成立专家小组、监督机构来加强制裁监督、促进制裁实施。为调查制裁决议执行状况，安理会于1996年建立了第一个监测机制——卢旺达国际调查委员会（International Commission of Inquiry on Rwanda）。自此之后，安理会相继在安哥拉、塞拉利昂、阿富汗、索马里等十几个案例中建立了类似的专家组或监测机制，[③] 这些专家组或监测机制发布了大量研究报告并提出了许多针对性政策建议。虽然无论在规模还是在被认可程度上都存在显著差异，但这些专家组和监测机制的设立都反映了联合国对决议遵守问题的关切，为制裁机制的革新提供了现实素材。第四，实行会员国执行制裁决议的汇报制度。为提高会员国的重视程度、显示安理会制裁决心、加强制裁执行，安理会在某些制裁决议中提出要求会员国汇报其为执行制裁决议所采取的行动与措施，如安理会第1540（2004）号决议。

在某些具体的制裁案例中，安理会还采取了一些灵活多样的制裁措施。例如为提高制裁的灵活性，使之真正成为一种促进谈判的工具，安理会在利比亚、前南斯拉夫、海地、阿富汗、利比里亚等制裁决议中做出了延迟制裁（time-delay）安排，决定视目标国对联合国要求的回应来决定是否及何时开始制裁；[④] 为推动对安哥拉（安盟）、塞拉利昂制裁决议的执行，联合国吸纳并发挥了私人机构和非政府组织的关键作用，以防止“带

---

① 安理会第232（1966）、253（1968）号决议。

② Arne Tostensen and Beate Bull, “Are Smart Sanctions Feasible?”, *World Politics*, pp. 380 – 382.

③ Carina Staibano, “Trends in UN Sanctions: From ad hoc Practice to Institutional Capacity Building”, p. 48; Jeremy Matam Farrall, *United Nations Sanctions and the Role of Law*, pp. 487 – 490.

④ Jeremy Matam Farrall, *United Nations Sanctions and the Role of Law*, pp. 139 – 140.

血钻石”流入市场并进而助长制裁对象的抵抗决心；[①] 在索马里、利比里亚、前南斯拉夫、刚果、苏丹和科特迪瓦等制裁案例中，联合国维和部队应安理会要求参与到制裁决议的执行和监督之中，对制裁的实施提供了物质支持，等等。大卫·寇特莱特等曾对联合国制裁政策的创新进行过一个总结（见表一）。[②]

表 1　联合国制裁政策创新（1994—2001）

- 普遍采取针对性和选择性制裁措施。1994 年之后再无一般性制裁
- 在全球范围内实施金融制裁和其他针对性措施以回应对美国的恐怖袭击
- 个人、实体组织与国家政府一样成为金融制裁的对象
- 联合国秘书处颁布了金融制裁和旅行禁令的实施对象名单
- 技术援助和支持服务同武器本身一样成为武器禁运的内容
- 为制裁塔利班政权，成立了联合国强制执行支持组（enforcement support team）
- 对安哥拉和塞拉利昂国内叛乱组织和利比里亚政府实施了钻石禁运
- 利比里亚因违反联合国针对塞拉利昂革命联合阵线（RUF）的制裁而遭受制裁
- 组建调查团和建立机制成为制裁政策的常态
- 指名羞辱（name and shame）方式为调查团采用来认定违反制裁的相关国家、企业与个人
- 私营行业协会和企业参与到钻石禁运和金融制裁的执行中
- 私营安全组织被聘用来探查受到联合国制裁的争取安哥拉彻底独立全国同盟（UNITA）的金融财源
- 非政府组织和私人研究团体积极参与到联合国制裁政策的分析、监督和评估中
- 使人道主义问题最小化成为联合国政策制定者的一个优先考虑
- 对人道主义问题进行评估成为联合国制裁的一个重要组成部分
- 出台了一套评估人道主义影响的标准方法
- 在阿富汗案例中对认定通过的人道主义机构实施了毛毯豁免（blanket exemption）
- 在一些制裁案例中设置了时限

资料来源：本表摘译自 David Cortright, and George A. Lopez, and Linda Gerber, *Sanctions and the Search for Security: Challenges to UN Action*, Boulder, Colo.: Lynne Reiner, 2002, p. 212。

---

① David Cortright, George A. Lopez & Linda Gerber, “Refinement and Reform in UN Sanctions: The State of the Art”, Paper delivered at the seminar “Sanctions and the Political Economy of Crises”, pp. 12 – 13.

② 关于安理会制裁制度改革的更详尽内容可参见：刘建伟：《从全面制裁到目标制裁——浅析联合国制裁机制革新》，张贵洪主编：《联合国研究》（第一期），世界知识出版社 2012 年版。

三、安理会对朝制裁：进展与效果

朝鲜核问题是当今的一个热点问题，对朝制裁也是安理会正在进行中的一项重要制裁实践。朝鲜核试验与导弹发射问题及其引发的安理会制裁活动对我国形成了严峻的安全与外交挑战。本部分将就安理会对朝制裁的新近进展、制裁效果及中国如何应对进行初步探讨。

（一）从第1718（2006）号决议到第2094（2013）号决议

自2006年10月朝鲜进行第一次核试验以来，联合国安理会通过了多项制裁决议和主席声明，以谴责、惩罚朝鲜屡次公然违背其国际义务及国际规范的行为，力图借此促使朝鲜放弃核计划，维护国际核不扩散机制的权威性。安理会对朝鲜核试验及导弹发射采取的制裁措施主要体现在四个决议中：

1. 第1718（2006）号决议

该决议针对朝鲜第一次核试验而通过，它确定了安理会对朝制裁的基本框架，并且成立一个负责监督、支持相关制裁活动的委员会。[①] 该决议确定的制裁内容包括：（1）武器禁运。禁止向朝鲜提供、销售或转让《联合国常规武器登记册》所界定的任何作战坦克、装甲战斗车、大口径火炮系统、作战飞机、攻击直升机、军舰、导弹或导弹系统和包括零部件在内的相关材料，以及可能有助于朝鲜的核、弹道导弹或其他大规模杀伤性武器相关计划的其他物项、材料、设备、货物和技术；禁止从朝鲜采购、接受上述物项及其相关的技术培训、咨询、服务或援助。（2）奢侈品制裁。禁止向朝鲜提供、销售或转让奢侈品。（3）金融制裁。冻结那些参与或支持朝鲜核、其他大规模杀伤性武器和弹道导弹相关计划的人或实体，或代表其行事或按其指示行事的人或实体，直接或间接拥有或控制的资金、其他金融资产和经济资源。（4）旅行制裁。禁止那些对朝鲜的核、弹道导弹

① 其全称为安理会第1718（2006）号决议所设委员会，以下简称“制裁委员会”。

和其他大规模杀伤性武器相关计划的政策负责，包括支持或推动这些政策的人及其家属入境或过境。①

2. 第 1874（2009）号决议

该决议针对朝鲜在 2009 年的第二次核试验而通过，它沿袭了第 1718（2006）号决议的制裁框架，但扩大了对朝制裁的范围，并决定成立一个专家小组在制裁委员会的指导下开展工作，以辅助制裁的实施。（1）该决议扩大了对朝武器禁运的范围：禁止从朝鲜采购、接受任何武器及相关材料，以及与提供、制造、维护或使用相关武器或材料有关的金融交易、技术培训、咨询、服务或协助；禁止向朝鲜提供、销售或转让任何武器及相关材料，并适用于与提供、制造、维护或使用相关武器（轻小武器及相关材料除外）相关的金融交易、技术培训、咨询、服务或协助。（2）该决议呼吁各国在本国境内或公海对进出朝鲜的可疑船只、货物进行查涉，并决定如果船旗国不同意在公海进行检查，则船旗国应指示船只驶往适当、方便的港口，由当地主管当局进行检查，同时授予各国扣押和处置相关违禁物项的权利。（3）该决议呼吁各会员国防止提供可能有助于朝鲜的核、弹道导弹或其他大规模杀伤性武器相关计划或活动的金融服务、转移任何可能有助于这些计划或活动的金融或其他资产或资源；呼吁所有会员国和国际金融和信贷机构不再承诺向朝鲜提供新赠款、金融援助或优惠贷款；呼吁所有会员国不向对朝贸易提供可能有助于朝鲜核、弹道导弹或其他大规模杀伤性武器相关计划或活动的公共金融支持。（4）该决议禁止各会员国向可疑朝鲜船只提供加油服务。②

3. 第 2087（2013）号决议

针对朝鲜在 2012 年 12 月使用弹道导弹技术发射行为，安理会于 2013 年 1 月通过了第 2087（2013）号决议。尽管该决议没有对朝鲜核、弹道导弹相关计划制定新的制裁措施，但是它重新申明、宣示了第 1718（2006）号决议和第 1874（2009）号决议的制裁措施和执行这些措施的决心，并就

---

① 第 1718（2006）号决议第 8、12 段。

② 第 1874（2009）号决议第 9—20 段。

适用于制裁的相关物项、实体与个人名单进行了认定。[①]

4. 第2094（2013）号决议

在朝鲜进行第三次核试验之后，安理会于2013年3月通过了第2094号决议。该决议除扩大了原来制裁措施的适用范围之外，还在金融制裁、外交制裁和通行查涉方面做出了进一步的安排。（1）金融制裁：防止提供可能有助于朝鲜核活动或弹道导弹计划的金融服务，防止可能有助于这些活动计划的金融、资产或资源转移，并冻结此类金融、资产或资源；呼吁各国禁止朝鲜银行在本国开设新的分行、附属机构或代表处，呼吁各国禁止其领土内或受其管辖的金融机构在朝鲜开设代表处、附属机构或银行账户，决定各国都不向朝鲜贸易提供金融支持，如果这些机构、账户和贸易有助于朝鲜核或弹道导弹计划。（2）通行查涉：规定所有国家都应拒绝让那些在船旗国批准后拒绝接受检查或悬挂朝鲜国旗的船只进入本国港口，不让可疑飞机从其领土起飞、降落或飞越。（3）外交制裁：如果被指认个体是朝鲜国民，各国应根据本国法律和国际法将其驱逐出境以便遣返回朝鲜；呼吁各国加强对朝鲜外交人员的警惕，以防止他们协助朝鲜核或弹道导弹计划及相关决议所禁止的活动。[②]

为促进决议的执行，对朝制裁委员会及专家小组进行了一系列努力。制裁委员会先后颁布了三项执行援助通知来应对会员国执行制裁决议面临的问题。第一号执行援助通知阐释了制裁委员会和专家小组两个机构的各自任务，并就它们在发现违反制裁的情况后一般会怎样同会员国互动进行了说明。[③] 第二号执行援助通知说明了会员国编写和提交国家执行情况报告的导则，并为减轻会员国负担而提供了一份可供选用的关于执行情况报告的清单样板。[④] 第三号执行援助通知为各会员国认定“奢侈品”

① 参见第2087（2013）号决议。

② 参见第2094（2013）号决议第10—24段。

③ 10－49544（C），参见：http：//www. un. org/chinese/sc/committees/1718/implementation_ assistance_ notice. pdf。

④ 11－22057（C），参见：http：//www. un. org/chinese/sc/committees/1718/implementation_ assistance_ notice_ 2. pdf。

提供了基本界定原则，说明了认定过程中的重要考虑因素。① 除此之外，制裁委员会和专家小组还就指认制裁实体与个人名单问题开展了大量工作。②

自2006年以来，安理会对朝武器禁运的范围扩大、程度增强，对朝金融制裁从冻结资金扩展为减少金融援助和金融服务支持，对朝奢侈品禁运在逐渐完善，并且在外交外事方面也开始对朝鲜做出了一些限制规定或呼吁。特别是在对进出口朝鲜可疑物项的检查方面，关于公海阻截检查方面的授权标志着安理会及国际社会迈出了一大步。从安理会通过的对朝制裁决议、主席声明及其附属委员会与专家小组的活动可以发现，国际社会在朝核问题上的共识以及应对决心进一步增强。

（二）安理会对朝制裁的有效性问题

1. 安理会对朝制裁效果评析

对朝制裁的效果是一个关键问题，它从微观方面会影响到主要大国的朝核政策选择及走向，从宏观方面则会对中美等大国关系及东北亚区域稳定产生影响，因此对朝制裁的有效性问题深受相关各国关注，并引起不少争论。③ 但从一定意义上讲，全面分析对朝制裁的效果是一件十分复杂甚至不可能完成的事情。首先，朝鲜是一个十分孤立和封闭的国家，很少公开其经济发展、对外贸易等方面可供对朝制裁效果评估的数据。其次，朝鲜的对外行为可能是外部制裁与国内因素如领导人更替、货币改革、自然灾害综合作用的结果，然而由于朝鲜的国内政治经济运作极为保密，人们

---

① 11－64931（C），参见：http：//www. un. org/chinese/sc/committees/1718/pdf/notice_ 3. pdf 安理会第1874（2009）号决议所设专家小组在其2010、2012年提交的工作报告中列举了各国的认定标准，见安理会文件S/2010/571和S2012/422。

② 参见安理会文件S/2009/364。

③ Marcus Noland，"The（Non）Impact of UN Sanctions on North Korea"，East-West Center Working Papers：Economic Series，http：//www. iie. com/publications/wp/wp08 －12. pdf；Stephan Haggard and Marcus Noland，"Sanctioning North Korea：The Political Economy of Denuclearization and Proliferation"，Peterson Institute for International Studies Working Paper Series，http：//www. piie. com/publications/wp/wp09 －4. pdf.

很难对此做出明确区分。最后，强硬挑衅与缓和求援交替使用是朝鲜一贯使用的对外策略手段。朝鲜在一定时期的妥协姿态或强硬应对是外部制裁使然还是意味着朝鲜“挑衅与缓和”策略的一个新周期的开始？这是一个非常难以把握的问题。尽管如此，我们仍然可以以安理会对朝制裁的目标为标准来对其进行一个大致的评估。评估对朝制裁政策的效果需要从对朝制裁的层级化目标出发，这样才能对制裁的作用做一个较为客观真实的判断。总体来看，安理会对朝制裁目标可分为如下几个层级和部分：

（1）最高/终目标：促使朝鲜彻底放弃核武器与现有核计划，重返《不扩散核武器条约》并接受国际原子能机构的保障监督；

（2）次级目标：促使朝鲜不再进行任何核试验与弹道导弹发射，暂停所有核试验与弹道导弹计划相关活动；

（3）再次级目标：促进谈判，如促使朝鲜无条件重返六方会谈；削弱、减慢朝鲜进一步开展核、弹道导弹相关活动的潜力、步伐；惩罚朝鲜决策层及核、弹道导弹相关活动参与人，影响其决定开展下一步行动时的得失判断；

（4）其他目标：表达国际社会对朝鲜行为的一致反对，宣示国际社会维护核不扩散机制的决心，慑止其他国家类似的核计划或企图，维护安理会的权威等。

从第 1718（2006）号决议之后的实践来看，安理会对朝制裁的前两个目标均未实现。朝鲜不但没有放弃核武器与核计划，而且在核道路上越走越远，先后于 2009 年 5 月与 2013 年 1 月进行了两次核试验，并多次使用弹道导弹技术发射卫星或导弹。到目前为止，朝鲜没有表现出放弃或者中止核计划的意愿。对朝制裁没能制止朝鲜的核计划，这也再次验证了单靠制裁难以实现过于宏大的目标的既有结论。

关于对朝制裁第 3、4 级目标的实现状况则较为复杂，其结果远没有前两个那么简单明确。首先看第 3 层级目标。在第 1874（2009）号制裁决议之后，朝鲜政府官员多次发表谈话，要求取消制裁并将此作为他们重返六方会谈的条件。[1] 这可以初步证明制裁发挥了作用，它对朝鲜开展进一步

---

① http：//fpc. state. gov/documents/organization/152630. pdf.

活动时的得失判断及对待六方会谈的态度产生了影响。尽管朝鲜在第三次核试验之前发表声明称，“六方会谈和‘9·19’共同声明不再存在，以后不会再有讨论朝鲜半岛无核化的对话”，但这并不能否定制裁措施在一段时间内对朝鲜的谈判态度产生过影响。制裁对朝鲜精英阶层的影响也难以准确认定。就奢侈品而言，“尽管在购买豪华游艇等奢侈品更加困难的同时，精英阶层的原来生活仍然可以通过足够多的躲避制裁行为而得以维持”。[①] 除此之外，从朝鲜多次要求外部粮食、资金援助以及被查处非法贸易增多的事实表明，对朝制裁特别是相关金融制裁发挥了重要影响。金融制裁、武器禁运等措施一起大大限制了朝鲜销售和出口军火及其他违禁核物项和弹道导弹物项的能力，而这些物项的出口以前曾是该国外汇收入的一个主要来源。[②] 就其他目标而言，从安理会陆续并更加迅速地通过对朝制裁决议、主席声明及其他相关文件，以及制裁措施不断趋于严厉、制裁执行日益完善等事实来看，国际社会对朝核问题的态度立场较以前更为一致，维护国际核不扩散机制的决心进一步得到彰显，并对其他国家和行为体的核企图产生了良好的威慑效果。从这个角度来看，对朝制裁发挥了一定效果。

2. 对朝制裁有效性不足的原因

尽管对朝制裁在一定程度上实现了第3、4个层级的部分目标，但总体来讲，安理会对朝制裁是不成功的。因为对朝制裁两个最重要目标——促使朝鲜彻底放弃核武器与现有核计划、要求其不再并暂停进行核试验与弹道导弹发射——都没能实现。安理会对朝制裁有效性的不足既与制裁这一政策工具的内在缺陷有关，也与现有制裁决议的设计与执行问题不无关系。而且，朝鲜实施的大量躲避制裁行为及大国在朝核问题上的政策态度分歧也在不同程度上影响或制约了对朝制裁的效果。

（1）作为一项政策工具，制裁本身存在许多内在缺陷。历史上的制裁实践已经多次证明，制裁难以在政权更替、领土争端和国家安全等重大问

---

① http：//fpc. state. gov/documents/organization/152630. pdf.

② 见安理会文件 S/2010/571，第 38 页。

题上显著改变被制裁国的行为。[①] 这不仅因为制裁是一把双刃剑，会伤及制裁双方，而且因其可能导致的大量非故意后果而往往难以奏效。[②] 例如，制裁可能会增强其原本寻求削弱的政权；制裁方可能成为被制裁政权的替罪羊，遭到被制裁国普通民众的谴责；第三方可能因制裁连带损失而实施欺诈；制裁可能因其执行与监督不力而受到削弱等。[③]

（2）安理会第1718（2006）、1874（2009）两大制裁决议在内容设计上的不足制约着制裁的执行，并进而有损对朝制裁效果。首先，现有对朝制裁的范围和强度有限，上述两个决议目前主要是关于对朝武器禁运和奢侈品制裁的决议，尚不构成传统意义上的经济制裁。其次，尽管决议包括了奢侈品禁运和除轻小武器之外的武器禁运，但没有清晰界定奢侈品和轻小武器的标准，因而影响了决议的执行。例如，瑞士对用以区分普通与豪华手表的门槛值设置的相当高，以这种标准，销售到朝鲜的手表几乎都不属于奢侈品类，而在其他国家，它们许多都属于奢侈品的范畴。[④] 其次，决议规定了在公海检查进出朝鲜的可疑船只的内容，但是由于种种困难并没有涉及空运检查问题，这也给执行工作造成了困难。

（3）对朝制裁在实际执行过程中遇到的许多困难直接制约着制裁效果，而且这些困难的克服需要各会员国做出的巨大决心和努力。第1874（2009）号决议所设专家小组在2012年提交的报告指出了会员国在执行两项对朝制裁决议中遇到的一些挑战，它们包括：根据决议要求提交国家执行情况报告的会员国尚不到半数，国家报告中开列奢侈品清单的为数更少；会员国在把决议所禁物项清单纳入本国法律制度方面存在困难；检查、扣押和处置可疑物项工作困难重重；部分会员国海关部门对基本的制裁知识远未掌握等。[⑤]

---

① Gary Clyde Hufbauer, Jeffrey J. Schott, Kimberly Ann Elliott & Barbara Oegg, *Economic Sanctions Reconsidered* (*3rd Edition*), Washington, DC: The Peterson Institute for International Economics, 2007.

② 刘建伟：“国际制裁缘何难以奏效?”，《世界经济与政治》2011年第10期。

③ Andrew Mack & Asif Khan, “The Efficacy of UN Sanctions,” Security Dialogue, Vol. 31, No. 3, 2000, pp. 282 – 283.

④ 见安理会文件S2012/422，第31页。

⑤ 见安理会文件S2012/422，第19—20页。

（4）制裁在朝鲜国内导致的政治影响以及朝鲜采取的大量躲避制裁行为也增加了执行难度，削弱了制裁的效果。自第二次朝核危机以来，朝鲜国内保守势力更趋增强，朝鲜政权对于与外部接触更加敏感和抵触。在这种高度不确定的政治环境下，安理会制裁可能反而会增强保守势力的影响，并为其行动提供借口。[①] 另外一个不容忽视的问题是朝鲜的躲避制裁行为。朝鲜躲避制裁常用的伎俩包括更换人名与公司名号；使用海外实体、空壳公司、非正规转账机制、现金运送员和易货安排来掩饰其金融交易；对出口物项作虚假说明和标示，拆分混装违禁物品等。[②] 这些行为无疑增加了检查检测的难度和成本，对制裁决议的执行提出了挑战。

（5）主要大国之间的分歧是对朝制裁效果欠佳的背后原因。促使朝鲜弃核、维持朝鲜半岛无核化是中、美、俄、日四大国的最低共识，也是四大国展开合作的基础。然而，除了促使朝鲜弃核之外，作为朝鲜的近邻，中俄还特别强调朝鲜及整个半岛的稳定。维护朝鲜及半岛的稳定是中国对朝政策包括朝核政策的核心目标，其重要性起码不亚于促使朝鲜弃核的诉求。然而，与中国不同，美国在朝核问题上，弃核是其首要目标与核心关切。大国在朝核问题上的目标诉求差异自然会影响到其各自对朝制裁的认识和决心，进而制约着安理会对朝制裁的范围、强度以及执行，并最终影响制裁效果。

3. 制裁朝鲜：中国的挑战及应对

朝鲜核问题及对朝制裁问题从三个方面对中国构成重大挑战。首先，在朝鲜进行第三次核试验之后，随着国际社会对朝鲜采取更严厉惩罚措施的呼声进一步提高，中国面临的外交与安全压力显著增加。自第二次朝鲜核危机以来，朝鲜进一步遭到西方国家的孤立，其结果是中朝经济关系在朝鲜对外经济关系中的比重进一步上升，这也成为西方国家指责中国在朝核问题上没有尽到责任并将对朝制裁失败归咎于中国的借口。[③] 在朝鲜第

---

① Stephan Haggard and Marcus Noland, "Sanctioning North Korea: The Political Economy of Denuclearization and Proliferation", Peterson Institute for International Studies Working Paper Series, p. 21, http://www.piie.com/publications/wp/wp09-4.pdf.

② 见安理会文件 S/2010/571，第 4、21、22、39 页。

③ http://fpc.state.gov/documents/organization/152630.pdf.

三次核试验之后，特别是在朝鲜表示将继续进行核试验与导弹试射的情况下，国际社会对中国施加的外交压力越来越大。当然，这种压力还体现在安全方面，包括核活动可能给中国东北地区造成的地质与环境安全威胁，以及美日借机调整军事部署和开展相应军事行动对中国构成的直接军事威胁。

其次，朝鲜连续核试验及对朝制裁还是对中朝关系的一次考验。朝鲜核计划已经从不符合中国利益逐渐发展为严重损害中国利益，它不仅激起官方与学术界关于中国对朝政策的讨论，而且在中国普通民众中产生重大反响，来自民间的关于“中国对朝外交失败”的各种声音无疑将影响中国对朝政策的下一步选择。安全威胁、外部压力、内部批评都决定了中国对朝政策尤其是在对朝制裁的态度上将做出调整，这种调整很可能会对中朝关系构成一次考验。中国对朝政策陷入一种两难困境，继续原来政策不符合中国利益，增加对朝制裁的支持则将面对中朝关系下滑甚至恶化的风险。如何吸取历史上的前车之鉴（如冷战时期的中阿、中越关系教训），在防止中朝关系恶化的前提下对朝施加更大压力，以使之切实尊重中国的利益关切？这也是对中国外交智慧的一次重大考验。

最后，对朝制裁是一把双刃剑，它除了会增加政治风险之外，还会给中国对朝贸易和投资造成损失。这一点也是影响中国对朝制裁立场的一个方面。

中国政府在解决朝鲜核问题上的基本立场和政策主张有三：维护朝鲜半岛的和平与稳定；通过外交和政治手段解决分歧；保持朝鲜半岛无核化。据此可以判断，中国在该问题上的长期目标诉求有三，分别是稳定（包括朝鲜国内和朝鲜半岛）、友好（中朝传统友好关系）和无核。对中国而言，朝核问题的最佳结果是稳定、友好、无核的朝鲜，最差结果是不稳定、不友好、有核的朝鲜。然而，在短期来看，中国必须面临一个有核的朝鲜。因此，如何在朝鲜拥核的事实面前，通过双边和多边努力，在防止出现一个不稳定、敌视中国的朝鲜的同时最大程度地减小朝核问题对中国利益的损害是中国外交的一个当务之急。根据这一“次劣目标”理论，本文提出如下几条建议参考：

（1）向朝鲜提供“积极安全保障”，或者提高对朝安全承诺的可信性。

提供“积极安全保障”的具体措施包括重申和强调《1961 年中朝友好互助条约》规定的中朝防御联盟约定，即一旦朝鲜受到外来侵略，中国将给与军事和其他援助。朝鲜发展核武器的根源是其长期存在的不安全感，中国对朝安全承诺的可信性不足也是这种不安全感持续存在的一个原因，甚至至关重要。[①] 对待中朝特殊关系采取模糊政策可能在某些时候十分必要，但是现在来看，其弊端并不比利好少。而且，更为直接来看，这种“积极安全保障”是中国进一步施压朝鲜的同时防止朝鲜敌意的一个重要保障。

（2）在联合国框架下，逐步、有选择地支持对朝制裁或新制裁动议。作为核不扩散机制的受益者、朝核计划的受损方和一个负责任国家，中国必须对朝鲜的核试验做出更加积极的反应。这不但是应对日益增加的国际压力之需，也是中国积极重塑周边外交策略的要求。但是，这种反应有必要以联合国框架为主，双边努力为辅。因为在朝鲜当前的国内局势和朝鲜拥核的现实面前，大幅度地对朝施加单边压力具有很大的风险，它很可能催生一个不稳定、对华敌视和有核的朝鲜，从而使朝核问题从一个美国难题更多地变为中国的一个难题，从而使中国外交变得更为被动。

（3）有限度地施加单边压力，使朝鲜决策层明确并尊重中国的原则和底线：朝鲜不可能一边损害中国安全利益，一边还期望获取中国的经济援助和外交支持。可供选择的单边对朝措施包括：不增加或者逐步削减对朝援助；暂停拟建或进行中的合作项目；严格执行安理会第 1718（2006）号决议和第 2094（2013）号决议，特别是关于奢侈品禁运及朝鲜过境中国商品的检查等相关条款。需要着重强调的是，单边对朝制裁必须慎重、以不公开的方式进行，并且最好选择在尝试对朝提供可信积极安全保障之后实施。

① 在这一点上，美国对日本、韩国等无核盟国提供安全承诺的方式为中国提供了重要启示。

联合国在冲突后国家的选举援助*

李因才

所谓选举援助，指的是在选举事务方面具有一定专长的外部行为体根据一国或地区的请求，专门为其提供选举或投票事务方面的各种支助，旨在协助受援国或地区顺利推进选举或投票进程，并建立或完善相关的选举制度，发展其独立举办选举的能力。选举援助的供应者众多，包括各类国家机构如美国开发署、加拿大选举委员会，以及跨政府组织如欧盟、非盟，还有不少非常活跃的非政府组织。在这些行为体构成的庞大选举援助网络当中，联合国是最主要的援助机构，其援助的历史最为悠久，提供援助的形式最为丰富，也被最多的国家或地区所接受和认可。过去的20多年里，联合国以组织、筹办、核查、监督、观察、技术援助等各种形式，参与协助了104个会员国和4个地区的选举事务。选举援助成为联合国权势拓展的新领域。

冲突后的国家面临极其复杂的情境，不仅需要协商和签署和平协议，还要处理诸如国家基本制度框架的建立，宪法及基本法律的制定，派别武装部队的解散、复员、安置及武器收缴，国家军队和警察力量的建立，政党及社会团体的再组织，冲突期间的“遗产”处置等一系列复杂重大议题。仅推进选举一项，就需要建立和完善包括选举法、选举管理机构、选民登记、选民教育、政党和候选人登记、选区划分、投票方式等一系列基本制度。由于在维护国际和地区安全问题上的特殊角色，监督冲突后和平协议的执行成为联合国的重要职责，而为协议之重要组成部分的大选提供各种援助，自然也成了联合国的任务之一。

近些年，欧盟、非盟等区域组织的选举援助活动引起越来越多学者的

---

* 本文原刊载于《国际政治研究》2014年第2期，第75—94页。

关注。[①] 尤其是作为选举援助形式之一的选举观察或监督活动，更是研究热点，其研究对象集中于三块区域：拉美、欧洲和非洲。拉美是选举观察或观察活动较早开展的地区；[②] 欧盟及欧洲各类政府和非政府组织在选举监督和观察方面一直比较活跃；[③] 而非洲则是目前这方面活动开展得较为密集的地区，其成果也较为丰富。[④]

相对而言，以联合国为研究对象的著述较为匮乏，这与其在这一领域的角色和地位明显不成比例。许多文献以联合国系统的文件和报告的形式出现。这一领域较早产生的成果是贝格拜德的《全民表决、公决和国家选举的国际监督：自决与民主转型》，该书对冷战前选举监督活动的发展演变及冷战后联合国主导的几次监督或观察活动做了较为详尽的考察，不

---

① 这方面比较重要的文献如 Judith G. Kelley, *Monitoring Democracy: When International Election Observation Works, and Why It Often Fails*, Princeton University Press, 2012; Susan D. Hyde, *The Pseudo-Democrat's Dilemma: Why Election Monitoring Became an International Norm*, Cornell University Press, 2011; Arturo Santa-Cruz, *International Election Monitoring, Sovereignty, and the Western Hemisphere Idea: The Emergence of an International Norm*, New York: Routledge, 2005; Jon Abbink and Gerti Hesseling, eds., *Election Observation and Democratization in Africa*, New York: St. Martin's Press, 2000。

② Arturo Santa-Cruz, *International Election Monitoring, Sovereignty, and the Western Hemisphere Idea: The Emergence of an International Norm*; 贺双荣："国际选举观察：美洲国家组织在拉美的实践"，《拉丁美洲研究》2006 年第 6 期，第 35—39 页。

③ Rick Fawn, "Battle over the Box: International Election Observation Missions, Political Competition and Retrenchment in the post-Soviet Space", *International Affairs*, Vol. 82, No. 6, 2006, pp. 1133 – 1153; Amanda Sives, "A Review of Commonwealth Election Observation", *Commonwealth and Comparative Politics*, Vol. 39, No. 3, 2001, pp. 132 – 149.

④ 以非洲地区或国家为研究案例的成果比较丰富，代表性作品如：Khabele Matlosa, "Election Monitoring and Observation in Zimbabwe: Hegemony versus Sovereignty", *African Journal of Political Science*, Vol. 7, No. 1, 2002, pp. 129 – 154; Gisela Geisler, "Fair? What Has Fairness Got to Do with it? Vagaries of Election Observations and Democratic Standards", *The Journal of Modern African Studies*, Vol. 31, No. 4, 1993, pp. 613 – 637; Paul J. Kaiser, "Power, Sovereignty, and International Election Observers: The Case of Zanzibar", *Africa today*, Vol. 46, No. 1, 1999, pp. 29 – 46; Susan Booysen, "In the Crossfire of Wars of Political Survival: The Politics of Election Observation in Zimbabwe, 2000 – 2002", *Africa Insight*, Vol. 32, No. 3, 2004, pp. 3 – 10; Ursula E. Daxecker, "The Cost of Exposing Cheating International Election Monitoring, Fraud, and Post-election Violence in Africa", *Journal of Peace Research*, Vol. 49, No. 4, 2012, pp. 503 – 516; Douglas G. Anglin, "International Monitoring of the Transition to Democracy in South Africa, 1992 – 1994", *African Affairs*, Vol. 94, 1995, pp. 519 – 543; Liisa Laakso, "The Politics of International Election Observation: The Case of Zimbabwe in 2000", *The Journal of Modern African Studies*, Vol. 40, No. 3, 2002, pp. 437 – 464; Douglas G. Anglin, "International Election Monitoring: The African Experience", *African Affairs*, Vol. 97, 1998, pp. 471 – 495。

过，全书偏重于描述和诠释。① 还有一些著作从民主援助的角度对选举援助进行了考察，比如纽曼等人所编的《民主推广中的联合国角色：在理想与现实之间》一书，从理念、联合国在民主援助中的相对优势和限制、开发署在中长期民主援助中的经验等角度考察了联合国在这一领域的活动。哈克的《联合国民主议程：观念史》从文明、选举、治理和发展民主四个维度分析了联合国民主观念的演化。威尔森的《联合国与非洲民主：合法性的窘境》考察了联合国在非洲民主推广活动中的尴尬角色。②

上述著作对联合国选举援助的研究较为综合宏观，本文则集中考察选举援助在冲突后的国家建设当中的角色和作用。为求客观准确，本文尽可能地利用联合国系统的原始文献材料，包括大会和安理会决议、秘书长报告、特派团报告、开发署等内部的评估文件及援助手册、与援助相关的机构出台的研究报告等，对它们进行了细致的归并处理，为进一步的相关研究提供参考。③

一、联合国选举援助在冲突后国家的不同作用

冷战结束之后，一国内部不同族群间的冲突超过国家间冲突成为主导型的冲突模式。1992 年，时任联合国秘书长的布特罗斯·布特罗斯—加利

---

① Yves Beigbeder, *International Monitoring of Plebiscites, Referenda and National Elections: Self-determination and Transition to Democracy*, Boston: M. Nijhoff, 1994.

② Edward Newman and Roland Rich, eds., *The UN Role in Promoting Democracy: Between Ideals and Reality*, New York: United Nations University Press, 2004; Zoë Wilson, *The United Nations And Democracy in Africa: Labyrinths of Legitmacy*, Routledge, 2007; Kirsten Haack, *The United Nations Democracy Agenda: A Conceptual History*, Manchester University Press, 2011; Richard Ponzio, "UNDP Experience in Long-term Democracy Assistance", New York: UNDP, 2009; Laura Zanotti", Taming Chaos: A Foucauldian View of UN Peacekeeping, Democracy and Normalization, " *International Peacekeeping*, Vol. 13, No. 2, 2006, pp. 150 – 167; Christopher C. Joyner, "The United Nations and Democracy", *Global Governance*, 1999, pp. 333 – 357; UNDP, *Human Development Report* 2002: *Deepening Democracy in a Fragmented World*, New York: UNDP, 2002.

③ 这些文献有的可以查询到中文版本，有的只有英文版本。本文所有引用的中英文文献都可以在"联合国正式文件系统"中依据文件编号查阅，具体网址见 http://documents.un.org/default.asp，余不赘述。

在向安理会提交的报告《和平议程》中，首次正式提出了“建设和平”（peace-building，或缔造和平）这一新概念，并将其与联合国之前广泛开展的三项和平行动即预防外交（preventive diplomacy）、建立和平（peace-making）与维持和平（peace-keeping）相提并论。[①] 根据加利的报告，这些行动的差别之处在于：“预防性外交设法在发生暴力行为之前解决争端，维持和平与建立和平则是阻止冲突，并在一旦和平实现后保持和平”；[②]“建设和平”则是在冲突发生之后，“采取行动，查明并支持足以加强与巩固和平的结构，以避免再度爆发冲突”。[③] 几种行动在实施方式或手段上也有较大差异：预防性外交的主要方式是建立信任措施、预警、事实调查、预防性部署、非军事区；建立和平的方式除了调停和谈判之外，还包括国际法院的调解、援助、制裁、军事力量的使用等（加利甚至提出为确保停火协定得到遵守，在必要时可以使用“和平执行部队”）；维持和平主要是部署联合国军事和（或）警察人员。[④] 与前三种行动相比，建设和平则着眼于冲突后国家功能的重建，“包括解除先前交战各方的武装和恢复秩序，监管并可能销毁武器，遣返难民，向安保人员提供咨询和训练方面的支助，监督选举，促使努力保护人权，改革或加强政府机构，推动正式和非正式的政治参与进程”。[⑤] 加利秘书长的这份报告意味着联合国开始关注会员国内部的冲突议题，报告同时为联合国参与冲突后的重建提供了重要依据。

“联合国和平行动问题小组”在2000年出台了一份报告即著名的“普拉希米尔报告”。该报告对和平行动的分类做了进一步改进，突出强调了“建设和平”的作用。此前报告中的“监督选举”一词被内涵更为宽泛的“选举援助”取代，选举援助的地位提升，与武装人员复员、加强法治、人权保护等一系列与建设和平相关的政治、军事和民事举措一起，被纳入

---

① Report of the Secretary-General, “An Agenda for Peace: Preventive Diplomacy, Peacemaking and Peace-keeping”, UN Doc. A/47/277 – S/24111, 17 June 1992, para. 20.

② UN Doc. A/47/277 – S/24111, para. 21.

③ UN Doc. A/47/277 – S/24111, para. 21.

④ UN Doc. A/47/277 – S/24111, , para. 23 – 54.

⑤ UN Doc. A/47/277 – S/24111, para. 55.

联合国的行动当中。[①]

在冲突后国家，联合国选举援助一般是以特派团之组成部分的形式参与进来的，即选举援助是有些特派团民事职能之一部分。不过，由于特派团授权不同，选举援助在冲突后的国家建设中发挥的作用也存在较大差别。根据惯例，在选举举行及由此产生新政府之前，一般会设立一个过渡阶段。作为国际社会的代表，联合国在其中的参与角色存在很大差别。具体说来，其参与模式可以区分为两种不同模式：协助和管理（参见图1）。[②]

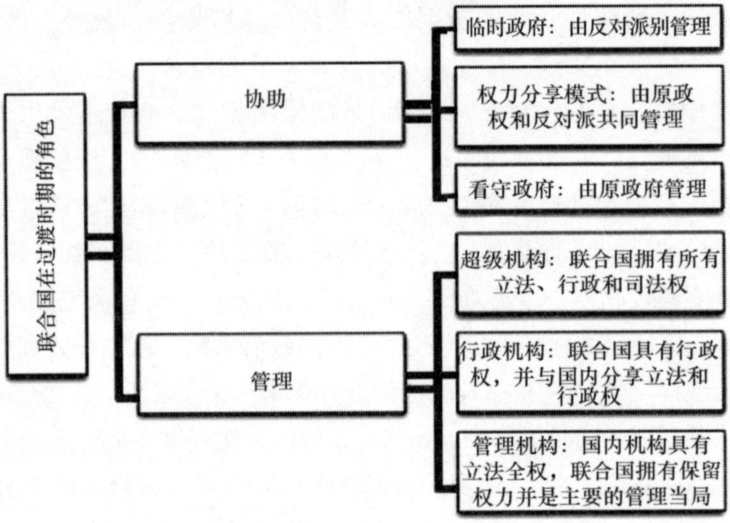

图1　过渡时期安排及联合国发挥的不同作用

资料来源：笔者在克劳伊圣德的分类基础上修改而成。Aurel Croissant，“International Interim Governments，Democratization and Post-Conflict Peace-building：Lessons from Cambodia and East Timor”，Center for Contemporary Conflict，2006，p. 3。

---

① 报告将联合国和平行动归类为三种主要活动：预防冲突和建立和平、维持和平、建设和平，削弱了加利1992年报告当中的激进成分如“执行和平”的观念。参见联合国：“联合国和平行动问题小组的报告”，联合国文件A/55/305 - S/2000/809，2000年8月21日，第10—13段。

② 克劳伊圣德（Aurel Croissant）在夏因（Yossi Shain）、林茨（Juan Linz）和多伊尔（Michael Doyle）等人研究的基础上，曾将过渡时期安排划分为四种类型，并将联合国的代行管理视为其中的一种，不过这种划分忽视了联合国在其他几种类型下所发挥的作用。参见Aurel Croissant，“International Interim Governments，Democratization and Post-Conflict Peace-building：Lessons from Cambodia and East Timor”，Center for Contemporary Conflict，2006，p. 3。

在这两种过渡时期的不同组织模式中，联合国安理会或大会授权组成之特派团的权力差异表现得相当明显。特派团可以在由各国自己组织的不同形式的过渡政府里发挥各种“协助”作用，也可以直接作为过渡时期的临时权力机构，发挥“准政府”的“管理”职能。

前一种情况较为常见，如联合国在纳米比亚、尼加拉瓜、中非、苏丹、阿富汗和伊拉克等多数国家所执行的任务。其中又可细分为两类。一类是联合国派驻维和部队或军事观察员，选举援助作为特派团民事职能之一部分。如 1989 年 11 月至 1992 年 1 月派往哥斯达黎加、萨尔瓦多、危地马拉、洪都拉斯和尼加拉瓜五国执行军事观察任务的“联合国中美洲观察团”，其中即包括监督核实尼加拉瓜选举的任务。1991 年 5 月至 1995 年 2 月在安哥拉执行任务的核查团，1992 年 12 月至 1994 年 12 月的“联合国莫桑比克行动”，1993 年 9 月至 1997 年 9 月的“联合国利比里亚观察团”等，都属于这种类型。在这种情况下，一般由联合国维和部领导。另一类则是不包含维和任务的选举援助，如 1994 年部署在南非的观察团，这时通常由政治事务部领导。在有些情况下，由开发署直接提供选举事务上的技术和后勤支助。

后一种情况则赋予联合国不同寻常的特权，迄今只在四个地方出现：柬埔寨，东帝汶，东斯拉沃尼亚、巴拉尼亚和西锡尔米乌姆（简称“东斯”），以及科索沃。四个地方中只有柬埔寨在特派团进驻时是主权国家身份，东帝汶和科索沃趋向独立，东斯则在最终并入克罗地亚前保持一个“准国家”的身份。

由于国际协议及安理会授予的权力有别，在这四地，联合国过渡机构职能也有所不同（参见表 1）。1999—2002 年间的东帝汶过渡政府拥有管理东帝汶的全盘职责，有权“行使一切立法和行政权力，包括司法行政”，像一个超级国家机构。[①] 在柬埔寨，1990 年由冲突四方组成、诺罗敦·西哈努克亲王担任主席的柬埔寨全国最高委员会则是“柬埔寨的唯一合法机

① 安理会：“第 1272 号决议（1999）”，联合国文件 S/RES/1272（1999），1999 年 10 月 25 日，执行部分第一段。

构和权力来源，在整个过渡时期体现柬埔寨的国家主权、独立和统一”。[①]根据1991年冲突各方签署的《巴黎协定》，联柬过渡机构负责组织并主持大选。“为了保证有利于自由公正大选的中立政治环境”，“最高委员会授予联合国所有必要的权力”，“将可能对大选结果产生直接影响的行政机构、组织和机关置于联合国的直接监督或控制之下”，[②]因而该过渡机构类似于克劳伊圣德所指的“行政机构”。与东帝汶和柬埔寨相比，联合国在东斯及科索沃的过渡机构则可归类为一个权力更为有限的管理机构。

表1　联合国在柬埔寨、东帝汶、东斯和科索沃四地的过渡机构对比

	柬埔寨	东帝汶	东斯	科索沃
主要法律依据	1991年的《巴黎协定》；联合国安理会第745号决议（1992）	1999年5月5日协定；联合国安理会第1272号决议（1999）	1995年的《基本协定》；联合国安理会第1037号决议（1996）	1999年《朗布伊埃协定》；联合国安理会第1244号决议（1999）
授权任务	最高委员会授予联合国所有必要的权力，包括将可能对大选结果产生直接影响的行政机构、组织和机关置于联合国的直接监督或控制之下	东帝汶过渡当局拥有管理东帝汶的全盘职责，有权行使一切立法和行政权力，包括司法行政	全权掌管东斯过渡当局的民事和军事职能，并行使《基本协定》赋予过渡时期行政当局的权力	在有关国际组织的协助下，进行过渡行政管理，享有对立法、行政及司法机构的管理
任务期限	3/1992－9/1993	10/1999－5/2002	1/1996－1/1998	6/1999至今

① “柬埔寨冲突全面政治解决协定”（《巴黎协定》），联合国文件A/46/608－S/23177（1991）附件，第3条。

② 联合国文件A/46/608－S/23177（1991）附件，第4、5、6条。

续表

	柬埔寨	东帝汶	东斯	科索沃
文职人员	1000 名国际行政人员，1400 名选举观察员，3600 名警察	737 名国际行政人员，1300 名警察	不详	4519 名警察人员，1178 名国际文职人员
军事人员	34 国派遣，15900 人	29 国派遣，6300 人	30 国派遣，2847 人	北约提供安全；联合国派遣军事观察员

资料来源：联合国文件 A/46/608 - S/23177（1991）（《巴黎协定》），安理会第 745 号决议（1992）；安理会第 1272 号决议（1999），东帝汶过渡当局的情况和资料，http：//www. un. org/zh/peacekeeping/missions/past/etimor/；安理会第 1037 号决议（1996），联合国东斯拉沃尼亚、巴拉尼亚和西锡尔米乌姆过渡行政当局（东斯过渡当局）网页，http：//www. un. org/zh/peacekeeping/missions/past/untaes/；安理会第 1244 号决议（1999），联合国科索沃临时行政当局特派团网页，http：//www. un. org/zh/peacekeeping/missions/unmik/。

由于这种角色上的巨大差异，联合国在冲突后国家的选举事务当中发挥的作用也大为不同。在东帝汶和柬埔寨，联合国都是大选的组织者和实际操办者，不过由于后者要受柬最高委员会的制约，东帝汶过渡当局独立发挥的空间更大。从 1999 年到 2002 年过渡期结束，联合国任命的选委会先后组织并举行了 1999 年的全民公决投票、2001 年的制宪议会选举和 2002 年的总统选举。① 在东斯，联合国负责"筹办选举、协助举行选举和核实其结果"，操办选举职责被交付地方自治机构。② 在科索沃，联合国的选举援助则被置于欧盟的政治框架之内。

不过，联合国在这四地差不多都能发挥选委会或准选委会的职能，在选举事务当中的作用和角色非同一般。相较之下，联合国其他政治或维和特派团中的选举职能要小一些，基本在该国选举管理机构的设定框架下提

① 秘书长报告："加强联合国在提高定期真正选举原则的效率和促进民主化方面的作用"，联合国文件 A/58/212，2003 年 8 月 4 日，第 44 段。

② 安全理事会："第 1037（1996）号决议"，联合国文件 S/RES/1037（1996），1996 年 1 月 15 日，执行部分第 11（e）段。

供不同形式的援助。当然，它们相互间的差异也非常大。在一些国家如阿富汗、伊拉克，联合国任命的专家或聘用的职员就直接进入该国的选委会，成为具有选举决策权的委员。而在有些国家，联合国则只提供某种形式的外部支助如选举的观察、核查和选举技术方面的援助活动等，对选举进程的影响相对要小。

二、选举援助在冲突后大选中的功能作用

大选是从冲突走向和解及国家独立或重建进程的重要转折点。在一些国家，如 1989 年的纳米比亚、1990 年的尼加拉瓜、1991 年的萨尔瓦多，以及 1994 年的莫桑比克和南非，选举在开创历史新纪元的过程中都发挥了关键作用，因此不少人又将冲突后的首次大选称为“奠基”选举（founding elections）。[①] 选举不仅是推进民主的工具，同时也是试图巩固脆弱和平的工具。选举有望将暴力冲突转化为非暴力，并有助于冲突解决的机制化。[②] 在选举中，原来的敌对方通过竞争选票的方式继续发挥影响力；而那些在冲突中赢得胜利的一方，则通过大选进一步获得支配权力的合法地位；与此同时，选举也给一些陷入僵局的冲突提供了出路。[③] 不过，有缺陷的选举也导致了更多的问题。例如《比塞斯和平协议》（the Bicesse peace accord）签署后举行的 1992 年安哥拉选举，由于“争取安哥拉彻底独立全国联盟”失利并拒绝接受选举结果，安重陷内战；在波斯尼亚，过早举行的大选强化了民族主义政党的影响力及其对权力的控制。

与巩固民主体制下的周期性选举不同，冲突后的首次大选面临的政治

① Vernon Bogdanor, “Founding elections and regime change”, *Electoral Studies*, Vol. 9, No. 4, 1990, pp. 288 – 294. 奥唐纳和施密特则将“奠基”选举界定为威权转型后的首次多党竞争性选举，参见 Guillermo O’ Donnell & Philippe Schmitter, *Transitions from Authoritarian*: *Tentative Conclusions about Uncertain Democracies*, Baltimore, MD: Johns Hopkins University Press, 1986。

② Dane Taleski, “Elections and Parties in Post-conflict Countries”, Paper Presented at the3rdGraduate Conference, Dublin City University, 30 August – 1 September, 2010.

③ Neera Chandhoke and Praveen Priyadarshi, “Electoral Politics in Post-Conflict Societies: Case of Punjab”, *Economic and Political Weekly*, Vol. 41, No. 9, 2006, p. 811.

环境非常脆弱微妙，社会群体和政治势力高度分化（参见表 2）。与此同时，与选举相关的各种制度如选举机构、选举法规或者还未建立起来，或者立足未稳；要在非常有限的时间框架内完成大选的筹备和组织工作，挑战非同一般。考虑到不少冲突后国家此前并未举行过选举，或者距离上次选举有太长时间间隔，因而在选举筹备过程中，还需要进行选民登记、选民宣传和教育、政党与候选人的登记、一系列选举法律法规的制定等各项工作，这加重了冲突后大选推进的难度和负担。

表 2　冲突后大选与巩固民主国家的选举之比较

	冲突后大选	巩固民主国家的选举
功能	结束国内冲突，建立民主制度	政治力量对比的确认或改变
总体形势	不安全，军事化，暴力仍是选择，弱制度	相对稳定，言论、集会与组织的自由，法治
国家结构	脆弱的国家结构	稳固的国家结构
发生时间	和平协议谈判之后	周期性，基于宪法安排
政治行为体	所有冲突方，不包括那些没有武装实力的政党	所有的政党，新的政党可能加入
政党	前武装组织，前政府政党	建立起来的政党
政治竞争	围绕冲突形成极化	基于社会分层的多元主义，有宽容的政治文化
国际行为体	外部行为体发挥重要作用，国际行为体的压力，邻国的政治介入	国内行为体居主导
结果	关系到族群和政治团体的生存以及资源和权力的分配	未来几年政治权力的归属

资料来源：Andrea Iff，ed.，*Ballots or Bullets*：*Potentials and Limitations of Elections in Conflict Contexts*，Swisspeace Annual Conference，2010.

在这种情况下，外部行为体尤其是作为国际社会代言人的联合国，对其选举事务有相当大的影响空间。举行大选的国家或地区亟需联合国在选举事务方面提供各种形式的援助，并通过“见证选举”的方式为该次大选赋予合法性；而联合国则需要通过不同形式的参与以敦促冲突各方所达成的和平协议的有效执行。总体说来，在冲突后的大选当中，联合国的选举援助意在达成两项目标：其一，确保作为和平协议的一部分的大选顺利推进，减少因选举引发的纠纷和暴力冲突；其二，协助冲突后国家建立基本的选举制度并发展其自主的选举能力。为达成这两项目标，联合国主要在以下三个领域发挥重要作用：选举进程的推动、选举暴力的抑制、选举制度的建立及其能力培育。

（一）选举进程的推动

为推进大选进程，联合国在这方面的主要工作包括：推动政治协商进程，鼓励更多政党、派别及普通民众参加候选人登记、投票等选举进程，减少抵制选举的现象；监督、观察选举进程或协调、支助选举观察活动，通过国际社会的参与规范选举秩序；为选举募集和调配必要的资源。

1. 推动政治协商进程

1989 年的纳米比亚独立大选、1990 年的尼加拉瓜大选、1992 年的安哥拉大选、1993 年的萨尔瓦多和柬埔寨大选、1994 年的莫桑比克大选、1997 年的利比里亚大选和 1998 年的波黑大选，在以上这些冲突后大选中，联合国及其维和行动对促成大选的举行都发挥了关键作用。洛佩斯—平托甚至认为没有联合国的行动，就不会出现这些他所定义的“和解大选”（reconciliation election）。[①]

大选结果并不仅仅由投票决定，成功的政治协商实际上已经为大选的顺利举行铺平了道路。这方面的例子如 1994 年的南非选举，曼德拉及其领导的政党“非洲人国民大会”早在大选之前就通过精英内部复杂的政治协商获得了稳固地位，在这种情况下，选举其实只是对先前达成的共识的进一步确认和强化。[②] 联合国在政治协商过程中做了大量工作，仅秘书长特

---

① Rafael López-Pintor, “Reconciliation Elections: APost-Cold War Experience”, In Krishna Kumar, ed., *Rebuilding Societies after CivilWar: Critical Roles for International Assistance*, Boulder, Colorado: LynneRienner, 1997, pp. 43 – 62.

② Jon Abbink and Gerti Hesseling, eds., *Election observation and democratization in Africa*, pp. 44 – 45.

别代表在 1993 年底的访问中，就与南非当局、各政党、过渡时期代表、周边国家等进行了广泛的沟通和磋商。[①] 在苏丹，联合国设立了特派团，推动苏丹中央政府和南苏丹政府之间的政治谈判。与此同时，应双方请求设立了南部苏丹公民投票问题小组，配合特派团的任务并就选举提供技术和后勤援助。这些机构与南北双方的领导层保持密切联系，并与区域组织、一些会员国开展密集协调工作，协助解决公民投票可能出现的政治分歧。苏丹全国及境外 300 万人最终在和平的气氛中投票，南苏丹共和国则于 2011 年 7 月 9 日成为独立国家。[②] 在几内亚，联合国西非办事处与西非国家经济共同体、非洲联盟、国际联络小组和其他行为体结成伙伴，推动该国军人政权在 2009—2010 年间的权力移交。为促成这场 40 余年的首次大选，秘书长西非问题特别代表与非盟和西非国家经济共同体的使节在一名联合国特别派驻科纳克里的高级调解顾问的协助下，联合访问了该国 20 多次。几内亚首位经选举产生的总统阿尔法·孔德于 2011 年 12 月就职。[③] 在萨尔瓦多，秘书长德奎利亚尔及其特别代表在政府军和“法拉本多·马蒂民族解放阵线”之间的耐心调解，最终结束了双方长达 12 年的内战，此后的选举则奠定了这个国家的巩固基础。[④] 此外，柬埔寨、东帝汶、危地马拉、纳米比亚等也是这方面的成功案例。

联合国推动的政治协商范围包括和平协议的谈判、制宪机构的组成、宪法原则的确定、过渡政府的人事组成等关涉权力分配和政府组成原则的关键议题。联合国会通过各种途径对政治协商进程施加影响，这其中包括安理会和大会的决议，秘书长或秘书长特别代表的斡旋、调解，派往该地的特派团与冲突各方、各攸关方的接触、磋商，协调地区性组织、周边大

---

① 秘书长大会、安理会报告：“秘书正关于南非问题的报告”，联合国文件 A/48/845 - S/1994/16，1994 年 1 月 10 日，第 8—34 段。

② 秘书长大会报告：“加强联合国在提高定期真正选举原则的有效性和促进民主化中的作用”，联合国文件 A/66/314，2011 年 8 月 19 日，第 15—16 页；秘书长安理会报告：“预防性外交：取得成果”，联合国文件 S/2011/552，2011 年 8 月 26 日，第 30 段。

③ 秘书长安理会报告：“预防性外交：取得成果”，第 24 段；秘书长大会报告：“加强联合国在提高定期真正选举原则的有效性和促进民主化中的作用”，第 38—41 段。

④ Vikram K. Chand, “Democratisation from the Outside in: NGO and International Efforts to Promote Open Elections”, *Third World Quarterly*, Vol. 18, No. 3, 1997, pp. 543 - 562.

国或在该地有影响力的大国的活动等等。

政治协商有利于冲突各方更好地达成协议并遵守协议的执行，从而成功举行大选。不过，政治协商的效果也取决于冲突各方的“政治意愿、承诺和共识”,[①] 尤其是冲突各方间的实力差距。当冲突各方实力差距较大时，政治协商容易达成，如在1997年的利比里亚，查理斯·泰勒这个最大的军阀已经在七年的内战中获胜，随后的政治协商和7月的大选就推进得比较顺利。[②] 当冲突各方间的实力差距较小时，政治协商进程则相当困难，而且随时可能会被推翻，如在1992年的安哥拉、[③] 2010年的科特迪瓦。[④] 开发署在一份研究报告中将冲突后的情境区分为三种类型：自我执行（self-enforcing）模式，其中一方取得支配性胜利，社会当中存在较大共识，如东帝汶、厄立特里亚；调解（mediated）模式，冲突各方赞同和平方案，但相互之间不信任，如柬埔寨和莫桑比克；冲突（conflictual）模式，其中一方取得暂时的军事优势，存在高冲突风险，如卢旺达、安哥拉。[⑤] 很显然，在三种不同模式下，联合国所推动的政治协商，无论其投入成本还是最终收效，都会存在巨大差异。

政治协商基本上是政治性的，往往风险很高。秘书长在报告中也承认：“增强无代表性领导人的权力，或支持一派而牺牲另一派的做法，会加剧冲突起因或制造新的紧张局势根源。”[⑥] 因而联合国在这方面的行动是非常谨慎的，力图避免自己陷入更多的冲突。

---

① 秘书长大会、安理会报告：“秘书长关于冲突结束后立即建设和平的报告”，联合国文件A/63/881 - S/2009/304，2009年6月11日，第10段。

② Jon Abbink and Gerti Hesseling, eds. , *Election Observation and Democratization in Africa*, pp. 44 - 45.

③ 秘书长大会报告：“提高定期真正选举原则的效率”，联合国文件A/48/590，1993年11月18日，第10页；“Further Report of the Secretary-General on the United Nations Angola Verification Mission（UNAVEM II）”, UNDoc. S/23671, 3 Mar 1992。

④ 秘书长大会报告：“加强联合国在提高定期真正选举原则的有效性和促进民主化中的作用”，联合国文件A/66/314，2011年8月19日，第13—14页。

⑤ Bergen Seminar Series, “Governance in Post-Conflict Situations”, United Nations Development Programme & Chr. Michelsen Institute, 5 - 7 May, 2004, pp. 3 - 4.

⑥ 秘书长大会、安理会报告：“秘书长关于冲突结束后立即建设和平的报告”，联合国文件A/63/881 - S/2009/304，2009年6月11日，第12段。

2. 选举进程中的观察与监督

在冲突后的环境中，信心和缺乏信任是普遍存在的状况。担心另一派别或候选人操纵选举，担心选举管理机构徇私舞弊等等，这些都会对选举行为乃至投票率产生很大影响。萨拉·波奇（Sarah Birch）通过对1996—2002年各种不同类型国家举行的31场选举的比较研究发现，选民对选举的信心与投票率之间有很强的相关性。当选民对大选的自由和公正有信心时，他们就更可能参加投票。[①] 对于冲突后的首次大选来说，各种政治势力的广泛参与和高投票率是大选成功的重要标志。如果投票率过低，将对新当选的政府运行造成巨大困扰，不利于冲突后的和解进程及国家重建工作。

为确保大选当中各政治派别、政府机构、候选人等对选举法律法规的普遍遵守，联合国根据在冲突后大选中的角色和地位发挥着不同的作用。有些情况下如在东帝汶和柬埔寨，联合国直接主持大选；有些情况下如在阿富汗和伊拉克，联合国通过选举管理机构中由自己任命的选举专家发挥作用；在更多情况下，联合国则通过派团参与选举的观察、核实或监督活动对选举过程施加影响。在1990年代，联合国通过这种方式参与了很多国家的首次大选。到90年代末，随着冲突后的首次大选次数的减少，主要的观察、核实或监督任务开始交付区域性组织和非政府组织。联合国则为这些组织所派团体提供后勤、技术援助，并负责协调它们相互间的活动，如调配观察员在各投票站的分布、最终结果的宣布等。

也就是在这一时期，举行大选的国家邀请国际社会监督或观察其选举的比例大幅增长。数据显示，1975—2004年，在民主制度尚未巩固国家的总统和议会选举中，邀请比例从1975—1987年间的平均10%左右，增长至2004年的81.5%。[②] 国际社会的广泛参与鼓励了反对派别参与而不是抵制选举，而那些希望赢得选举的政党则有更强动机去邀请国际观察员，从

① Sarah Birch, "Perceptions of Electoral Fairness and Voter Turnout", *Comparative Political Studies*, Vol. 43, No. 12, 2010, pp. 1601 - 1622.

② Judith Kelley, "Assessing the Complex Evolution of Norms: The Rise of International Election Monitoring", *International Organization* 62, Spring 2008, pp. 221 - 255.

而为其当选提供更多合法性和可信度。[①]

越来越高的选举观察比例有助于形成一种选举期间的行为规范，即卡赞斯坦所谓的“对特定行为体适当行为的集体期望”。[②] 在大多数时候，鉴于自己的敏感身份，联合国并不轻易表达对选举所持的观点，而是更多地通过自己的这种“在场”及各种相关的调解、斡旋，为大选保驾护航，促使各方遵守选举规则，从而增加选举进程的可信度和大选成功的概率。

在不少情况下，国际社会通过政治、经济、安全、技术等各方面的援助，在冲突后的社会构建强有力的影响网络，联合国的选举观察、监督活动会得到这些网络的有力支持，由此增加了违规者的成本。比如在2007年的塞拉利昂选举中，提供经费支助的开发署与其政府共同组成了一个指导委员会，其成员包括各个捐助方。这一委员会还得到一个由更多行为体构成的“攸关方会议”的支持。这一复杂网络使得执政党即人民党（Sierra Leone People's Party）的领导人不得不接受自己的败选结果。不同寻常的是，即便在选举中并未提供任何支持的伊朗大使，也一起参与了说服人民党的工作。[③]

在有些情况下，国际社会对规则破坏者予以直接惩罚。比如，撤出国际观察员，此举意味着不承认该次选举的合法性。在2007年的孟加拉，欧盟宣布撤出选举观察员的第二天，该国即进入紧急状态，并组成了军方支持的看守政府。[④] 在有些情况下，国际社会则会通过施加制裁的方式对违规者进行惩戒。[⑤] 在2010年的科特迪瓦总统选举中，联合国对选举结果的核实尽管未能阻止此后暴力的蔓延，却导致拒绝接受败选结果的原任总统洛朗·巴博名誉扫地，并于次年4月遭逮捕，面临海牙国际刑事法院的

---

① Vikram K.. Chand, “Democratisation from the Outside in: NGO and International Efforts to Promote Open Elections”, pp. 543 – 562.

② ［美］彼得·卡赞斯坦著，李小华译：《文化规范与国家安全》，新华出版社2002年版，第20—21页。

③ Department for International Development, “Electoral Assistance and Politics: Lessons for International Support”, UK: Department for International Development, 2010, p. 32.

④ “Electoral Assistance and Politics: Lessons for International Support”, p. 27.

⑤ Judith Kelley, “Assessing the Complex Evolution of Norms: The Rise of International Election Monitoring”, pp. 246 – 247.

审判。

3. 为选举募集和调配必要的资源

冲突后选举复杂且费用不菲，其成本通常要高于那些选举制度较为成熟的国家。以平均每位选民所费金额计，西方国家大致1—3美元，柬埔寨1993年大选则高达45.5美元，安哥拉1992年大选为22美元，1994年莫桑比克和南非的大选则分别是10.2美元和11美元。[①] 高额的大选支出超出了这些国家或地区自身的承受能力。有些经济社会发展非常落后的国家如尼日尔、阿富汗和海地，既缺乏举行选举的经费保证，也没有足够的选举物资配给和采购能力。此外，冲突后大选的时间框架非常紧张，而国内的选举管理人员通常又不具备足够的选举经验。在这种情况下，联合国尤其是开发署、项目厅等机构往往发挥着极其重要的作用。联合国在这方面的工作主要有两项：选举经费的筹措，以及选举物资的采购和运输。

在选举经费的筹措方面，部分资金是通过双边援助的方式直接注入受援国的账户，更多的经费则是开发署通过在受援国或地区所开展的选举援助项目多方募集而来。在圭亚那1997年、莫桑比克和印度尼西亚1999年、也门2000年、塞拉利昂2001年的选举中，开发署都是最主要的资金募集者。

不同国家的项目和资金变化差别比较大。有些国家如阿富汗，选举所需经费几乎全部由国外捐助供应，其他还包括1992—1993年的柬埔寨、1999—2002年的东帝汶和2005年的海地选举。在2004—2005年阿富汗大选中，甚至选举管理机构工作人员的工资也由外来捐助提供。根据开发署统计数据，2004—2011年间，在由该机构募集得到的资金中，超过1亿美元的国家有阿富汗（8.09亿美元，2004—2011年）、尼日利亚（1.12亿美元，2006—2011年）和苏丹（1.96亿美元，2004—2011年）。获得资金超过2000万美元以上的国家则包括阿根廷（2000万）、孟加拉（6700万）、贝宁（5100万）、布隆迪（3000万）、印度尼西亚（6000万）、伊拉克（4000万）和尼日尔（2900万）。实际上，在有些国家，同一时间会有多

---

① Rafael López-Pintor, "Electoral Management Bodies as Institutions of Governance", Bureau for *Development Policy* (UNDP), 2000, p. 75.

个来自不同机构的选举援助项目在运作，这就使得其外来捐助的经费要远大于上述数额。①

后勤支助即选举物资的采购和调配，这方面的工作比较琐碎。采购的物资包括选举管理机构办公所需家具、电脑及配套软件、通信及交通工具，选举登记或投票期间所需的各种表格、投票箱、投票屏、封条、墨水，投票或登记站所需桌椅、工作人员衣物和证件、摄像头、笔记本电脑等各种物品。② 在冲突后国家或地区，这些物品的采购和运输调配工作有时会由联合国直接负责，有时则由联合国开发署或项目厅协助所在国或地区的选委会配置。如在刚果（金）2005 年的选举中，独立选举委员会就请联刚特派团将选举用品和设备从金沙萨运往全国 166 个点——145 个县府和 21 个城市。③ 在 2011 年南苏丹的公决投票中，联合国提供的后勤支助则包括在 8 个地点进行国外投票，并使用联合国的飞机将选举物资空运到一些较偏远的投票中心。④

（二）选举暴力的抑制

由于选举关涉权力和资源的分配，暴力事件经常相伴而生。在菲律宾 2009 年 11 月的地方选举中，某位候选人竟有 57 位亲戚和支持者死于反对派之手。在肯尼亚，2007 年 12 月到 2008 年 1 月发生在大选后的示威，导致 1113 名平民无辜丧命。⑤ 在科特迪瓦 2010 年有争议的总统选举中，由于巴博拒绝下台，两派武装冲突持续 4 个多月，导致 3000 人死亡，超过

① UNDP Evaluation Office, *Evaluation of UNDP Contribution to Strengthening Electoral Systems and Processes*, UNDP, 2012, pp. 19 – 20.

② See EC/UNDP Partnership on Electoral Assistance website, http: //www. ec-undp-electoralassistance. org, 2013 – 03 – 27.

③ 秘书长大会报告："加强联合国在提高定期真正选举原则的效力和促进民主化方面的作用"，联合国文件 A/60/431，2005 年 10 月 14 日，第 51 段。

④ 秘书长大会报告："加强联合国在提高定期真正选举原则的效力和促进民主化方面的作用"，联合国文件 A/66/314，2011 年 8 月 19 日，第 10 段。

⑤ Philip Alston, "Report of the Special Rapporteur on Extrajudicial, Summary or Arbitrary Executions: Election-related Violence and Killings", UN Human Rights Council document A/HRC/14/24/Add. 7, 21 May 2010, para. 2.

100 万人流离失所。[①] 菲斯彻发现，在 2001 年举行选举的国家中，有 24. 5% 的国家（57 个国家当中有 14 个）出现了选举暴力。柏寇通过研究 1990—2005 年间非洲的 110 场选举，发现其中的 24. 5%（27 场选举）伴有与选举相关的死亡事件。[②] 相较之下，在冲突后的脆弱政治环境下，由于国家制度虚弱，存在派系或私人武装，政治对峙极化，民族主义、宗派主义和极端主义思潮盛行等原因，暴力更容易卷入选举进程，选举本身也更易于诱发冲突。[③] 在阿富汗、伊拉克、海地，甚至后来转型比较成功的南非、柬埔寨、东帝汶等地，选举暴力都曾是一种致命威胁。

选举暴力特指选举进程中出现的暴力冲突。阿尔波特将此界定为“选举前、后或期间出现的所有形式的有组织行为或身体、心理和结构上的威胁，旨在恐吓、伤害、勒索某一政治攸关者，以表明、展示其观点或影响选举进程”。[④] 这种暴力行为可能以“骚乱、示威、国内战争、恐怖主义行为、军事政变和暗杀”等不同模式呈现。[⑤] 海伊德则指出可能涉及“骚乱（允许的或煽动的）、抢劫（自发的或精心策划的）、恐吓（投票人或候选人）、暗杀（候选人或其支持者），或者直接的派别冲突（间接或直接使用武力）”。[⑥] 选举暴力会降低投票率、影响选举登记与候选人参选、加深社

---

① 维基百科：“洛朗·巴博”，See http：//zh. wikipedia. org/wiki/% E6% B4% 9B% E6% 9C% 97% C2% B7% E5% B7% B4% E5% 8D% 9A，2013 - 03 - 29。

② Jeff Fischer，“Electoral Conflict and Violence：A Strategy for Study and Prevention”，*IFES white paper*，2002，p. 11；Bekoe，“Managing electoral conflict in Africa”，2010，（manuscript），p. 9. See Philip Alston，“Report of the Special Rapporteur on Extrajudicial，Summary or Arbitrary Executions：Election-related Violence and Killings”，UN HumanRights Council Document A/HRC/14/24/Add. 7，21 May 2010，para. 29.

③ 这方面的文献可参阅 Benjamin Reilly，“Post-Conflict Elections：Constraints and Dangers”，*International Peacekeeping*，Vol. 9，No. 2，2002，pp. 118 - 139；Edward D. Mansfield and Jack Snyder，“Democratization and the Danger of War”，*International Security*，Vol. 20，No. 1，1995，pp. 5 - 38；Edward D. Mansfield and Jack Snyder，“Democratic Transitions，Institutional Strength，and War”，*International Organization*，Vol. 56，No. 2，2002，pp. 297 - 337。.

④ Isaac O. Albert，“Reconceptualising Electoral Violence in Nigeria”，inIsaac O. Albert，eds.，*Perspectives on the* 2003 *elections in Nigeria*，Abuja：IDASA and Sterling-Holding Publishers，2007，p. 133.

⑤ David C. Rapoport and Leonard Weinberg，“Elections and violence”，*Terrorism and Political Violence*，Vol. 12，No. 3 - 4，2000，pp. 15 - 50.

⑥ Christopher Haid，“Explaining Electoral Violence：Gunmen，Garrisons and Graft in Jamaican Politics”，February 2010，working paper，p. 2.

会裂痕甚至导致选举无法举行。① 有些暴力意在阻止或破坏大选，比如极端伊斯兰势力在伊拉克和阿富汗的选举过程中发动的袭击。有些暴力则意在影响选举结果，如在肯尼亚2007年的选举中，政客通过鼓动暴力冲突，强行改变一个地区的选民或民族构成，以此赢得国会席次。②

选举暴力之所以出现，可能是源于社会、经济、政治等选举之外的因素，如贫穷、有组织犯罪、私人武装盛行、社会体制不公、对立的宗教、种族等族群矛盾，也有可能直接源于选举进程内在的各种弊端，如缺乏公正和透明、不合适的选举制度、选举舞弊、不充分的选民教育等各种原因。③

由于选举暴力可能涉及所在国家或地区深层次的矛盾，所以这种暴力无法根除，不过外部的干预和援助可以在一定程度上缓解或阻止暴力的大规模蔓延。柏寇对非洲大样本的研究表明，投票日相比选举前三个月和选举后三个月，是最稳定的时期。她发现，只有11%的伤亡出现在投票日，而选举前是46%，选举后是43%。④ 这一结论得到不少其他相关研究的证实。造成这一现象的原因是多方面的，但投票当天联合国等国际社会的参与和关注是难以忽视的重要原因。克里尔等人研究发现，联合国的和平干预行动对降低冲突发生有明显作用，如果将联合国在该国的和平干预行动所投入的经费增加一倍，则危机发生率将从40% 跌至31%。⑤

联合国通过多种途径阻止或缓解选举暴力。侯格兰德与贾斯泰德提出了几种具体的管理策略：选举观察与监督，通过点名和羞辱（naming and shaming）方式预防选举暴力；在高度紧张状态下发挥协调作用以解决选举相关争端；法律框架和制度的设计，消解暴力发生的条件；安全部队的威

① Kristine Höglund, "Electoral Violence in Conflict-ridden Societies: Concepts, Causes andConsequences", *Terrorism and Political Violence*, Vol. 21, No. 3, 2009, pp. 417-419.

② Kimuli Kasara, "Electoral Geography and Conflict in Kenya: Examining the Local-level Incidence of Violence in the Rift Valley after the 2007 Election", Paper Presented at the 2008 American Political Science Association Meeting, Boston, MA., 2008.

③ Andrea Iff, ed., *Ballots or Bullets: Potentials and Limitations of Elections in Conflict Contexts*, Swisspeace Annual Conference, 2010, p. 32.

④ Dorina Bekoe, "Managing Electoral Conflict in Africa", in Philip Alston, "Report of the Special Rapporteur on Extrajudicial, Summary or Arbitrary Executions: Election-related Violence and Killings", UN Human Rights Council Document A/HRC/14/24/Add. 7, 21 May 2010, para. 29.

⑤ Paul Collier, Anke Hoeffler, Måns Söderbom, "Post-Conflict Risks", *Journal of Peace Research*, Vol. 45, No. 4, Jul., 2008, pp. 461-478.

慑；通过选民教育，消除长期的暴力隐患。[①] 库玛和奥塔维则提出了三种策略：其一，促使冲突各派别之间定期举行政治商谈，在选举筹备和举行选举期间，这种政治商谈能够促进相互间的理解与认知；其二，协助制定和实施选举期间包括选民、候选人、政党、政府、外国观察员、媒体等在内的全面的行为规范和准则；其三，开展深入广泛的选民教育活动，确保公众对选举有充分的理解和普遍的参与。[②]

概括来说，联合国的选举援助主要通过以下几种方式抑制选举暴力发生的概率及其规模：安全上部署国际军警人员或安全监督员并监督武装派别的“非军事化”；政治上运用调解与斡旋；技术上强化对其选举能力的支助和培育。第一种方式属于消极预防措施，不过此举对确保大选的成功至关重要。尤其是对派别武装的非军事化努力，不仅可以降低选举期间的冲突概率，而且有助于巩固选举后的和平局面和国家建设的成效。[③] 第二种和第三种则是积极主动的举措。其中，第二种可以是冲突出现之后的介入行动，也可以是冲突出现之前的介入行动；而第三种则是从技术上防止选举暴力的出现，因而具有长远的能力建设的意涵。由于对选举能力的支助和培育在下面还要提及，这里主要介绍前两种方式。

在选举期间，部署军警人员或军事观察员在很多冲突后的国家几乎成为惯例。因授权不同，以联合国名义派遣过去的人数差别比较大，多则上万人，如柬埔寨；而在没有维和任务的情况下可能只是少数的军事观察员。但在大多数情况下，人数都在百人以上。这些军人或警察通常来自多个会员国，在选举期间，他们或者直接负责安全工作，或者去监督或协助所在国的军警维持治安。在很多冲突后国家，由于安全部队和警察系统还未有效建立起来，联合国所派遣的军警人员往往能以有限的威慑为大选注入巨大的信心。

在选举过程中，有些暴力的发动者追求的是有限目标，这时联合国的

---

① Kristine Höglund and Anna K. Jarstad, “Strategies to Prevent and Manage Electoral Violence: Considerations forPolicy”, *Policy and Practice Brief*, ACCORD, No. 1, 2010.

② Krishna Kumar and Marina Ottaway, “General Conclusions and Priorities for Policy Research”, in Krishna Kumar, ed., *Post-conflict Elections*, Lynne Rienner Publishers, 1998.

③ Terrence Lyons, “Post-conflict Elections and the Process of Demilitarizing Politics: The Role of the Electoral Administration”, *Democratization*, Vol. 11, No. 3, 2004, pp. 36 -62.

调解与斡旋行动可能会比较有效。比如在南非1994年4月的大选中，围绕“非洲人国民大会党”与以夸祖鲁—纳塔尔地区的祖鲁族人为主的“因卡塔自由党”之间的矛盾，是冲突爆发的最重要原因。南非人权委员会当月记录了450起与政治有关的杀戮事件，发生在夸祖鲁—纳塔尔地区的就达到311起。[①] 在联合国等国际和地区组织的密集斡旋下，两党最终就因卡塔党所关心的中央和省权力分享问题达成共识。因卡塔党同意参加大选后，暴力事件显著减少。[②]

（三）选举制度的建立及其能力培育

推动选举进程与抑制选举暴力更多地是涉及政治性的活动，而选举制度的建立及其能力培育主要涉及的则是技术援助活动，即联合国通过其专业性的知识和技能为冲突后国家的选举事务提供咨询、建议和协助等各种类型的服务。具体来说，这方面的活动主要包括两部分：协助冲突后的国家设计和建立一套选举制度，如设置机构、制定法律法规等；提供选举进程中的各种技术服务，如培训选举工作人员、协助解决选举进程中出现的各种问题等。凭借丰富的选举援助经验和全面的选举知识网络，联合国在冲突后国家的选举制度设计、建立和选举能力的培训方面可以发挥难以忽视的重要作用。

冲突后国家通常并无现行的选举制度可以利用，为筹备和操办大选，需要建立一套适合自己的选举制度。由于选举制度的设计和建立牵涉很强的技术知识，一旦设立，就会对此后的政治生活产生刚性约束，再行变更将付出巨大成本。[③] 更重要的是，这一制度直接影响着未来的权力分配格局。比如南非在2004年议会选举时采用的是比例代表制，“非洲人国民大会党”赢得了69.69%的选票，其在国民议会中分得了69.75%的议席，两

---

① 秘书长安理会报告：“秘书长关于南非问题的报告”，联合国文件S/1994/717，1994年6月16日，第7页。

② 联合国文件S/1994/717，第7页。

③ Mamoudou Gazibo, “The Forging of Institutional Autonomy: A Comparative Study ofElectoral Management Commissions in Africa”, *Canadian Journal of Political Science*, Vol. 39, No. 3, September 2006, p. 629.

者的比例高度均衡。反观2000年的蒙古选举，由于采用的是两轮的相对多数投票制，结果人民革命党虽只赢得52%的选票，却斩获了76个议席当中的72个。[①] 投票方式的差异使得后者更容易形成一党独大的议会生态，而前者则更易导致多党制，选举制度的不同设计对政治的影响是显而易见的。在冲突后的脆弱环境中，如果制度设计不当，很容易引发暴力冲突。

联合国在这方面的思路大体是鼓励对象国设计能够预防权力垄断的政治机构，包括建立获得广泛信任和信赖的选举管理机构；采取适当措施使所有合格选民包括妇女和弱势群体都能参加选举；提高选举各个阶段的透明度；建立公正、迅速和方便的争端解决机制等。[②]

在柬埔寨、东帝汶等地，联合国作为过渡行政当局，在选举制度的设计、建立和能力培育方面能够发挥最大功效。如在柬埔寨1993年大选中，联合国所聘用的专家及选举事务人员在征询最高委员会意见的基础上，直接负责选举法规、程序的制定，并对大选进程和最终结果负责，整个选举由联合国驻柬选举事务主任领导，198名国际职员和数百名联合国志愿者在各省、市、区组织选举。在东帝汶1999年的独立公决投票中，秘书长特别代表负责颁布选举法规、程序，驻东选举事务主任领导选举进程，由国际人士组成的三人选举委员会则负责仲裁、听取选举过程中的申诉并核查结果。在科索沃，由科索沃—阿尔巴尼亚党派代表、民间团体及少数族群代表组成了12人委员会，联合国聘用的三位国际人士参与委员会并占据了握有否决权的主席职位。在东斯，联合国过渡当局握有大部分的选举法规制定权，选举事务主任则负责领导整个选举进程。

在有些冲突后国家，联合国虽未发挥如此大的权力，但仍对选举进程产生了重要影响。比如在阿富汗、南非和伊拉克等国，联合国的选举事务官员或聘用的专家直接进入该国的选举管理机构，负责制定选举法规，管理、监督整个选举进程（参见表3）。联合国方面的人员在这些选举管理机构当中通常只担任副手，在南非，联合国聘用的人士在选举委员会当中甚

① Andrew Reynolds, Ben Reilly and Andrew Ellis, *Electoral System Design: The New International IDEA Handbook*, Stockholm: International IDEA, 2005, p. 27.

② 秘书长安理会报告：“预防性外交：取得成果”，联合国文件S/2011/552，2011年8月26日，第39段。

至不像其他几个例子那样握有投票权。不过，这种模式的功能在于，联合国方面的选举专家可以通过这种“手把手”的技术传授和“贴身”的指导提高选举的质量。这种模式既发挥了联合国在选举方面的知识技能优势，也体现了当地人在决定自己选举事务当中的自主权，方便了所在国长期选举能力方面的培育。

表3　联合国在部分选举管理机构中的人员构成

国家	大选时间	选举管理机构名称	人员构成（国内人士 + 国际人士）
南非	1994	独立选举委员会	11 +5（没有投票权）
利比里亚	1997	独立选举委员会	7 +3（联合国1 + 非统1 + 西非经共体1）
阿富汗	2004—2005	联合选举管理机构	6 +5（2004），9 +4（2005）
伊拉克	2005	独立选举委员会	8 +1
科索沃（塞尔维亚）	2006	临时选举委员会	6 +3

资料来源：安理会：《秘书长关于南非问题的报告》，联合国文件 S/1994/717；安理会：《秘书长关于联合国利比里亚观察团的第二十三次进度报告》，联合国文件 S/1997/478；安理会：《秘书长根据第1546（2004）号决议第30段提交的报告》，联合国文件 S/2004/710；安理会：《秘书长关于联合国科索沃临时行政当局特派团的报告》，联合国文件 S/2007/582；阿富汗2004年的资料参见 http://www.iec.org.af/public_html/，2005年议会选举的资料参见 http://www.iec.org.af/jemb.org/eng/composition.html。

有些国家的冲突后选举如1990年的尼加拉瓜选举、1992年的安哥拉总统和议会选举、1993—1994年的萨尔瓦多总统和立法会选举、1994年的莫桑比克选举，都是由自己国家的选举委员会组织操办的。在这种情况下，联合国会为该国选举制度的设计和建立提供建议和咨询。在尼加拉瓜大选中，国家选举委员会经常寻求国际观察员的意见，后者参与其会议，尽管没有投票权。在莫桑比克，负责裁决选举纠纷的国际选举法庭中的四名成员，其中三名由国际专家担任。[①] 与此同时，联合国通过驻该地特派

① Rafael López-Pintor, "Electoral Management Bodiesas Institutions of Governance", *Bureau for Development Policy* (UNDP), 2000, p. 93.

团的选举事务官员、联合国志愿者和开发署等机构，实地参与具体的选举进程，如协助选民和候选人登记，协助组织投票和计票，协助制作选票、选民卡和候选人名单，负责对选举进程中出现的各种问题提供解决方案等。为提高其选举管理人员的能力，开发署还会开展相应的援助项目，用以聘用国际选举专家、支助所在国选举管理官员在国内外接受培训、提供与其他选举管理机构之间的双边交流等活动。

例如，为支助2005年利比里亚人自己组织的首次议会和总统选举，联利特派团设立了一个大约由30名工作人员和150多位联合国志愿人员组成的选举司，协助其多方面的能力建设。援助的主要领域包括选举运作、后勤和管理，选举法制定，预算编制和捐赠协调，公民/选民教育，数据库/信息技术，选民登记、投票和计票，政党关系、提名；选区划定，选举事务人员的培训等。[①]

三、冲突后选举援助的缺陷

联合国对冲突后国家的选举援助有助于大选的平稳推进及选后的政治转型，对其选举制度的建立和能力培育也能发挥一定的作用。不过，这种以支助某次大选为特征的选举援助模式也存在如下缺陷：

第一，这种援助模式基本集中在投票日前后。由于冲突后大选通常被视为“退出战略”的重要组成部分，一旦大选结束，新的政府宣告成立，联合国等外部行为体即纷纷撤出。[②] 因此，投票日前后的外来资源会蜂拥而至，随后投入进来的资源则会迅速锐减。与此同时，这些资源主要集中于保证大选的顺利举行上，这种短期的政治性需求远远压过了对其长期能力建设的考量。一言以蔽之，选举并未被视为通往国家建设的第一步，而是外部行为体兴趣下降的开始。

---

① 秘书长大会报告：“加强联合国在提高定期真正选举原则的效力和促进民主化方面的作用”，联合国文件A/60/431，2005年10月14日，第62段。

② Andrea Iff, ed., *Ballots or Bullets: Potentials and Limitations of Elections in Conflict Contexts*, p. 59.

第二，和平协议的签署基本意味着举行大选，这在最近的15年间尤其如此。[①] 波兰凯蒂与斯奈德研究发现，和平协议的签署与投票之间的间隔时间近些年大大缩短。1989年之前平均间隔时间是5.6年，1989年之后则只有2.7年，缩短了一大半。[②] 由于时间被大幅压缩，选举的日程开始变得异常紧张，联合国对其援助的效果也遭到弱化。

第三，这种援助模式基本将选举视为平均间隔四至五年的一次性“事件”（one-off event）。然而，可持续的选举制度与选举能力的建设并非一蹴可就之事，成功的选举也基于对整个选举进程和选举领域的均衡关注，包括政党法、选举体制设计、选举体制与政党体制的关系等更为广泛的制度框架，这些因素在选举援助之前的筹划中并未得到足够关注。[③] 在有些情况下，援助方倾向于自己辨别哪些方面的需求是重点，尽管这可能并不符合受援国选举管理机构的需求。通常，短期的有针对性的训练、临时性的选举物资和选民教育是这种即时性援助经常喜欢做的领域。[④]

第四，选举援助在满足对象国或地区特定需求的同时，也在积极推动传播着民主选举的价值观，便利了西方的权势和意识形态扩张。作为民主推进战略的一部分，选举领域是西方国家积极寻求介入的重要领域。西方国家通过其庞大的民主援助网络、派遣的选举援助专家和志愿人员，以及捐助的大批资金，影响联合国的选举援助活动，进而强化了西方国家对发展中世界的主导和控制。

---

① MichaelLund，“Engaging Fragile states：An International Policy Primer”，Woodrow Wilson International Center for Scholars，Project on Leadership & Building State Capacity，Washington DC，2010，p. 55.

② Dawn Brancati & Jack L. Snyder，“Time to Kill：The Impact of Election Timing on Post-conflict Stability”，Draft Paper，2011，viewed at http：//brancati. wustl. edu/T2K_ Feb62011. pdf，2013 - 3 - 30.

③ Andrew Ellis，Paul Guerin&Ayman Ayoub，“Effective Electoral Assistance：Moving from Event-based Supportto Process Support”，Sweden：International Institute for Democracy and Electoral Assistance，2006，p. 6.

④ “Effective Electoral Assistance：Moving from Event-based Support to Process Support”，p. 7.

联合国维和机制在中国的本土化：冲突的产生与化解

肖康康

冷战结束后，中国越来越积极地参与维和行动，开始学习并接受联合国维和机制的相关规范，这一进程的展开随着中国的深度参与而使双方呈现一种良性互动的发展态势。联合国维和机制越来越离不开中国的参与，中国的发展也迫切需要参与包括维和机制在内的多种国际机制。在与联合国维和机制的双向互动中，维和机制开始在中国国内内化，随着内化不断深入，国际机制在传播过程中开始出现另一种结果：本土化。在维和机制本土化进程中，由于一些维和规范与中国本土规范出现水土不服的现象，中国和西方主导的维和机制开始产生冲突和摩擦，这些冲突和摩擦有些是战略利益层面的，也有些是观念和理念层面的，既有深层次的，也有浅层次的。那么，中西围绕维和机制的博弈会产生哪些冲突？又该如何化解这些冲突？

一、国际机制传播的另一种后果：本土化

国际机制在传播过程中，其内化很大程度上发生在行为体层面，行为体层面的理论对国际机制研究来说尤显重要。在单位层面，国内因素在推进国际机制内化的过程中起着非常重要的作用，不同国内政治结构、组织文化、政治文化和精英阶层都对国际机制内化的成功与否有着重要影响。国际机制在内化过程中，还会导致国内行为体的重新建构，最终导致出现

一种新的规范变异体，这就是国际机制传播过程中的本土化。

国际机制在内化过程中，要么与之前处于支配地位的本土规范有冲突，国际规范通过内化、制度化等过程，取代本土规范的地位；要么本土行为体主动对国际规范进行必要的扬弃和改造，使之适应、融入并进一步巩固到本土规范结构中。究竟是什么因素导致这两种不同结果？有学者指出，最根本因素在于国家行为体对自身身份的认同。如果国家对国际规范的倡导者或其所代表的社会群体有认同，那它就会有动力去接受其行为准则；反之，如果国家行为体更认同本民族国家的独特性，那么在面临和本土文化冲突的国际规范时，它则会更倾向于突出自己的个性。①

参照阿查亚的定义，本土化是指“本土行为体对外来观念的积极建构（包括言论、构架、移植和文化选择），其结果使外来观念与本国观念和实践达成一致”。② 在这一过程中，外来元素逐渐消失，本土元素得到加强。

用本土化观念阐述国际机制内化时，需要注意以下几点：首先，本土行为体在本土化过程中具有主动性和创造性。其次，在机制内化过程中，规范接受者会主动选择、改造和重塑外来观念，使其与本土的观念相一致。规范的接受者对于外来规范和观念并非全盘接受，而是有选择地撷取。这意味着国际规范要经历本土文化的过滤，那些与本土观念和文化相近似的，或者经过改造能够与本土观念相和谐，并且能够提高接受者威望的成本被保留下来。换言之，外来观念在内化过程中被刻意“修剪”，国际规范在本土化环境中被重新建构。国际规范被“修剪”基于两个原因。第一，规范接受者的主要目的不是取代，而是通过这种新的合法性路径强化现存制度，在这种情况下，规范接受者不会对外来观念不加选择地全然接受。第二，在规范接受中存在着对本土文化的普遍偏好，对现存制度存有根深蒂固的信念，因此对外来观念需要进行必要的扬弃和改造。可见，国际规范的本土化过程实质上是一个动态的国际规范匹配国内传统政治、文化规范的过程。在这个过程中，政治精英、智囊机构等国内行为主体起

---

① 杜娟：《国际规范的传播：社会化和本土化》，上海交通大学2014年度博士学位论文。

② Amitav Acharya, “How Ideas Spread: Whose Norms Matte? Norm Localization and Institutional Change in Asian Regionalism”, *International Organization*, Vol. 58, 2004, p. 244.

着重要作用，成为本土化主角。国际规范经过本土化过程后，与规范接受者的信念、规范和文化更相容，其最终产品是一种与原先倡导的国际、国内规范都有所区别的新的规范混合体。

构架和移植是本土化机制的一个方面，如果一个国际规范所蕴涵的内容和现存国内传统规范不一致，国际规范和国内规范相融合时，会忽视或剔除不一致的部分，这是一个更为复杂的规范重构过程，最终会产生一个融合所要倡导的国际规范和国内传统规范的新的规范。所以，阿查亚（Acharya）指出，本土化的过程是始于规范的重新诠释和重新表述，包括规范构架和规范移植，但又超越简单的构架和移植，进入一个更为复杂的规范重构的过程。[①]

作为具有独立目标的行为体，国家更希望参与与自身意愿相一致的国际机制。尽管国家在一些情况下不仅仅为了避免“相对损害”而参与国际机制，即在“两害相权取其轻”的模式下被动参与。[②]

二、冲突的缘起：中西围绕维和机制的博弈

改革开放以前，中国政府对待国际维和机制基本持排斥态度，在维和行动上采取了所谓的“三不政策”。[③] 改革开放以后，中国对待维和行动的态度逐步发生改观，从开始的了解学习到后来的一般性参与，再到现在的大规模参与。纵观中国参与维和机制的基本脉络，大体可以分为三个阶段：一、了解和学习阶段；二、“接轨”阶段；三、积极发挥作用阶段。

第一阶段（1978—1988 年）：了解和学习阶段。改革开放以后，伴随着融入国际社会的进程，中国在各领域开始与国际社会建立广泛联系，并

---

① Amitav Acharya，“How Ideas Spread：Whose Norms Matte? Norm Localization and Institutional Change in Asian Regionalism”，*International Organization*，Vol. 58，2004，p. 244.

② Lloyd Gruber，*Ruling the World：Power Politics and the Rise of Supranational Institutions*，New Jersey：Princeton University Press，2000.

③ “三不政策”即“不参与也不赞成联合国派遣维和部队；不参加投票或投弃权票；不承担摊款义务的政策”。

开始强调与国际潮流接轨，完全放弃了国际制度“挑战者”的角色，并着力塑造积极参与者和严格执行者的角色。中国开始进入大规模社会学习阶段，即新加入者将国际社会的规则和价值观念内在化的过程。[①] 对待联合国维和机制，中国摒弃了以往的“三不政策”，开始了解并学习之，主要表现在三个方面：一、主动向联合国捐款500万美元，彻底解决了所谓的“维和经费拖欠”问题；二、在关于维和相关决议上，放弃以往的“第五种投票方式”，在投票方式上变得更加积极；三、参与关于维和相关讨论。但是，当时中国尚未派遣军事人员或成建制部队参与维和。

在这一阶段，中西围绕维和机制并未产生太多冲突和摩擦，而且西方国家对中国的参与基本持肯定态度，这主要基于以下三方面原因：第一，一直以来中国对西方主导的联合国维和机制持批判态度并与之严重对立，是这一机制的“挑战者”，中国摒弃维和“三不政策”为双方在维和机制领域开展合作和交流提供了新的平台和契机；第二，作为维和机制新参与者，中国对这一机制尚处于了解和学习的阶段，参与程度十分有限，其主要贡献还仅停留在一般表态、经费缴纳、投票支持等方面，尚未派出实际人员参与；第三，中国的浅层次参与可以分担西方负担，缓解其财政压力。正因为如此，西方对中国的参与持欢迎态度。

第二阶段：“接轨”阶段（1989—2003 年）。这一阶段始于 1989 年，至 2003 年中国派遣大规模人员参加维和。“接轨”有两个明显特征：一是联合国正式接纳中国为联合国维持和平特别委员会成员；二是中国派遣人员参与维和行动。[②] 中国与联合国维和机制“接轨”后，开始了全面参与维和行动进程。就当时的中国而言，既无能力更无意愿挑战以西方为主导的国际维和机制，最佳选择便是与这一机制“接轨”，但“接轨”并非浅层次参与或简单的机制对接，除了遵守维和机制一般性原则和规则，并根据这些原则和规则调整及约束自己的行为以外，关键还需认可、接受维和的规范、观念和理念。维和机制原则和规则的遵守较易做到，但对规范和

---

① David Aamstrong, *Revolution and World Order: The Revolutionary State in International Society*, Oxford University Press, 1993, p. 184

② 1989 年 11 月，中国派遣了 20 名文职官员参加联合国驻纳米比亚过渡时期援助团，监督纳米比亚的独立进程，这是中国第一次实际派遣相关人员参加联合国维和行动。

观念的内化却是一个循序渐进的过程，尤其是与冷战后的第二代维和行动相比有了很大变化。

对西方来说，他们乐见中国的“接轨”政策。首先，作为安理会常任理事国，中国对世界和平与安全担负着重大的责任，联合国维和机制缺少了中国的参与本身就意味着这一机制的不完整性；其次，从战略层面来说，中国的“接轨”政策基本符合西方国家的战略意图。后冷战时代，如何从安全上应对一个崛起的中国是包括美国在内的西方强国的战略核心，其中美国对中国的一个主要战略就是通过把中国纳入现存国际安全机制，接受这个体制以消化“中国军事崛起”所带来的负面影响，美国的这一战略考量通过老布什、克林顿两届政府形成的所谓对华“接触（engagement）政策”便可见端倪；① 再次，冷战的结束瓦解了两大阵营基本的形态，传统安全威胁出现式微、非传统国际安全威胁日益凸显开始成为冷战后国际安全的一个新特点，尤其是恐怖主义、环境污染、气候变暖等全球性问题的凸显超越了国界和意识形态，开始呼唤国际合作，在这种形势下，全球治理成为21世纪国际安全治理的内在要求，而中西双方在联合国维和机制的框架下接触，无疑更具合法性和合理性。

但是，随着时间的推移，中国与维和机制的“接轨”战略与西方所理解的“接轨”出现鸿沟，中西之间的摩擦和冲突开始显现。首先，“接轨”是因为中国认可维和行动在维护国际社会和平与安全方面所起的积极作用，并对传统维和行动的基本三原则（如中立、同意、非自卫不适用武力原则）持认可态度；其次，中国希望通过与维和机制“接轨”为国际社会的和平与安全贡献自己的力量，以展现中国“负责任大国”的良好形象。而西方所期待中国的“接轨”不仅仅是一般性参与，更主要的是试图把中国纳入以西方为主导的维和机制框架内，从而认可西方的维和规范、维和理念和维和模式（如强制维和、干预国家内政、以维和之名行干涉之实等）。然而，西方所希望的“接轨”与中国理解的“接轨”相去甚远，中国不可能完全认可和接受西方的维和观念、理念和模式。事实上，20世纪90年代中后期中国因无法完全接受强制维和和卷入国家内政等维和新理

① 李东燕：“中国参与联合国维和建和的前景与路径”，《外交评论》2012年第3期。

念，维和政策一度出现消极态势。中西在价值观、理念和认知上的差异是导致双方在维和行动中产生矛盾的一个重要根源。“西方，特别是美国应当或者将中国绑在国际体系中或者将之陷入相互依赖的网络之中。”① 在这个阶段，尽管中西在维和的规范和理念等方面出现偏差和冲突，但冲突并不明显，主要是因为中国在维和机制中并未占据主导角色，扮演的只是一个普通参与者的角色，双方即使存在冲突和摩擦，也完全有可能在中国和平发展道路和“和谐世界”的理念下得到化解。

第三阶段：发挥重要作用阶段。发挥重要作用体现在三方面：一、参与人数和缴纳费用均大幅增加。2003 年以后，中国开始大规模参与维和行动，② 根据 2012 年 12 月 31 日统计，中国派遣的维和人员人数为 1924 名，排第十六位。据联合国 2014 年底的统计，中国缴纳的维和费分摊比为 6.64%，排第六位。在维和人员派遣方面，中国的贡献比其他安理会常任理事国的贡献更大，目前，联合国在全世界实施的 16 项维和任务，中国参与了 10 项。二、加入新的维和能力待命机制，组建常备成建制维和警队，建立了一支 8000 人的维和待命部队。③ 三、首次派遣作战部队参与维和任务。④ 按理来说，作为安理会常任理事国，中国的深入参与对于维和机制本身的发展和完善是一个积极促进因素，特别是近年来中国参与维和鲜有负面新闻，其表现受到国际社会的一致赞誉。2004 年，联合国维和行动部官员大卫·哈兰德在《南华早报》发表题为《为什么联合国欢迎中国维和人员》的文章。他指出，中国正在准备更积极地参与联合国的维和行动，全世界有理由感到高兴，应当欢迎和鼓励中国这样做。主要有三个理由：第一，中国能提供联合国维和所需的服务。中国军队训练有素，能吃苦，

---

① Bates Gill and James Rally: Sovereignty, Intervention and Peacekeeping: The View from Beijing, *Survival*, Vol. 42, No. 3, Autumn 2000, p. 43.

② 2003 年 11 月，中国向利比里亚派遣一个包括运输连、工兵连和医疗分队在内的共 558 人的维和部队，分三批前往任务地区，这是迄今为止中国参与联合国维和行动规模最大、人数最多的一次。

③ 2015 年 9 月 28 日，中华人民共和国主席习近平在联大第 70 届大会一般性辩论发言中宣布，中国将建立 8000 人的维和待命部队。

④ 中国国防部发言人耿雁生表示，中国决定派遣一个 700 人组成的维和步兵营赴南苏丹执行联合国维和任务。

特别适合维和行动那样的艰苦环境；第二，随着中国日益强大，成为世界大国，它也在致力于消除地区冲突，保持世界局势稳定，这与维和行动的利益是相吻合的；第三，中国正在成为国际事务中越来越重要的角色，这将对21世纪的世界产生重大影响。[①] 然而，随着中国深入参与，中西围绕维和机制的博弈越来越激烈，彼此间的冲突和摩擦愈发凸显。

既然中国的深入参与给维和机制做出了如此大的贡献，那么中西之间的摩擦和冲突为什么反而会更加凸显呢？这主要是因为维和机制在中国的内化已经达到第三等级。从国际机制内化的视角来分析，一国在接受越来越多的国际机制，享受国际机制国内化的便利同时，也面临着国际机制内化带来的困境。第一，现行国际机制的公正性和公平性。第二，国际制度与国内制度的非兼容性。[②] 具体而言，体现在两个方面：一是大部分国际机制（包括维和机制）以自由主义作为基本机制建设理念，而国内制度，尤其是广大发展中国家的国内制度，大多是建立在民族主义理念、发展主义理论等指导思想上的。国际机制的内化，势必要对这些国家的国内制度造成冲击；另一方面，国际机制内化后，会产生另一种后果，即国际机制本土化。由于国内制度本身存在不完善或是缺陷，国际机制引入以后会与本土机制和规范出现水土不服的现象，从而产生冲突和摩擦。尤其是冷战后第二代维和行动出现的一系列新变化如“强制维和”、“干涉国家主权内政”、“建设和平”等，对于长期以来奉行不干涉内政原则的中国来说是一个新挑战。与发达国家相比，中国在框定议题、提出核心概念、进行议程控制等方面的能力还比较低。[③]

近年来，西方对中国以经济利益为主要目标的外交和全球战略的批评主要有三个方面：一是中国奉行的无原则的实用主义，为了在非洲获取经济利益，不顾甚至损害西方在这些地方推行良治政府、民主、人权的外交目标；二是中国奉行重商主义，通过大量出口获利，加剧全球经济不平

---

① 《中国“蓝盔”，为世界和平添彩》，《人民日报（海外版）》，2004年10月29日，第1版。

② 刘青建：“发展中国家国际制度选择的困境及理性思考”，《世界经济与政治》2002年第12期。

③ 阎学通、徐进：“中美软实力比较”，《现代国际关系》2008年第1期，第27—28页。

衡；三是中国在非洲、拉美地区实践的新殖民主义，掠走当地自然资源又向当地倾销中国生产的工业产品，占领当地的市场、压抑了当地的经济发展。①

三、冲突的具体表现形式

目前中西在维和机制中的冲突和分歧表现形式多样，但主要集中于两个方面：第一、战略利益层面上的冲突；第二、维和观念、理念上的冲突。战略利益层面上的冲突很好理解，现有国际机制是在霸权阴影下，在两极格局的国际体系中发展而来的，必然带有时代特征。② 其主要源自于西方特别是美国的政治、文化观念，因此与西方的利益有着天然的联系。西方国家长期垄断着国际关系的主导权和国际机制的制定权。③ 作为国际安全机制之一的联合国维和机制自然也不例外，更多地是反映它们的利益取向和利益诉求。老布什政府负责国际组织的副国务卿约翰·博尔顿对此毫不讳言："根本就没有什么联合国。世界上只有一个不时听命于唯一的超级大国——美国的国际组织。当美国发号施令时，联合国就会惟命是从。当联合国符合我们的利益时，我们就会利用它。当它不符合我们的利益时，我们就会绕开它。"④

（一）战略利益层面冲突

战略利益层面的冲突很好理解，任何国家参与维和机制都带有政治、经济、军事、战略等利益层面的考量，国家利益在中国维和政策制定中占

① 王正绪："中国崛起的规范性力量"，《观察者》2015年2月7日，http://www.guancha.cn/Wang-Zhengxu/2015_02_07_308843.shtml.

② Kenneth Waltz, *Theory of International Politics*, Readings, Addison-Wesley, 1979, p. 1105.

③ Robert Crawford, *Regime Theory in the Post-Cold War World: Rethinking Neoliberal Approaches to International Relations*, Dartmouth Publishing Group, 1996, pp. 146, 1.

④ ［美］菲利斯·本尼斯，陈瑶瑶、张筱春译：《发号施令—美国是如何控制联合国的》，新华出版社1999年版，第5—6页。

有一定权重。但西方国家依然接纳中国的参与以减轻他们的维和负担，同时希望把中国纳入其主导的国际安全机制，以化解“中国军事崛起”所带来的潜在威胁。

目前，中西双方的利益冲突主要表现在以下方面：

1. 经济利益上的冲突。非洲是冷战后国际冲突的热点地区，据统计，20 世纪 90 年代十年间在世界发生的 30 余起较大规模的军事冲突中，非洲就占了近一半。[①] 联合国很多维和行动部署在非洲，占这一时期新部署维和行动总数的 48.89%。由于非洲地区拥有丰富的油气和矿产资源，历来成为各国争夺的热点，以苏丹为例，由于该地区拥有丰富的石油和天然气资源，西方对此一直在觊觎，推动苏丹的国际化并借此改变苏丹国内政治格局，是重新获取该地区石油资源的重要契机。西方正是看中了苏丹的油气资源，因此对中国与苏丹油气合作耿耿于怀，颇具微词，宣称中国对苏丹石油资源的开发是“新殖民主义”式的掠夺。

2. 地缘政治战略上的冲突。非洲是联合国维和的重点，也是西方国家的传统势力范围。冷战后，中国在非洲的基础建设性投资在非洲产生了极大影响，因此在非洲建立亲西方政权，将其纳入西方国家战略轨道，无疑是西方国家的重要战略目标。近年来，西方国家加大了重返非洲的力度，巩固并加强主导非洲事务的意图明显，美国甚至建立了“非洲司令部”。“中国力量”和“中国因素”在非洲的快速增长无疑刺激了西方国家的敏感神经。[②] 以利比里亚维和行动为例，美国势力长期渗入利比里亚，对其政治发展起了重要作用。自其建国以来，利比里亚一直实行亲近并依靠美国的外交政策，同美国保持着特殊关系。利比里亚内战后期，为迫使泰勒总统下台，美国于 2003 年派遣了 3 艘军舰和 2000 多名海军陆战队进入利比里亚，同年向利比里亚提供 4000 万美元的人道主义援助，向西共体驻利比里亚维和部队提供 2600 万美元后勤援助。利比里亚内战结束后，美国不仅倡导组建联合国驻利比里亚特派团，还同联合国在纽约共同主办“利比

---

① 王莺莺：“世纪之交对非洲局部冲突的再认识”，《国际问题研究》2001 年第 2 期。

② 罗建波、姜恒昆：“达尔富尔危机的和解进程与中国国家形象塑造”，《外交评论》2008 年第 3 期。

里亚重建国际会议”，会上美国承诺出资4亿美元帮助利比里亚进行和平重建。总之，在利比里亚到处可见美国的影子。与其他国家相比，可以说，美国在利比里亚的政治、经济生活中都处于强势地位，当然具有最大发言权。另外，在科索沃、阿富汗等地的维和行动中，背后也暗藏着大国对地缘政治的博弈。

3. 参与两难的冲突。参与两难的冲突即中国在参与维和事务中被外界期待发挥更大作用，同时扩大参与又被外界所制约和质疑。[①] 一方面，中国是联合国安理会常任理事国，也是世界上经济总量排名第二的国家，自然面临着承担更多国际责任的外界期许，联合国及其会员国期待中国做出更大贡献，提供更多人力和财力上的支持，近年来，西方媒体频现的“新殖民主义论”、“中国威胁论”等论调就是对中国扩大参与维和关注的一种表现。学者季北慈和瓦里就对中国扩大参与维和给予希望：“鼓励中国在维和中发挥更大作用，可以对国际社会带来明显收益，包括促进中国进一步融入国际社会，接受国际规则增加军事透明度，建立多边信任机制，加强对维和行动本身的支持。”

在肯定中国积极参与的同时，一些人也怀疑中国参与的动机。在其看来，中国在维和机制中参与度不断加深、话语权不断提高、影响力不断扩大，不仅仅是中国扩展战略利益和影响力的一种体现，而且大有挑战西方在维和机制中的主导地位之势。美国国防部2009年关于中国军事力量的报告中就提到，中国参与远距离维持和平和人道主义使命的能力，也能够让中国用于保卫资源、获取通道和强化对有争议领土的要求。[②] 另一方面，一些国家对中国在维和中的扩大参与深感忧虑，公开质疑中国的参与模式，甚至视中国为潜在威胁，对中国扩大影响保持警惕。鼓励中国扩大参与和限制中国扩大参与的想法同时存在。这种国际大环境并不鼓励中国扩大参与国际多边军事与安全合作，导致中国对扩大参与维和选择慎重，保

---

① 李东燕：“中国参与联合国维和建和的前景与路径”，《外交评论》2012年第3期。

② “Annual Report to Congress: Military Power of the People's Republic of China, 2009”, http://www.cfr.org/china/annual-report-congress.

持低调。[1] 因此，中国扩大维和参与需要经历与联合国会员国尤其是大国之间新的磨合，以增加相互信任。

（二）观念和理念层面的冲突

战略利益层面的冲突具有直观性和表层性，中西在这一层面的冲突和摩擦尚能够通过对话和合作加以化解，那么双方在维和观念和理念上存在的冲突则更加尖锐和具有不可调和性。因为观念和理念是一国在长期历史中形成的稳定的价值观、思维习惯以及面对问题时所展示的特定行为方式，观念和理念冲突背后体现的是中西文化本源的差异，具有深层次性和根本性。随着中国参与逐步深入，中西在维和观念、理念上的冲突渐渐凸显，这其中有两方面的原因：第一，冷战后第二代维和行动在内容、性质和实施原则上都发生了极大变化，这些变化不仅冲击了《联合国宪章》的基本原则和传统维和行动的基本原则，更超出了中国所熟悉的“和平与发展”议题和领域，维和行动深度卷入所在国内政，涉及“人道主义干预”、“国家建设”、“选举援助”、“强制维和”等内容的维和给中国带来了难题，在很多情况下，政治干预内容已经超出了人道主义干预内容；第二，维和机制在中国的内化目前已深化到第三层次，在这个层次上，中国参与维和机制不仅仅是出于利益的考量，更主要的是因为对维和机制和规范的认可，对其合法性的认同，所以愿意遵循规范，并愿意承担一种角色。然而，当维和机制在中国内化并达到第三层次以后，中国发现维和机制的一些基本原则和规范在内化过程中与本土规范出现水土不服的状况，主要表现为中西双方在“维和思路”和“维和模式”上的分歧。而且，目前联合国的维和工作主要是按西方思路进行的，其目的是“改造国家的安全力量、政治机构和经济部署”，而这种改造“实际上就是执行和输出西方的自由主义方法”。[2] 总体而言，中西维和观念和理念上的冲突表现如下：

---

① “Annual Report to Congress: Military Power of the People’s Republic of China, 2009”, http://www.cfr.org/china/annual-report-congress.

② ［法］夏尔—菲利普·戴维，王忠菊译：《安全与战略：战争与和平的现时代解决方案》，社会科学文献出版社 2011 年版，第 274 页。

1. 在政治解决与军事干预的选择上，中国优先考虑政治解决，西方则把军事干预作为优先考虑。采取维和行动的职权主要源于《宪章》第六章和第七章的相关条款。冷战结束后，当维和行动面临复杂形势时，西方强调应以军事干预为主，在维和行动中越来越多地援引《宪章》第七章的有关条款，致使维和行动的强制性日益增强。然而频繁引述上述条款，难免使得维和部队由中立的第三方转变为冲突当事方，在很多维和行动中武力的使用已超出自卫的目的，完全改变了原先维和的性质。中国则认为，因为政治原因所引起的国内冲突最好通过政治方式解决，不赞成在维和行动中动辄使用武力，更反对强制性动用武力以达成缔造和平的目的。正如中国驻联合国代表张义山在2006年联合国维持和平特别行动委员会上指出并主张："维和行动应重在发挥政治优势和综合功能，避免片面强调军事职能。只有这样，维和行动才有利于驻在国和地区的长治久安，赢得广泛支持并获得成功。"① 可见，中国在解决冲突的问题上更注重标本兼治的解决方式，"如同博大精深的中医之道，对待热点问题首先要把好脉。不要动不动诉诸武力或者制裁，要找到问题的源头所在，对症下药，从根子上消除滋生的土壤"。② 因此，西方学者一直批评中国漠视维和的最终目的，而过于看重维和所采取的手段。但中国似乎更愿意根据维和行动对安全和稳定的贡献来评价维和行动本身。③

2. 在政治建设与经济和社会建设的优先考虑上，西方优先考虑政治建设，中国则优先考虑经济和社会建设。西方及其主导的国际组织、非政府组织在维和行动中强调人道主义干预以及冲突后的国家政治重建干预，将国家机构重建、选举、善治等内容作为优先事项，如出资建立法律援助中心、法院、警察学校、"善治办公室"等。这些年来，建设和平基金的主要去向是和平协议的执行，包括安全部门、司法部门、行政机构的建设，以及解除武装、复员、重返社会、善政等，用于社会和经济发展方面的只

---

① 张义山大使在联大维和行动特别委员会2006年例会上的发言。

② 外交部长王毅2015年3月8日就中国的外交政策和对外关系相关问题回答中外记者提问，中新网，2015年3月8日。

③ Bates Gill and James Rally: Sovereignty, Intervention and Peacekeeping: The View from Beijing, *Survival*, Vol. 42, No. 3. Autumn 2000, pp. 41 – 59.

占很小一部分。中国强调尊重所在国的选择权和话语权，关注解决冲突后所在国的能力建设，重视经济和社会发展对和平与安全的促进作用，所以中国在参与维和过程中主要以提供道路和场地建设、派遣医疗队及提供其他后勤支持为主，这有利于促进地区局势稳定，改善当地人民的生活条件。① 中国代表在联合国审议建设和平委员会报告时也经常强调，建设和平应该重视当事国的优先地位，尊重当事国的自主权和独立性，应该优先关注引发冲突的一些深层次问题，包括经济与社会发展等方面的问题。② 上述看法体现了中国的维和思路，也体现了对冲突根源及冲突解决方式的不同理解。

3. 在人权优先和主权优先考虑上，西方优先考虑人权，中国则优先考虑主权。维和行动的主要的目的是维护国际和平与安全，然而冷战结束后，人道主义干预问题却一直困扰着维和行动。人道主义干预之所以在冷战后再次得到青睐是有深刻时代背景的，冷战后，频繁的地区冲突、自然灾害、国家治理不善、种族和宗教冲突等因素使一些国家的人民生活处于极端贫困的状态中，造成了数以万计的难民。包括维和行动在内的很多干预行动就是以人道主义干预之名而实施的，它对于制止一国或地区内的大规模人权侵犯现象确实起到了十分重要的作用。一些学者甚至认为，随着国家间冲突的减少和一些内部冲突的增加，将来的维和行动将进入第四代，即主要从事“人道主义干预”。③ 作为一种更广泛意义上的国际干预，维和行动其首要任务是维护和平和安全，其最终目的当然是为了保护和促进人权，因此维和行动本身具有维护和促进人权之意。新中国成立以来，中国一直强调尊重和保护人权，尤其是改革开放后，在人权领域，中国政府改革和完善了许多制度以与国际主流人权观接轨。问题是西方国家往往把人权作为一种进攻性武器，企图将人权标准绝对化、普世化，经常在维和行动中借人道主义之名，行干涉主权国家内政之实，从而导致形形色色

① 李东燕：“中国参与联合国维和建和的前景与路径”，《外交评论》2012 年第 3 期。

② “李保东大使在安理会审议建设和平委员会年度报告时的发言”，2011 年 3 月 23 日，中华人民共和国常驻联合国代表团网，http：//www. china-un. org/chn/gdxw/t809098. htm。

③ 德国学者施纳贝尔在 1995 年 5 月举行的“处在十字路口的维和行动”研讨会提出，转引自李铁城主编：《世纪之交的联合国》，人民出版社 2002 年版，第 24 页。

的“人道主义干预论”、“新干涉主义”等论调。在很多情况下，政治干预内容已经超出了人道主义干预内容。① 中国政府认为，主权是一个国家生存的基础，也是保障本国人权的基础，“人权”概念带有很大的抽象性，具有不同历史文化传统和处于不同发展阶段的国家对人权的理解和实践也不尽相同，因此对人权问题绝不能搞“一刀切”，反对借保护人权之名实则践踏其他国家主权。事实上，在主权问题上，近年来中国已经采取了更为开放和灵活的策略，但中西矛盾仍然存在，“国际上对中国坚持互不干涉内政的质疑声音缘于其对中国坚持互不干涉内政原则的具体实践与时俱进的发展的重大忽视”。②

4. 在冲突解决方式上，中国重视统一，西方则倾向分裂。中华文明作为宏观文明，“个人服从集体，小集体服从大集体”是它的基础思维，这就导致中华文明的思维特征是倾向统一的。当罗马帝国早已经不复存在，被分裂成众多小国的时候，中华文明虽经历了两千多年的风雨，但其核心的疆域基本没有变化，语言文字变化不大，风俗习惯、国家和民族认同都基本维持不变。悠久的中华文化，成为维系民族团结和国家统一的牢固纽带；团结统一，深深印在中国人的民族意识中。③ 西方文明作为微观文明，“把局部从整体中分离出来”是它的基础思维，这就导致西方文明一开始就具有不断分离的趋势，个人主义的产生、国家的不断分裂都是由这个源头引起的。而中国历来就是一个“大一统”的国家，中国的传统思路和价值观是维护国家统一、领土完整和民族团结，西方思路则倾向于通过分裂、分离来“遏制和缓和暴力”，“使和平得以恢复”。④ 这类案例包括厄立特里亚、科索沃、塞浦路斯及苏丹等问题，尤其在苏丹问题上表现得特别明显。美国的长远政策目标是要使苏丹巴希尔政权下台，让苏丹成为一个“民主”国家，而中国的立场则恰恰相反。

---

① 李东燕：“中国参与联合国维和建和的前景与路径”，《外交评论》2012 年第 3 期。

② 潘亚玲：“从捍卫式倡导到参与式倡导：试论中国互不干涉内政外交的新发展”，《世界经济与政治》2012 年第 9 期。

③ 江泽民：“增进相互了解 加强友好合作——在哈佛大学的演讲”，《中国高教研究》1997 年第 6 期。

④ ［法］夏尔—菲利普·戴维，王忠菊译：《安全与战略：战争与和平的现时代解决方案》，社会科学文献出版社 2011 年版，第 274 页。

除了上面提到的几点，中西在维和行动其他方面也存在分歧，如维和后的建设和平工作是重政府还是重民间，重选举还是重安全等等。

冷战后，随着联合国维和机制在中国的内化，中国一方面已经认识到维和机制在维护国际和平与安全上的重要作用，另一方面逐渐认可并开始接受维和机制一些基本的原则和规范。但是，目前的联合国维和机制基本上还是按照西方主流价值观念而设计，中西之间在维和的理念、观念和价值上存在不兼容性和冲突，这种不兼容性和冲突随着维和机制在中国内化的深入而体现得更为突出。可以预见，中西之间在维和机制中围绕战略利益和观念理念两方面的博弈会更加激烈，如果说战略利益层面的冲突和摩擦尚可以通过谈判和协商达成相对妥协的局面，那么更具深层次、根本性的观念和理念层面的冲突则需要中西之间求同存异，相互磨合。

四、化解冲突与建设性参与

目前，中西围绕维和机制博弈产生的诸多冲突，是否意味着中国的积极参与战略成了问题？这也未必。不可否认，随着中国参与维和行动逐渐深入，中国在维和机制中影响力的上升和话语权的提高将成必然，然而影响力的扩大和话语权的提高并不意味着中国要挑战目前的维和机制，也不意味着中国会与西方产生不可调和的冲突和摩擦，需要对具体问题做具体分析。由于中西双方在战略利益、政治制度、政治文化、意识形态等方面存在的巨大差异性，中西双方在战略利益和观念理念层面出现诸多冲突和分歧，但这些冲突和分歧并非都是负面消极和不可调和的，中西在维和机制中的合作需要有一个磨合的过程。在磨合过程中，如果能够相互促进，彼此借鉴，不仅可以化解冲突，还可以为维和行动注入新的发展元素，推动维和行动向着良性方向发展。因此，如何直面冲突和有效管理冲突，推动维和行动朝着更加健康和良性的方向发展，取决于双方今后的互动和合作。

中国将来采取何种态度参与维和行动将取决于以下几方面因素：一、参与能力；二、利益需求；三、参与意愿。中国经过几十年的改革开放，经济和军事实力得到了长足进步，在财力、军力、人力方面完全具备扩大参与的能力。国内外相关研究已经总结出中国参与维和行动的若干利益需求，包括：履行国际责任和义务的需求；提高国际声誉和国际形象的需求；锻炼国际型、开放型人才队伍的需求；扩大国际合作与交流的需求；维护中国海外利益的需求等。中国也有扩大参与的利益驱动。2013 年《中国武装力量的多样化运用》就指出，在今后一段时期，中国将继续以积极的态度支持联合国维和行动，并探索进一步的改进和扩大。[①] 可见，中国也有参与维和行动的强烈意愿。可以说，积极参与联合国维和机制是中国今后一段时间的必然要求。有学者就指出，“以更积极的姿态参与联合国维和机制，不仅是中国作为大国所应承担的责任，是一个时期以来中国国际利益增多的必然要求，同时也可为中国更深入融入到广泛的国际安全机制中去提供一个重要而有效的途径。……对于像中国这样在国际体系中仍处于弱势地位的大国，这甚至可能是唯一的途径。”[②]

然而，在参与维和机制中如何有效化解冲突，这考验着中国政府的参与智慧和战略。迄今为止，中国的参与领域主要是工程兵、医疗队及后勤支持，而对一些非传统领域，如维和建和中涉及政治、法治、机构重建等方面的事务参与很少，尤其是缺乏对维和新观念、新理念的贡献，一直被国际社会认为是注重“硬”参与，缺乏“软”参与。再有，除政府行为外，中国其他行为体缺少参与，也缺乏与东道国及其他国际非政府行为体之间的联系。这在已有研究中经常被提及。[③]

笔者认为对维和行动的参与必须体现出建设性，所谓建设性参与就是要改进以前的参与战略，在深化参与方面有所作为，不仅仅是扩大参与规模和增加维和费用这么简单，还包括拓展参与领域、转变参与模式等。

---

① 2013 年中国国防白皮书：《中国武装力量的多样化运用》。

② 唐永胜：“中国对联合国维和机制的参与”，王逸舟主编：《磨合中的建构——中国与国际组织关系的多视角透视》，中国发展出版社 2003 年版，第 69 页。

③ ［美］克里斯·阿尔登、张春、贝尔纳多·马里亚尼、丹尼尔·拉吉：“非洲冲突后重建：中国日益增长的作用”，《国际展望》2011 年第 6 期，第 100—115 页。

（一）促进观念磨合

联合国维持和平与建设和平工作主要是按西方思路进行的，其目的是“改造国家的安全力量、政治机构和经济部署”，而这种改造“实际上就是执行和输出西方的自由主义方法”。[①] 以人权为例，中西双方在追求人权的基本理想目标、价值和内容上存在着广泛的共同性，但是受历史、文化、社会制度等多种因素的影响，中西双方对人权的理解和实现方式存在明显差异。在认识上和实践上，人权的普遍性和特殊性的具体界限不是凝固不变的，而是发展变化的。总的发展趋势是，人权特殊性的适用范围将逐步缩小，人权普遍性的适用范围将逐步扩大。无论是国内人权保护还是国际人权保护，情况都是如此。这是人类物质文明与精神文明发展水平不断提高的必然结果，也是世界经济走向一体化、各国在政治和文化等领域的相互交往日益密切，人们在观念上将达成更多共识的必然产物。[②] 另外，在维护主权和不干涉问题上，中国坚持互不干涉内政原则的发展历程存在一个从捍卫向参与、从孤立向融入、从消极向积极、从被动向主动的转变轨迹，但中国坚持互不干涉内政原则的外交实践仍正遭遇越来越大的外部质疑。[③] 这些矛盾的出现都需要双方彼此磨合。

（二）拓展参与领域

中国的传统参与领域是工程兵、医疗队及后勤支持，这些方面的参与是中国的特长，是优势项目，曾赢得了广泛的信誉，值得发扬光大，但在一些对中国来说的非传统领域，中国也具有扩大参与的必要和潜力。有学

---

① ［法］夏尔—菲利普·戴维，王忠菊译：《安全与战略：战争与和平的现时代解决方案》，社会科学文献出版社 2011 年版，第 274 页。

② 贺鉴：《霸权、人权与主权：国际人权保护与国际干预研究》，湘潭大学出版社 2010 年版，第 58 页。

③ 潘亚玲：“从捍卫式倡导到参与式倡导：试论中国互不干涉内政外交的新发展”，《世界经济与政治》2012 年第 9 期。

者指出目前中国的参与尚处于浅层次：虽然中国对于联合国维和行动的贡献度在不断上升，但是这种贡献多数还主要停留在派遣维和部队和警察的层面，而在维和行动早期规划、维和部队战场指挥以及和平重建进程等方面还欠缺有意义的参与。因此，中国今后应在早期预防、维和战场指挥、建设和平等领域拓展参与，进一步推动联合国机构和运作机制改革，同时进一步提升自身在维和及重建进程中的作用。[①]

（三）创新参与模式

创新模式的参与包括参与主体的扩大，传统维和行动基本上属于“高政治”领域，是政府部门主导的事务，中国参加维和的人员即由政府统一派出。反观一些西方国家，除政府统一组织的人员外，还非常注重非政府行为体的参与。一些国际非政府组织历史悠久，一直参与国际和平行动，并与联合国建立了合作关系。它们的工作主要体现在“微观”层面，如诊所、妇女救助中心、艾滋病检查中心、和平教育培训、技能培训等。相比之下，中国参与维和建和的人员构成有限，也缺少与当地民间社会和国际非政府组织的互动。今后，中国应该不断拓展不同行为体的参与路径，使民间组织、慈善机构、志愿者、企业等可以参与联合国维和建和相关项目。创造性介入“是一种介入形而向上的理论和具象的政策解释之间层次的引导性说明，也可以说成是一种旨在激励更加积极参与国际事务、倡导创造性解决方案的对外关系思想”。[②] 从国际关系以及国内和平的角度来说，维和不应仅仅是一时的干预，更应该注重维和所在国的社会经济可持续发展。对于中国的维和行动来说，除了军事方面的援助与参与，在其他方面也应该同步做出一些回应。

---

① 薛磊：“联合国维和行动的新发展——从维持和平走向建设和平”，《国际展望》2008 年 3 期。

② 王逸舟著：《创造性介入——中国外交新取向》，北京大学出版社 2011 年版，第 4 页。

（四）加强合作对话

中国总体上不强调把自己的发展模式和价值观念强加于人。20世纪80年代以前，中国强调和平共处，求同存异；现在中国倡导世界和谐，包容共存。在维和机制领域内，加强和西方对话的同时，从长久角度出发，中国国内必须加大国内政治改革步伐，增强自身在“民主”、“自由”、“人权”等价值取向上的普世性，与国际社会主流价值观接轨。如对西方提出的“保护的责任”等概念，中国也在开始慢慢接受。

总体来看，中国对联合国维和建和的参与和贡献是积极的，也是慎重的。目前中国的参与不算落后，但中国的参与模式和路径比较单一，参与的任务范围有限，存在适当扩大的空间，也面临进一步调整和改进的紧迫性。中国对联合国维和行动的需求日益增强，联合国维和行动本身具有的复杂性并不影响中国政府对前者的正向认同。在此基础上，建设性参与维和行动让中国在接受考验的同时，也为中国维护国际和平、实现国家利益提供了施展抱负的重要途径。今后，坚持建设性的参与维和政策需要在战略和策略上都做出改进：

一方面，在战略上中国要充分做好由维和行动“参与者”上升为“引领者”的心理准备、组织准备。实事求是地说，中国现在对联合国维和行动的贡献已不是简单的“参与者”，在安理会五个常任理事国中，中国派出的维和人员是最多的；中国军人在亚洲、非洲、美洲、欧洲全面执行维和任务，这表明中国政府关注的重点不只局限于与自己利益密切相关的周边地区，中国对世界和平的贡献是全方位的。目前维和行动主要集中在一些发展中国家，而中国又是世界上最大的发展中国家，与广大发展中国家在价值观念上存在诸多共同之处，“许多发展中国家对这种联合国介入主权国家内部冲突的维和行动抱有强烈的不安和警惕，担心西方大国会以人道主义危机为由，强行干预发展中国家的内部事务，扶持反对派，侵犯其主权，甚至损害其领土完整，造成国家分裂。”① 但由中国介入这些维和行动，不

---

① 徐纬地：“摇摆与彷徨中的探索——联合国维和行动面临的困难与挑战”，《世界经济与政治》2005年第5期，第10页。

仅有利于打消其疑虑，也有利于中国在新的国际秩序中发挥规则制定的引领者的角色。而且，中国所提倡的“引领者”绝不是“领导者”，更不是发号施令、谋求私利的“霸主”。引导就是要与世界正义力量合作，共同促进联合国维和行动向进步、正义、文明、和平的方向发展。

另一方面，在策略上要始终坚持“稳步推进”的原则。受现实国力的限制，目前的资源不允许中国不加选择地大规模参与维和行动。而且，西方对中国扩大参与维和本身抱有戒心，中国政府即使具有维持和平的良好愿望，也不能采取咄咄逼人的态度，避免给国际舆论造成太大压力，要在不打破“和谐”的环境中实践自身理想。实际上，每一项维和行动都针对特定问题，并不都有利于中国，有些维和行动甚至偏离了联合国维和行动的基本原则，甚至成为强权干涉工具。中国要充分考虑自身的国际国内形势以及军政的互动，坚持稳步推进原则。此外，在稳健务实基础上，中国政府还应进一步拓展维和行动的职能范围。传统上，中国维和部队主要是在工程、医疗等方面提供支持，但在新的形势下，这是远远不够的。中国今后要进一步拓展任务领域，尤其要在相应地区的军事和政治安排中体现作用，以确保联合国维和行动更多地代表发展中国家的声音。

综上，随着相互依赖程度加深和全球化深入发展，对国际机制、规范全盘抵制势必是一个不合常理的现象，因为这样做将会造成国家被整个国际社会拒之门外，成为一个看客。而国际机制和规范在传播过程中会产生两种结果：社会化和本土化。社会化的最终结果是规范接受者接受国际规范，并以之约束个体行为；而在本土化过程中，规范接受者对国际规范进行改造，进行必要的扬弃。这种吸收再建构不但没有对原来的国内规范造成威胁，反而更加巩固了原来的国内规范结构。社会化和本土化两个角度来考察国际规范的传播过程、传播机制，以及国际规范的本土化对国际规范结构的变迁所造成的影响。

从中国参与国际维和的历史来看，显然受制于中国国内的经济社会发展状况。改革开放以来，中国经济的发展已经为中国在国际舞台上扮演与大国相适应的角色提供了坚实的基础。在早期的维和中，中国的参与是有限的，然而进入21世纪以来，中国在多数重要的维和行动中扮演了关键的角色。此时，国际规范、理念、实践与中国的已有规则难免发生一些冲突，具体来说，表现在战略利益层面以及维和的观念和理念上与西方产生冲突。我们认为，国际规范的传播，需要以不同的国家以具体法律法规的实践来实现，然而这个传播并不是单向的，不同的国家和地区会将国际规范内化为内群体所接受的历史脉络中。所以，从性质上来说，目前这些冲突正是发生碰撞的过程。中国参与维和所面临的任务是如何将其维和理念以及国家利益加以贯彻，在推动建构公平、合理的国际秩序中，推动维和机制、理念本身的转变。

维和机制的内化，需要中国重视历次参与维和的经验，在总结经验的基础上加以规范化，因此本土化与规范化是国际规则扩散的一体两面。如果只是坚持学习国际维和机制所需要的物质、协调机制，那么我国在维和中就比较被动。在实现世界和平、符合中国国际关系基本原则的前提下，将我国的维和经验，包括发挥联合国机制、不干涉别国内政等具体的方针在建设性参与中贯彻下去，中国应该充分做好由维和行动“参与者”上升为“引导者”的心理准备、组织准备。国际间的竞争也是理念、文化创造方面的竞争，面对复杂多变的国际关系格局，大国之间的博弈可以说无处不在，如何把中国的文化观念、历史传统、优良实践与维和行动结合起来，将是摆在我们面前的历史任务。

“保护的责任”与联合国人权保护理念*

邱昌情

“保护的责任”(Responsibility to Protect, R2P)① 是全球化背景下由西方国家提出的一种新的人权保护理念，主要体现了西方国家的价值观和人权观。近年来，在联合国的推动下，“保护的责任”理念正在逐渐被国际社会所接受与认可，联合国关于人权保护的理念也正在随着时代的变迁而增添一些新的内涵。但“保护的责任”在内涵发展与具体适用等方面还存在诸多不确定性与分歧，尤其是在 2011 年利比亚和叙利亚危机爆发后，“保护的责任”正面临被西方国家滥用的危险，许多发展中国家对“保护的责任”的内涵与具体实施存在诸多不信任感。作为与西方国家的人权理念和规范诉求存在诸多差异的发展中国家，需要正确回应正在发展中的“保护的责任”理念，引导其朝着有利于实现国际公平和正义的方向发展。因此，必须在联合国多边框架下进一步完善“保护的责任”的内涵，增进国际社会对“保护的责任”规范的共识，防止其被滥用而成为大国干涉小国内政的工具。

---

* 本文原题“‘保护的责任’的发展趋势及对联合国人权保护理念的影响”，发表于《人权》2013 年第 4 期。

① 该报告全文内容可参见：http：//www. r2pasiapacific. org/docs/R2P% 20Key% 20Documents/ICISS% 20Report. pdf。

一、“保护的责任”理念的提出与最新发展

2001年12月，加拿大“干预与国家主权国际委员会”（International Commission on Intervention and State Sovereignty，ICISS）首次提出了“保护的责任”概念，并发布了一份名为《保护的责任》的报告，该报告首次提出并系统地阐述了“保护的责任”概念：“主权国家有责任保护本国公民免遭大规模屠杀、强奸、饥饿等灾难，当这些主权国家不愿或无力这样做的时候，国际社会必须承担这一责任。”这一报告随即在国际社会引起了强烈的反响与广泛的讨论。

（一）回应：联合国名人小组报告

2003年3月，美国以“打击恐怖主义”为名，在未得到安理会合法授权的情势下，绕开联合国对伊拉克进行了单边军事干预，不仅使联合国的权威形象受损，更是让新提出的“保护的责任”理念将走向何方充满了不确定性。2003年11月，联合国秘书长科菲·安南在联大报告中提出倡议，宣布成立联合国“威胁、挑战和改革问题高级别小组”（The High-level Panel on Threats，Challenges and Changes），以对“9·11”事件以及阿富汗、伊拉克逐渐升级的形势做出回应。[①] 2004年12月，名人小组向联合国秘书长提交了一份名为《一个更安全的世界：我们的共同责任》（A More Secure World：Our Shared Responsibility）报告。该报告指出，由于国际人

① 该名人小组由来自世界各地具有广泛经验和专门知识的16位名人组成，其中泰国前总理阿南·班雅拉春担任名人小组的主席，其他成员有钱其琛（中国），罗贝尔·巴丹泰（法国），若昂·巴埃纳·苏亚雷斯（巴西）、格洛·哈莱姆·布伦特兰（挪威）、玛丽·齐内里·赫斯（加纳）、加雷斯·埃文斯（澳大利亚）、戴维·汉内（英国）、恩里克·伊格莱西亚斯（乌拉圭）、阿姆鲁·穆萨（埃及）、萨迪什·南比亚尔（印度）、绪方贞子（日本）、叶甫根尼·普里马科夫（俄罗斯）、萨利姆·艾哈迈德·萨利姆（坦桑尼亚）、那菲斯·萨迪克（巴基斯坦）和布伦特·斯考克罗夫特（美国）。

权保护理念和实践的发展，大规模的种族清洗和大规模违反人道法的行为不能用国家主权和不干涉内政作为借口来进行保护。过去卢旺达、科索沃等地发生的人道主义危机，联合国安理会不是行动得太晚、犹豫不决就是未采取任何有效的人权保护行动。作为对之前人道主义悲剧的反思，国际社会必须承担相应的“保护的责任”。因此，安理会可以根据《联合国宪章》第七章的规定，当一国的国内形势已经确定影响到了国际安全与地区稳定，尤其是在本国政府无力提供保护的情况下，安理会有权随时授权采取军事干预行动。①

该报告首次将“保护的责任”纳入联合国的人权工作议程。报告认为：“人权保护的问题并不在于外部力量是否有权进行干预，而在于每个国家都必须对那些遭受本来可以避免的灾难的平民负有‘保护的责任’，即面临大规模屠杀、饥饿和强奸、采用强行驱逐和恐吓的方式进行种族清洗、蓄意制造饥荒和故意传播疾病等。冲突国自身负有使本国人民免遭这些灾难的首要责任，但是如果他们没有能力或不愿意这样做，国际社会就应该承担起这一责任。其次，履行“保护的责任”需要国际社会开展一系列相关行动，包括人道主义危机的预防，在必要时需要对地区冲突中的反人类罪行做出反应，帮助冲突国重建四分五裂的社会。国际社会主要通过人道主义救援和其他和平方式，例如通过派遣人道主义特派团、人权特派团和警察特派团等措施保护平民。必要时需要采取强制性的武力措施，则应当将其作为最后的万不得已的手段。”② 名人小组报告是联合国第一次以官方形式指出需要建立一个为国际社会提供集体保护措施的新规范。由于名人小组是秘书长倡导成立的专门为联合国改革提供政策咨询的高级别机构，其地位毫无疑问高于由加拿大政府总理克雷蒂安倡议成立的干预与国家主权国际委员会。名人小组报告与 ICISS 报告最大的区别在于对国家或人类安全造成威胁的范围进行了限制，主要限定在种族灭绝、种族清洗、其他大规模伤害以及严重违反国际法的行为，并在联合国框架下赋予了

① The Secretary-General, Report of the High-level Panel on Threats, Challenges and Change, 0, UN Doc. A/59/565, pp. 56 – 57, 2004. http://www.un.org/secureworld/report.pdf.

② *A More Secure World: Our Shared Responsibility*, Report of High-Level Panel on Threats, Challenges and Change, UN Doc. A/59/565, p. 201, 2004. http://www.un.org/secureworld/report.pdf.

“保护的责任”以更高的权威性。

（二）接纳：联合国秘书长《大自由》报告

作为对联合国名人小组报告的正面回应，2005 年 3 月 21 日，安南秘书长在第 59 届联合国大会的秘书长报告中做了题为：《大自由：实现人人共享的发展、安全与人权》（In Larger Freedom：Towards Development, Security and Human Rights For All）的报告，[①] 重申了主权国家自身所具有的保护本国公民免遭暴力和侵略的责任，呼吁国际社会讨论将“保护的责任”理念作为应对种族灭绝、族裔清洗和危害人类罪而采取集体行动的理念基础，确认主权国家政府自身在履行“保护的责任”中的重要性。[②] 该报告赞同之前由“干预与国家主权国际委员会”以及名人小组提出的“保护的责任”理念，认为“保护的责任”首先在于当事国政府，但如果当事国政府无能力或无意愿履行保护本国公民的责任，那么这一责任应该由更广泛的国际社会来承担，由国际社会利用外交、人道主义及其他方法，保护平民的人权和福祉，包括必要时采取强制性干预行动。[③]“保护的责任”的内涵和实施标准进一步得以明晰化和正式化。作为 2005 年联合国世界首脑会议之前的重要工作文件，秘书长的报告将“保护的责任”理念传达给世界各国，为 2005 年世界首脑会就人权保护问题凝聚共识起了重要推动作用。

（三）内涵框定：2005 年《世界首脑会议成果文件》

2005 年世界首脑会议是联合国召开的世界性政府首脑会议，峰会就新

---

① 联合国秘书长安南在第 59 届联合国大会上的报告，《大自由：实现人人共享的发展、安全和人权》，Report of the UN Secretary-General Kofi Annan on the General Assembly, *In Large Freedom: Towards Development, Security and Human Rights for all*, A/59/2005, March 2005, p. 35。

② The Secretary-General, Report of the Secretary General, *In Large Freedom: Towards Development, Security and Human Rights for all*, General Assembly, UN. Document, A/59/2005, http://www.un.org/largefreedom/contents.htm.

③ The Secretary-General, Report of the Secretary General, *In Large Freedom: Towards Development, Security and Human Rights for all*, General Assembly, UN. Document . A/59/2005.

千年以来联合国改革等问题进行了深入的讨论与对话。2005 年 10 月 24 日，联合国大会一致通过了《世界首脑会议成果文件》（2005 World Summit Outcome Document），在文件第四部分第 138 段、139 段专门对“保护的责任”理念进行了内涵框定。[①] 这是联合国首次以正式文件的形式将“保护的责任”进行明确框定。可以说，2005 年《世界首脑会议成果文件》是国际社会成员国集体意愿的宣示，标志着“国际社会普遍认可‘保护的责任’理念的一个大跨越”，使“保护的责任”在经历数次重要国际会议与文件的广泛讨论后逐步得到国际社会成员国的承认、规范和定型，并最终将 2001 年所提出的“保护的责任”概念的适用范围严格限定于四种罪行：即“保护人民免遭灭绝种族（genocide）、战争罪（war crime）、族裔清洗（ethic cleaning）和危害人类罪（crimes against humanity）之害的集体国际责任”。这一内涵的限定将制止大规模侵犯人权的行为上升为国际责任，构成了国际社会在开展人权保护行动经常援引的法理依据。《世界首脑峰会成果文件》将“保护的责任”具体分为“国家责任”和“国际责任”两个部分，强调主权国家自身的责任是首要的、第一位的责任。对于国际社会应该承担何种“保护的责任”，世界首脑会议对采取强制性的人权保护行动仅仅达成了基本共识，特别强调了强制性的军事干预行动所涉及的责任还需要国际社会进一步的考虑与充分讨论。

“保护的责任”作为一项重要成果写入了世界首脑会议成果文件，提升了“保护的责任”理念在国际社会中的影响。2005 年《世界首脑会议成果文件》明确限定了“保护的责任”的适用范畴，承认了国际社会在保护平民中承担相关责任的必要性和重要性，该文件也成为各国政府首脑应对人道主义危机履行“保护的责任”所做出的历史性承诺。

（四）从规范到国际人权保护实践

自 2005 年世界首脑会议对“保护的责任”的内涵与适用范围框定以

---

① United Nations General Assembly, 2005, A/60/L. 1 United Nations General Assembly: 2005 World Summit Outcome, United Nations, New York, p. 31, para. 139. http://www. un-ngls. org/orf/un-summi-FINAL-DOC. pdf.

来，“保护的责任”引起了国际社会的广泛争论与关注，“保护的责任”随后在诸多联合国相关文件中被援引，已经成为国际人权保护行动的重要法理依据。毫无疑问，在有些地区危机中，“保护的责任”具体内涵和适用范围并非能适用“保护的责任”限定的情况，比如2008年缅甸飓风导致的人道主义灾难，一些西方国家依据“保护的责任”强行对受灾国开展人道主义援助，这无疑是一种干涉他国内政的行为。也有部分西方国家想扩大化解释“保护的责任”理念，如在格鲁吉亚危机中俄罗斯的行为。而利比亚危机则是联合国安理会唯一一次通过联合国安理会援引“保护的责任”，授权对其进行军事干预的人权保护行动，但从其实践结果来看，北约多国部队履行“保护的责任”的范围偏离了安理会授权的范围，使“保护的责任”面临着被西方国家滥用的危险。叙利亚危机至今仍然无法达成任何进行强制性干预的联合国决议，其人权形势的恶化反映了“保护的责任”在具体实施中所面临的“能力困境”与规范缺失。

表1　2005—2015年间援引“保护的责任”的危机

危机事件	“保护的责任”发起者	事件摘要	援引“保护的责任”的论述与行动
苏丹达尔富尔（2003年至今）	联合国安理会	苏丹达尔富尔地区发生灭绝种族的人道主义危机	联合国授权非盟部署维和行动，通过第1706号、1755号决议、1769号决议，获得保护平民授权
肯尼亚（2007—2008年）	联合国关于防止灭绝种族的特别顾问	国内大选引发系统性暴力与人道主义危机	联合国秘书长潘基文与联合国人权高专呼吁肯尼亚政府遵守保护国内人民的义务
格鲁吉亚（2008年）	俄罗斯	没有证据表明适用“保护的责任”罪行	没有得到国际社会的支持

续表

危机事件	“保护的责任”发起者	事件摘要	援引“保护的责任”的论述与行动
缅甸 Nargis 飓风（2008 年）	法国和一些非政府组织	被东盟、中国、和联合国官方拒绝，认为“保护的责任”不适用于自然灾害	法国的请求没有获得支持；联合国和东盟与缅甸缔结了人道主义救济协议
斯里兰卡（2008—2009 年）	印度、挪威，全球保护的责任中心	斯里兰卡拒绝“保护的责任”的适用	斯里兰卡政府与猛虎组织暴行的证据被发现
刚果民主共和国（2008 年至今）	联合国官方	没有普遍争论	部署了联合国维和行动，获得了保护平民的授权
科特迪瓦危机（2011 年）	联合国	没有普遍争论	获得了保护平民的授权
利比亚危机（2011）	联合国安理会	安理会通过决议	安理会首次以“保护的责任”为由通过决议授权进行军事干预
叙利亚危机（2011 至今）	联合国	未达成强制性干预的共识	联合国秘书长任命安南和卜拉希米为联合国—阿盟叙利亚问题联合特使，并提出六点计划

“保护的责任”在联合国诸多文件的援引中，已经由最初的民间文本升级为具有国际习惯法的规则，成为联合国秘书长报告和各种文件援引的外交语言。从以上几份重要文件来看，国际社会针对人权保护的理念较之于以前有了新的发展和突破。干预与国家主权国际委员会的报告有两个独特之处：一是针对传统的“人道主义”干预，实现了从极具争议的“干预者的权利”（Rights to Intervention）向“保护的责任”（Responsibility to Protect）的议题转换，突出了有关主权国家、国际社会在人权保护中的“责任”概念，试图在干预与国家主权之间寻找一个新的平衡点。2005 年《世界首脑峰会成果文件》是目前国际社会对“保护的责任”内涵、适用

范围、实施标准等做出明确规定的权威性文件，对“保护的责任”理念的发展具有重要的里程碑意义。

综上所述，“保护的责任”概念自 2001 年提出以来，经过 10 多年的发展，在针对人道主义危机中的平民保护方面已经具有比较丰富的内涵、原则与具体实施标准，尤其是在联合国的推动下，“保护的责任”理念在全世界范围内得到了广泛传播，有利于加强国际社会在国际人权保护方面的规范共识建构。随着时代的发展，联合国在国际人权保护理念方面也正在经历着新的变迁。

二、“保护的责任”的现有共识与不确定性

“保护的责任”作为西方国家所提出的新概念，在联合国的推动之下，在国际社会中产生的影响日渐增大，内涵与实施标准也正在进一步的完善中。“保护的责任”与以往的“人道主义干预”论和“人权高于主权”论有着很大区别，其突出的是一种“负责任的主权”（Sovereignty as Responsibility），强调人道主义危机中平民应该得到保护的权利和主权国家负有保护公民的主要责任。虽然西方国家在此问题上存在着借此实现干涉主义的方法转换的企图，但在全球治理的大背景下，主权国家日益成为一种对国内和国际社会的责任已经是不容忽视的事实和客观趋势。尤其是面对人道主义危机中一些震撼人类良知的人权侵犯事件的发生，在联合国框架下进行干预已经越来越得到国际社会的认可与支持，但目前还缺乏相关方面具有约束力的国际法规范。可以说，“保护的责任”的出现既有进步和积极的一面，又存在着相当多的不确定性因素。

（一）“保护的责任”的现有共识

首先，主权国家承担的是首要的和主导性的责任。保护本国人民免遭种族灭绝、战争罪、族裔清洗和危害人类罪的责任在于主权国家。主权国家可以通过在国内实施政治、经济、文化和社会保障等多方面的措施，促

进本国经济发展、社会及民主政治的发展，培育包容的政治文化，从根本上消除引发上述罪行的因素。

其次，当主权国家滥用权力造成人道主义危机的发生时，国际社会有责任保护平民免遭种族灭绝、族裔清洗、战争罪和反人类罪之危害。在国际社会履行“保护的责任”过程中，国际社会所能提供的“保护的责任”是对于主权国家不愿或无力履行该责任的辅助或补充，因而其启动的条件必须是非常严格的。只有确实存在主权国家的人民遭受上述罪行之害，该国已经无力或不愿采取措施保护人民免遭上述罪行之害时，方可通过安理会授权采取必要的保护行动。国际社会提供“保护的责任”的目的是为了帮助目标国重建和加强其保护人民的主权权能。

最后，国际社会必须在联合国框架下提供“保护的责任”。在当前国际人权体系中，联合国无疑是国际人权保护最重要的倡导者、执行者和核心力量，由联合国所主导的“保护的责任”是当今国际社会在人权保护中协调矛盾、表达正义的一种必要措施，在联合国框架下落实“保护的责任”无疑更具合法性，也更能得到国际社会的认可与接受。当前，国际人权保护的国际化与规范化已经成为一种不可逆转的必然趋势。因此，国际社会必须从人类的整体利益出发，在联合国主导的人权保障体系下推动“保护的责任”成为国际社会共同认可的国际人权规范。联合国框架下“保护的责任”的最大特点是对军事干预等强制性措施进行了严格限制，强调国际社会在应对地区热点问题时，只能在任何预防与和平解决危机的非军事手段都被证明是无效的情况下，并且在联合国大会得到充分讨论，得到联合国安理会的授权行动才能使用武力来开展人权保护行动。因此，国际社会在联合国主导下的“保护的责任”能在一定程度上避免强制性武力干预的滥用，防止个别国家打着“保护的责任”旗号动辄使用武力来实现其国家私利。

（二）“保护的责任”的不确定性

尽管国际社会对“保护的责任”存在着一定的共识，但作为一种正在完善的不成熟的国际规范，“保护的责任”还存在着诸多不确定性。

首先，“保护的责任”中的军事干预行动容易被滥用。“保护的责任”本身对军事干预进行了严格的限制，即必须是在其他和平方式穷尽的情况下，得到联合国安理会的合法授权才能采取行动。同时强调军事干预前的预防应该是比反应和重建更为重要的责任。但是西方国家的相关实践表明，目前的“保护的责任”在西方人权价值观的引导下，呈现出仅注重做出反应的责任，而忽视预防和重建责任的倾向。

其次，“保护的责任”缺乏有效的监督与执行机制。潘基文秘书长在《履行保护的责任》报告中强调依靠三大支柱战略来履行“保护的责任”。第一支柱是国家的保护责任；第二支柱是国际援助和能力建设；第三支柱是国际社会采取及时、果断的干预行动。由于联合国没有一支属于自己的队伍，其干预行动必须依赖成员国和国际组织的合作，“保护的责任”的实际承担仍然取决于联合国成员的政治意愿，这将使反应责任的及时、适度很难保证。比如，2011 年，联合国授权北约多国部队对利比亚的军事行动大大超出了“保护的责任”的行动范围，北约多国部队的直接目的是武力推翻卡扎菲政权，使保护的责任脱离了原本“保护人民”的色彩。

最后，“保护的责任”具有选择性的特点。联合国安理会采取军事干预行动的决议往往取决于安理会常任理事国的政治共识，当需要对人道主义危机中的平民进行保护时，各国往往根据本国的国家利益考虑是否需要采取武力，因此使国际社会采取的“保护的责任”行动具有选择性的特点。在叙利亚国内的人道主义危机恶化时，由于俄罗斯与中国对军事干预行动持不同意见，联合国在关于叙利亚问题上无法通过任何有效的决议，大国的政治分歧使“保护的责任”在具体实践中很难达成共识。

三、“保护的责任”对联合国人权保护观念的影响

在联合国的推动与倡导下，“保护的责任”理念正在得到越来越多的认同，其内涵也正在逐步丰富和完善之中，有力地推动了联合国人权保护的规范化和法制化。近年来，联合国在人权领域进行了改革，无论在人权机制建设还是人权观念方面都取得了重要突破。这些变化一方面反映了新

时期国际安全形势的变化对人权保护领域和联合国未来发展的深刻影响，另一方面也在一定程度上折射出一些关于人权保护的国际规范正在悄然发生新的变化。

首先，推动了国际人权规范的传播与扩散。自“保护的责任”概念提出以来，已经多次在联合国的各种场合进行了讨论，并写进相关成果文件。虽然会上通过的文件和决议只是一项宣言性质的文件，并不具有法律约束力，但其对国际社会的政治影响力是十分巨大的。特别是联合国关于“保护的责任”内涵的阐述在一定程度上反映了国际社会对人权保护问题的共识，推动了联合国人权保护规范的传播与扩散。

其次，“保护的责任”在一定程度上超越了联合国人权领域和国际人权保护概念的范围，对传统国际关系基本原则造成了很大的冲击。特别是《联合国宪章》所强调的主权原则、不干涉内政原则以及禁止使用武力的原则。《联合国宪章》曾明确规定“本宪章不得授权联合国干涉在本质上属于任何国家国内管辖之事项”。但当某国出现大规模人道主义灾难时是否纯属该国内政，联合国应该怎样介入？在国际社会还没有形成对广泛接受的干涉原则之前，不干涉内政原则、禁止使用武力和国家主权等原则仍然具有强大的生命力。但是，在全球化的大背景下，联合国机制上的缺陷以及一些规范也必须随着时代的变迁进行内容上的充实和调整。

最后，联合国人权保护理念越来越重视发展中国家的作用。“保护的责任”最早由西方国家率先提出，主要代表了西方国家的价值观和人权观。随着“保护的责任”在实践中的弊端显现，非西方国家对“保护的责任”的内涵、实施标准提出了质疑，并在联合国框架内积极参与讨论，对“保护的责任”未来的发展方向提出相关立场，有利于发展中国家更多地介入国际规则制定过程中，推动联合国在未来的人权保护进程中走上健康的发展轨道。

综上，“保护的责任”为未来联合国的人权保护提供了一条规范路径，其逐渐规范化的趋势充分反映了全球治理背景下联合国在人权保护理念上的变化，联合国对该理念的推动与完善体现了国际社会在寻求加强其保护世界人民免遭种族大屠杀、族裔清洗、战争罪、反人类罪的努力方面的一项重大进展。但是“保护的责任”在具体的操作层面有着比较常见的错误倾向，如人权保护的标准、主体、原则等方面存在矛盾。因此，如何把这一理念进行规范和机制化，在未来的国际人权保护实践中谨慎地使用，避免干涉内政，还需要国际社会进一步加以探讨。中国作为最大的发展中国家与联合国安理会常任理事国之一，应当从发展中国家的视角在理论与内涵方面进一步完善保护的责任体系，使联合国在未来的国际人权保护行动中走向健康的发展轨道。

从边缘到中心：叙利亚危机中的联合国调停（2011—2016）*

申　文

和平解决冲突简称“和解”，既是国际政治中的重要原则，又是解决危机的主要路径。① 调停是和解常见的方法。冷战结束以来，联合国一直都是世界上重要的调停提供方。2011 年叙利亚危机爆发后，联合国逐渐介入其中，安南、卜拉希米、德·米斯图拉等三任特使先后进行调停。本文主要总结迄今联合国对叙利亚国内冲突的调停进程，分析这进程中联合国身份及作用变化的原因，并对联合国在叙的调停做出初步总结。

一、叙利亚危机的由来与发展

2011 年 3 月开始，叙利亚受到中东民众政治运动影响，出现了反政府抗议。巴沙尔·阿萨德（Bashar al-Assad）政府于 4 月至 6 月中旬镇压了多个地方的抗议，造成大量的人员伤亡。政府的行动激起了暴力反抗。叙国内激进的反政府人员、脱离政府的军人开始以叙北部及与叙接壤的土耳其

* 本文作为教育部人文社会科学重点研究基地重大项目“中国参与中东地区治理的实践与案例研究”（14JJD810017）阶段性成果，发表于《国际观察》2017 年第 2 期。感谢复旦大学张贵洪教授、上海外国语大学邹志强老师及审稿专家提出的宝贵修改意见与建议，本文错漏由作者自负。

① 广义上，国际政治中和平解决冲突手段，包括“政治解决办法”和“法律解决办法”，前者是指争端的当事方或者通过平等、和平方式进行谈判与协商，或通过国际斡旋、调停最终达成解决争端的协议来完成争端的解决，后者指将案件提交国际法院或者争端双方协定第三方，依据国际法以国际仲裁的方式进行裁决。叙利亚危机中的和平解决冲突主要指的是以政治的方式解决危机，从具体实施看，调停是当前的主要办法。

边境地区为基地开展武装斗争。随后，流亡的政治异见人士在土耳其组织了反对派联盟“叙利亚全国委员会”、“叙利亚解放军”等多支武装在叙国内陆续开展反抗，他们内外呼应形成了一股声势浩大的反政府浪潮。

叙利亚危机的出现是历史和现实共同作用的结果。首先，叙利亚紧张的教派、民族关系是危机的深层历史根源。叙利亚境内教派、民族众多，[①]且未能形成政治认同。1946 年从法国统治下独立后，叙国内一直未能妥善解决族际、教际间分权，构建国家认同等问题。1973 年阿萨德家族执政以来，形成了家族——阿拉维派——复兴党——军政体系链式统治模式，[②]将占人口多数的逊尼派排除出了政治权力的中心。1983 年发生的“哈马屠杀”，更激化了逊尼派中下层与阿拉维派间的对立。因此，在叙利亚主要教派之间，多数中下层民众与阿萨德政府之间存在紧张关系，民众对教派及民族的认同强于国家。其次，政府经济改革失败导致严重的经济社会危机。2000 年巴沙尔启动了自由化改革，虽然一定程度上刺激了长期停滞的经济，但是在以私有化为核心的改革进程中，出现了严重的贫富分化和贪污腐败，民众生活水平退步。2006 年以后，西方的制裁和连年的旱灾加重了经济社会负担，大量底层民众的生活陷入困境。由此，改革受挫所形成的经济社会危机和既有的政治—民族矛盾相叠加，强化了叙内部矛盾。最终，在所谓的“阿拉伯之春”引导下，危机出现。总之，叙利亚历史和现实的矛盾为这场危机埋下了炸药包，而 2011 年初的地区政治运动点燃了导火索。

尽管受到地区政治运动的引导，初期的危机依旧属于内政范畴，但在内部积极寻求外部支持，外部积极介入的背景下，危机性质发生变化，开始国际化。两个维度的外部力量牵动着危机的走向。首先是美、俄对叙利亚的战略争夺。叙利亚地处中东中心，对美、俄均具有特殊的战略意义。

---

① 从民族构成看，叙利亚 90% 的人口是阿拉伯人，库尔德人约占人口总数的 8%，为主要少数民族，此外还有高加索、土库曼等民族；从宗教及教派来看，叙人口的 74% 为逊尼派，13% 为什叶派（其中阿拉维派占 11%—12%，其他为德鲁兹派和伊斯玛仪派），另外还有 10% 的基督教徒。上述数据基于姚大学、闫伟：“叙利亚危机的根源及未来政治生态”，《西亚北非》2012 年第 6 期。

② 韩志斌、闫伟：“从国家构建缺陷到国际体系变迁——叙利亚危机的深层逻辑及其前景”，《学术前沿》2014 年第 5 期，第 67 页。

对于美国而言，巴沙尔·阿萨德政权是俄罗斯、伊朗的盟友，又是恐怖组织“哈马斯”的金主。自“9·11”事件以来，美国便将叙政府列入支持恐怖主义政权黑名单。危机出现后，美国欲借机颠覆现政权的意图明显。危机出现不久后的4月至5月间，美国、欧盟便以人权为由，高举“保护的责任”的大旗，先后对叙利亚实行经济制裁，奥巴马等西方国家领导要求巴沙尔下台。对俄罗斯而言，叙利亚有着重要的战略及经济价值，是其影响中东事务的主要着力点。战略上，叙利亚是俄罗斯（前苏联）传统盟友和武器买主，在叙建有除独联体外的唯一海军基地。推翻巴沙尔政权，无疑将损害俄罗斯在地区的战略影响。[①] 俄罗斯在叙利亚的经济利益亦十分可观，2008年以后俄在叙的投资和出口投资大幅增长，仅仅在2010年俄罗斯向叙利亚的出口就达到了110亿美元，投资超过200亿美元。[②] 鉴于俄在叙利亚重大的战略及经济利益，俄方坚决反对西方及其中东盟友借助“政治运动”或武力实现政权更迭。在美国、欧洲陆续宣布实施经济制裁和申明要求巴沙尔下台后，普京表示明确抵制西方的要求，并将俄唯一的一艘航母开入在叙的海军基地，力挺巴沙尔政权。

其次，是中东地区教派、政治力量的角力。伊斯兰教什叶派与逊尼派的冲突长期影响中东的国际政治。叙利亚危机出现后，什叶派的伊朗、黎巴嫩的真主党、伊拉克什叶派迅速结成“保巴”一方，陆续派出军事顾问及战斗人员潜入叙国内，协助巴沙尔稳定政权。而沙特、卡塔尔等逊尼派国家，联合欧美、土耳其，一道支持反政府武装推翻现政权。“倒巴”联盟中沙特和卡塔尔等国担负起了为叙反对派武装提供物资与军火的任务，土耳其则成为反对派在国外的政治大本营以及武装人员的训练基地。由于本次危机所引起的内外冲突教派属性明显，有西方学者甚至给危机贴上了宗教战争的标签。从洗去宗教色彩来看，地区政治势力角力对叙利亚危机的影响同样十分明显，这主要表现在沙特、伊朗、土耳其和以色列等中东四国之间的政治角力上。危机开始后四国互动、角力十分频繁。此外，库

---

① Caitlin Alice Buckley, “Learning from Libya, Acting in Syria”, in *Journal of Strategic Security*, Vol. 5, No. 2, 2012, p. 82.

② 崔小西：“俄罗斯应对叙利亚危机的政策分析”，《阿拉伯世界研究》2014年第2期，第37页。

尔德人、以“基地”组织为代表的恐怖组织也卷入到这场危机之中，视其为一次契机：或借危机独立自治，或计划在乱局中扩大活动范围。

到2011年底，经过半年的发酵，在最初内部解决矛盾的努力失败后，叙利亚危机发生质变。冲突的性质不再是最初要求民主的反对派和坚持威权专制的巴沙尔政权之间的对抗，而是演变成一场教派冲突痕迹明显，牵动国际、地区、国内多个层面，产生诸多外溢效应的“代理人”战争。

二、联合国在叙利亚的调停进程

2011年3月的叙利亚民众抗议引起了联合国的关注，秘书长潘基文敦促叙当局履行保护平民和尊重人权等义务。[1] 随着局势的恶化，8月3日潘基文在联大警告说，“叙利亚危机已经演变成一场代理人战争”，呼吁国际团结起来推动叙利亚问题的解决。面对危机，率先介入、尝试和解的是阿拉伯国家联盟（下文简称“阿盟”）。

在4月及8月，安理会内部分别讨论了叙利亚局势并通过了谴责叙当局声明。[2] 但是，由于安理会内大国存在很大分歧，无法形成统一的解决意见和办法。另一方面，依据《联合国宪章》中地区解决冲突办法优先的原则，阿盟有意在其组织框架下解决危机。鉴于此，联合国便密切注视着阿盟在叙利亚的行动，扮演着局势关注者的角色。

危机出现后，阿盟处于关切状态，3月至8月间，阿盟发表了数次谴责叙政府的声明及停火、改革的倡议。8月下旬开始，随着叙国内暴力升级，阿盟开始进入实际干预阶段。一方面，秘书长阿拉比（Nabil al-Arabi）数次直接与巴沙尔及主要反对派展开会谈，寻求政府与反对派间的妥协。另一方面，阿盟内部通过第7435号决议，建立了专门应对危机的部长级委员会，拟定解决危机的“阿拉伯工作计划”（Arab work plan）。在阿盟的运

① U. N. Doc. S/PV. 6524, UN, http://www. un. org/zh/documents/view_ doc. asp? symbol = S/PV. 6524.

② U. N. Doc. S/PV. 6598, UN, http://www. un. org/en/ga/search/view_ doc. asp? symbol = S/2011/61.

作下，危机在10月30日出现转机。叙政府在多哈签字同意阿盟拟定的综合性解决方案。[①] 但是，叙政府一方面宣布无条件接受协定，另一方面持续开展军事行动，霍姆斯、哈马、伊德利卜等地伤亡报道不断。阿盟认定叙政府未能履行协定，遂于11月12日通过第7438号决议，展开政治和经济制裁。根据这一决议，阿盟先中止叙政府的成员资格，[②] 继而通过第7442号决议细化经济制裁，最后又禁止阿盟国家对叙政府提供武器。但是阿盟的施压没有让叙政府做出实质性让步，政府与反对派武装的战斗依旧持续升级。2012年1月，阿盟观察团陆续撤出叙利亚。2月，阿盟最后呼吁巴沙尔移交政权的声明遭到拒绝。至此，阿盟单独和平解决危机的努力宣告失败。

（一）联合调停人：联合国—阿盟联合特使的调停

提请联合国调停叙利亚危机的建议最早见于英、法、德、葡四国于2011年10月4日联合提交的安理会决议草案，[③] 但因包含制裁等威胁性条款而遭到俄、中两国的否决。[④] 阿盟在干预失败后，要求联合国尽快介入，阿拉比希望联合国“毫不拖延地任命一位联合国与阿拉伯国家联盟的联合代表”。[⑤]

1. 安南调停（2012年2月至8月）

2012年2月，在与阿盟协商后，潘基文与阿拉比共同任命前联合国秘书长科菲·安南（Kofia Annan）为联合国—阿盟叙利亚问题联合特使。联合国开始了与阿盟共同调停的进程。

---

① 该方案主要意向是向叙政府施压，使其停止向反对派的政治迫害和军事进攻，核心内容是：开始政治过渡；释放被拘留者；叙政府从城市区撤出重型武器；允许阿盟相关机构及国际媒体自由进入叙利亚观察、监测局势等。

② David Batty and Jack Shenker：“Syria Suspended from Arab League”, *The Guardian*, 12 November, 2011, http：//www. guardian. co. uk/world/2011/nov/12/syria-suspended-arab-league.

③ UN . Doc. S/2011/612，UN，http：//www. un. org/en/ga/search/view_ doc. asp？ symbol = S/2011/612.

④ U. N. Doc. S/PV. 6627，UN，http：//www. un. org/en/ga/search/view_ doc. asp？ symbol = S/2011/612.

⑤ U. N. Doc. S/2012/142，UN，http：//www. un. org/zh/documents/view_ doc. asp？ symbol = S/2012/142.

第一，六点计划及首次停火。安南于3月7日开启了其中东之旅。冲突双方——巴沙尔及主要反对派在与安南的会谈中均持强硬立场，不做任何让步。① 但安南还是在结束访问后，迅速拟定了解决危机的“六点计划”。②“计划”得到安理会主席声明的支持，并发挥作用。叙政府与多支反对派于3月底先后宣布承诺执行“六点计划”，实现首次停火。为监督停火执行情况，安理会通过2043号决议，设立联合国叙利亚监督团（UNSMIS），监督交战各方停火情况。③ 由于遭到阻挠，监督团无法全部迅速部署到各冲突点。④ 尽管如此，依据监督团的观察，停火达成后暴力及敌对活动有所减少。正当局势趋缓之时，又出现数起重大平民伤亡事件，最为严重的是5月25日发生在霍姆斯省胡拉镇400多人伤亡的大屠杀。冲突双方均指责屠杀由对方所为，由此冲突再起，不久，国际红十字会方面宣布冲突升级为全面内战（full-scale civil war）。6月中旬，监督团出于安全考虑暂停了监察活动。

第二，日内瓦会议与《日内瓦公报》。胡拉屠杀事件后，安南做出策略调整，将视野放到国际层面：试图推动外部国家尤其是美、俄间开展谈判，借助外部国家压力，落实“六点计划”。6月30日，潘基文及安南召开了多国参与的日内瓦会议。会议形成以“六点计划”为基础的《日内瓦公报》，《公报》肯定解决危机的核心是建立过渡机构，但同时也留下了根本性分歧：巴沙尔的去留问题。美国认为巴沙尔自然应该被排除出过渡机构，而俄罗斯坚持“开启过渡阶段首先要让政府和反对派坐下来谈判”，巴沙尔的去留由人民决定。⑤ 美俄双方还在今后是否邀请伊朗、沙特参与和谈，以及反对派的代表资格等具体议题上相互对立。通过国际协调促成

---

① “安南斡旋叙利亚 各方根本谈拢”，http：//news. sina. com. cn/c/2012 - 03 - 11/121124095978. shtml。

② “六点计划”主要内容包括：一个包容性的，由叙利亚人主导的政治进程；在联合国监督下的停火；提供人道主义援助；释放被羁押者；记者行动自由；保障结社与和平示威权利。

③ U. N. Doc. S/PRST/2012/6，http：//www. un. org/zh/documents/view_doc. asp? symbol = S/2012/6.

④ Simon Adams，“Failure to Protect：Syria and the UN Security Council”，http：//www. globalr2p. org/. pdf，p. 12.

⑤ Ghassan Charbel，“Brahimi：Geneva Communiqué Was ‘Superficial’”，Al-Monitor，January 31，2014，http：//www. al-monitor. com/pulse/politics/2014/06/syria-brahimi-interview-envoy-reasons-failure. html.

“六点计划”实施的努力在美、俄的僵持中落空，叙利亚内战则在7月特莱姆萨村屠杀和随后的大马士革政府袭击中达到新一轮高潮。8月初，安南宣布辞职。

2. 卜拉希米调停（2012年8月—2014年5月）

尽管安南调停受挫，但是联合国并没有放弃和解的努力。8月17日，拉赫达尔·卜拉希米（Lakhdar Brahimi）继任联合国—阿盟联合特使。就任后，卜拉希米以继续落实“六点计划”为其工作中心。但此时冲突局势已经完全失控，而随着美、俄及部分中东国家直接军事介入，情势变得更为复杂。无论从理论上还是实际上看，此时已不是有效调停冲突的时间节点。

第一，“宰牲节停火”与“新叙利亚方案”。卜拉希米就职后在叙国内进行了两次调停努力尝试，分别是2012年10月的“宰牲节停火”与12月底的“新叙利亚方案”，均以失败告终。在“宰牲节停火”中，卜拉希米利用临近10月24日“宰牲节”的时机，说服冲突各方达成口头停火协定。但是24日凌晨，停火仅维持了几个小时，双方又陷入冲突。“新叙利亚计划”实质是建议巴沙尔届满后交权，尽快建立政治过渡机构。卜拉希米建议巴沙尔于2014年总统任期结束后将权力交给权力过渡机构，而后，过渡机构负责包括国内实施停火，修改宪法，举行议会选举和总统选举在内的和解进程。但是，该方案不仅遭到政府方面的拒绝，而且激怒了巴沙尔，叙政府方面禁止卜拉希米一年之内再度访问。

第二，试图调停地区国家与美、俄。国内调停受挫后，卜拉希米效仿安南，试图借用国际压力落实“六点计划”。不同的是，他率先谋求合作的对象是支持反对派的逊尼派国家。在多次与沙、土、卡等国进行沟通后，卜拉希米一度得到沙特国王的支持，[①] 但是，当他表示不能完全依照阿盟的方案行动后，沙特、土耳其等国便终止了与其接触。不仅如此，2013年3月底阿盟通过了《多哈宣言》，承认“全国联盟”的合法地位和在阿盟的席位，号召为反对派提供武器。阿盟公开放弃和解立场，在危机处于胶着状态下的一系列做法，给卜拉希米带来巨大的阻碍，联合调停的

① Ghassan Charbel, “Brahimi: Ending Syria Crisis in Hands of International Community”, *Al-Monitor*, June 27, 2014, http://www.al-monitor.com/pulse/politics/2014/06/syria-brahimi-un-arab-envoy-interview-efforts-solution.html.

公正性因此受损。卜拉希米一度打算辞职，在被挽回后，他表示“希望断绝与阿盟的官方联系，只以联合国官方身份继续工作”。[①] 在阿盟遇阻后，卜拉希米希望缩小美、俄分歧，但是美俄依旧在巴沙尔的去留这一关键问题上僵持不下。与卜拉希米会谈后不久，美国于12月12日承认了“全国联盟”的合法地位。美俄的不妥协使卜拉希米在国际层面的努力收效甚微。此后，卜拉希米虽在协助美、俄解决化武危机，促成冲突方在日内瓦会议首次面对面会谈，以及协助霍姆斯妇幼难民撤离等方面上取得一定成绩，但是未能在落实“六点计划”方面取得实质性进展。2014年7月，潘基文宣布卜拉希米辞职。

（二）单独牵头者：德·米斯图拉调停（2014年7月至今）

2014年7月，斯塔凡·德·米斯图拉（Stafan De Mistura）就任联合国秘书长叙利亚问题特使，同时来自埃及的拉姆齐（Ramzy Ezzeldin Ramzy）担任副特使。新任联合国调停人的身份不再是联合国—阿盟联合代表，联合调停阶段结束。而任命政治立场较为温和的埃及外交官员为副特使，暗示联合国有意与持激进立场的阿盟保持距离。此时，在复杂的危机前，已经鲜有国家或组织愿意调停叙国内冲突，联合国由此成为和解叙利亚危机的中心，开始扮演起“单独牵头者”角色。

米斯图拉就任时，叙内战基本上形成了僵持局面。长期的内战引发了人道主义危机、“伊斯兰国”（IS）崛起、冲突及武器扩散、地区政治分裂等诸多外溢问题。尤其是难民和IS，这两大问题很大程度上改变了外部攸关国家对这场“代理人”战争的考量。多个攸关国家均表示当务之急是打击IS，遏制汹涌难民潮，而解决上述问题的根本是尽快实现停火，开始和平进程。另一方面，自安南受挫，联合国的作用已经开始悄然变化。安南及卜拉希米推行的是一种提供和解方案为主导的调停模式，二者的工作均

① “卜拉希米闹辞职，让危机更复”，http：//www.chinadaily.com.cn/hqgj/jryw/2013-04-18/content_8790301。

以积极落实和解的“六点计划”为重心，[①] 但“六点计划”的推行屡屡受挫，意味着在联合国框架内和平解决危机的尝试宣告失败。面对上述情况，米斯图拉上任后有意将原有的调停模式转向一种便利他方和谈的模式。

第一，尝试局部有限停火。在上述背景下，米斯图拉在上任后不再强调实现全面性的停火，而是尝试促成局部地区——阿勒颇（Aleppo）有限度的停火。阿勒颇是叙利亚北部最重要的城市，至2014年7月，在阿勒颇地区形成了政府军、反政府武装以及库尔德武装三方割据、IS不断渗透的格局。战事导致城内人道问题严峻，民众基本的生活物资匮乏。针对这种情况，米斯图拉的调停团队设计了“冻结现状”计划，即主张在一定时期内“冻结”阿勒颇战斗，其间各方不做移动，确保联合国进入停火地区提供人道救援。作为一项补充性计划，该计划并不取代原有政治解决方案，目的在于在开展人道救援的同时，建立冲突方之间的互信。“冻结现状”计划得到了安理会的支持，巴沙尔也表示“值得考虑”，并承诺愿意于2015年2月底在阿勒颇停止炮火和空袭。然而，后续的事态发展使该计划并未能有效执行。

第二，安排国内、国际谈判。“冻结现状”计划之后，米斯图拉的目标转向协调国内、国际层面的会谈。首先安排了包容冲突各方的第三轮日内瓦会议。由于长期冲突，各方耗损巨大，而IS的崛起也迫使各方急需共同协商应对，出现相对成熟的谈判时机。2015年5月初，政府及50多个反对派别共计200多名代表参与了米斯图拉主持的第三轮日内瓦主题会议，本次会谈的目的在于听取各方意见。会谈内容表明，在权力分享问题上，政府方面的立场有所松动，从理论上接受了对过渡机构的讨论，但是对赋予过渡机构何种权力等细节不做详谈，而各反对派依旧坚持“巴沙尔下台之前，拒绝讨论任何与大马士革分权的提案”。[②]

会议后不久，伊朗核问题在六国调停下得以解决，这使得国际层面和谈时机更为明朗。2015年10月至12月，联合国协助美、俄再度召开“国

---

① 一般认为，调停人具有如下三种功能：提供解决方案；提供谈判渠道和场所便利；强制施压促和。

② “Syrian Conflict ‘Shameful Symbol’ of Global Divisions”, Secretary-General Says, http://www.un.org/press/en/2015/sc11988.doc.htm.

际支持小组”（International Support Group）会议，确立新的和解计划，媒体称之为叙利亚和平路线图。[①] 以新计划为基础，形成了安理会第2254号决议。这是危机爆发5年多以来，安理会通过的首个旨在全面政治解决叙利亚国内冲突的决议，显示出国际社会最大程度的团结。

国际层面的进展推进了内部冲突各方的和谈。2016年1月底，第三轮日内瓦正式会议召开，会议一度因反对派之间的意见不一而中断。随后，在“国际支持小组”及美、俄均提出“暂停各冲突方敌对行动”的呼声中，安理会2268号决议出台，要求冲突各方停火。在外部压力下，最终复会并达成停火。根据国际人权组织观察，尽管各方未能严格执行停火，但冲突规模、范围、烈度较之前明显下降，伤亡数量达到了2011年冲突爆发以来的最低点。2016年3月至4月，第三轮日内瓦会谈继续召开，会议涉及政府重组、修订宪法和实现选举等实质内容，但依旧由于权力归属问题，各方相持不下。

三、联合国调停身份及作用演变分析

2011—2016年，在叙利亚危机和解进程中，联合国的身份和作用均发生演变。联合国的身份由关注者转变为联合调停者最后成为单独牵头者，其调停作用则发生了由提供和解方案到提供谈判便利的变化。

（一）联合国身份演变的分析

1. 持续恶化的局势

《联合国宪章》赋予联合国维护国际和平与安全的使命。在叙利亚危机爆发之初，联合国密切观察局势。阿盟干预失败后，叙利亚局势滑向失控，迫使联合国介入调停。正如卜拉希米所说，“这是非常棘手的工作，但是联合国必须要去做，因为联合国无法辞职”。安南领导的联合调停，

---

① “叙利亚独立调查委员会主席：安理会通过有关叙利亚决议为叙利亚和平制定了路线图”，http：//www. un. org/chinese/News/story. asp？ NewsID＝25345。

与一些阿拉伯国家、阿盟一道成为危机爆发后最受瞩目的和解力量。而随着局势进一步恶化，其他国际调停方如欧美国家及阿盟主导的“叙利亚之友”等渐渐偏向一方，放弃了原有的和解方案，至卜拉希米继任时，联合调停成为主要和解提供方。在阿盟与联合国的联合调停结束后，联合国成为仅有的调停者，单独牵头开展调停。综上来看，叙利亚持续恶化的局势，客观上将联合国卷入危机并推向政治解决的中心，这是联合国的身份发生变化的一个客观原因。

2. 阿盟和解立场的变化

联合国在和解进程中身份演变还与其在地区的主要调停合作方——阿盟的立场转变有直接联系。在阿盟邀请下，联合国正式介入叙利亚危机并与其形成联合牵头调停的局面，但在安南调停前后，阿盟内部经历了“海合会化”过程：海合会的沙特与卡塔尔主导了阿盟。① 他们在主导阿盟后，控制了其议程设置，公开为反对派提供国际支持，对巴沙尔政权趋于强硬。安南调停受挫后，海合国家主导的阿盟在颠覆巴沙尔政权的道路上走得更远，2013 年 3 月（卜拉希米调停阶段），阿盟通过《多哈宣言》，实际上“搁置”了和解路径。阿盟立场的转变给联合调停带来了消极作用：从安南到卜拉希米的和解计划和方案，受到阿盟的诸多干预，最终迫使联合国与阿盟的联合调停终止。总的来看，阿盟在解决叙利亚危机中大致经历了以和平手段解决危机（敦促巴沙尔下台）到支持武力推翻现政权的转变。在这一过程中，阿盟促成了联合国的介入，但随后阿盟的“变色”又使得联合调停告于终结，联合国不得不开始单独牵头调停。从这个角度看，阿盟立场的转变推动了联合国在此进程中的身份变化。

（二）联合国作用演变的原因分析

1. 联合国在危机中的能力“赤字”

联合国可支配的资源有限，难以施加“萝卜—大棒”式的影响，在没有获得大国实质支持条件下，无法强制施压促和，因此在实际中，联合国

① 陈娟：“阿盟介入叙利亚危机的影响分析”，《阿拉伯世界研究》2015 年第 2 期，第 72 页。

常常发挥的作用是提供和解方案或者提供谈判便利。在叙利亚危机中，安南及卜拉希米围绕提出“六点计划”实施开展斡旋，表明这一阶段联合国扮演了方案提供者。但是，在复杂和严峻的危机面前，联合国的能力“赤字”暴露无遗。对于“六点计划”，联合国的能力“赤字”体现为：第一，无力单独促成冲突各方遵守“六点计划”。第二，无法获得美、俄、阿盟的实质支持。第三、联合国既有的调停的权威和公正亦受到阿盟及地区国家的削弱。总而言之，联合国既无力促成内部的谈判停火，也无力构建外部的团结，种种迹象表明联合国无力提供有效解决方案。联合国无法辞职，但是能力的赤字迫使它需要做出改变：虽处于危机的中心，但不得不发挥程序性的作用。米斯图拉在冻结计划无效后，便将精力放在便利各方沟通、促成国际国内的协调会议上。

2. 美、俄间的对抗与妥协

美、俄间的特殊关系，使得几任特使始终处于尴尬与艰难的处境。首先，以美、俄对立为核心的安理会分裂使得联合国未能及时介入，无法发挥有效作用。叙利亚危机生成后不久就显示对地区和平潜在的巨大破坏性，而美、俄对立及安理会分裂使得危机爆发后近一年的时间内，联合国无法形成解决危机的一致立场与办法，错过了管控危机的有利节点。其次，美、俄表面上的妥协成为联合国能够提供和解方案的一项前提。阿盟单独调停失败后，叙利亚处于失控的边缘，解决叙利亚危机成为国际社会的焦点和普遍呼声。美、俄亦有“和解”的诉求（虽然最终目的存在对立），2012 年 3 月，美俄联合声明表示“武力解决没有出路”。此后，安南得以以阿盟的综合计划为蓝本推出了有利阿盟但又不过分刺激巴沙尔的“六点计划”，这样的安排既不得罪俄罗斯，也向美国、阿盟有所交代。无怪乎西方有媒体人刺骨地指出，安南及“六点计划”就是美、俄妥协的产物。[①] 最后，美、俄对立又是联合国和解方案失败的国际根源。美、俄表明妥协，使得联合国得以发挥和解方案提供者的作用，但是双方深刻的分歧又使得这一方案无法发挥效用。“六点计划”核心政治过渡机构一直具有模糊性，美俄在巴沙尔去留问题以及过渡机构性质上的僵持，充分体现

① Gowan, Richard," Kofi Annan, Syria and the Uses of Uncertainty in Mediation", in *Stability*, 2 (1): 8, pp. 1 -6, DOI: http: //dx. doi. org/10. 5334/sta. ax.

出联合国的和解方案存在“硬伤”。随着美俄矛盾的升级，双方在“倒巴”与“保巴”问题上出现白热化，特使试图继续维持推行在联合国框架内和解危机的路径由此难以为继。此后联合国虽然处于和解叙利亚内部冲突的中心，但是却是程序性的，以提供谈判便利为核心功能。

2012 年 3 月，联合国介入危机，开启了长达 5 年多的调停进程。应该如何看待及评价联合国在叙利亚的调停？国际社会对于联合国 5 年多来的行动评价不一，但是以失败论为主流。延续至今的叙利亚危机已成为冷战结束以来最为复杂、残酷的国际危机之一，事实表明以联合国为代表的国际调停未能阻止局势恶化，无法有效地管控冲突。但公正地说，在内部互不妥协以及安理会缺乏团结的背景下，实现和解可谓“不可完成的任务”。面对极端困难的情况，联合国的特使仍然积极奔走，这本身值得肯定。而在调停进程中，联合国也取得了一定成绩，合理地评价联合国在叙利亚的调停应该建立在肯定联合国所做贡献的基础上。

联合国至少在如下几方面做出了贡献。一是提出或促成了具有建设性的和解方案。安南的“六点计划”（《日内瓦公报》）为叙利亚冲突的最终和解提供了建设性方案，确立了政治解决的基础，其强调的“叙利亚人主导的包容各方的政治进程”依旧被认为是解决叙利亚内部政治分歧的核心。米斯图拉协助美、俄确立的新方案，则构成安理会第 2254 号决议，成为新形势下全面解决叙利亚问题的“路线图”。二是确立了有效的国内、国际沟通渠道和谈判场所。在安南、卜拉希米等人的努力下，日内瓦会议和国际支持小组分别成为国内、国际层面的沟通渠道，与联合国日内瓦总部一起成为主要的谈判场所；米斯图拉就任后，联合国调停的程序属性加强，日内瓦和国际支持小组等渠道更为稳定、有效。三是一定程度上缓解了冲突带来的人道灾难。从理论上说，联合国是在危机失控、冲突不断升级这样一个不利的时机开展调停，那么这种“不成熟的干预”（premature intervention）作用何在？有一种解释就是减少杀戮和不人道行为。[①] 安南达成的短暂停火，卜拉希米协助解决的化武危机，以及霍姆斯开展的人道救援，米斯图拉努力推进的人道救援计划起到的正是这种作用。

---

① Elbohy, Ahmed, “Why mediation failed in Syria A case study”, http: //www. academia. edu/15329782/Why_ Mediation_ failed_ in_ Syria. pdf, p. 19.

对于联合国调停，还需要反思不足，总结经验教训。诸多因素置联合国调停于困境之中，使得本次危机管控无力、低效，其中既有冲突的背景因素，也有冲突方的因素，还有调停者自身的因素。从冲突背景因素来看，显著削弱调停成效的因素有：冲突的教派性质、冲突的时机（处于冲突区间）、外部支持缺乏（包括地区国家的对抗，美、俄对立，以及安理会的分裂等）；冲突方的因素则有：双方缺乏和谈意愿（冲突方均对武力取胜抱有幻想）、反对派内部的分裂等；从调停方的因素看主要有：联合国有限的实力，调停中公正性、包容性不足等。

笔者认为，针对本次叙利亚危机，联合国主要应从调停者因素做出总结反思，主要有如下几点：第一，提供的调停公正性不足。联合国《有效调停指导意见》指出，"公正性是调解的一个基石"。[①] 公正性之所以重要是因为它关系到调停者能否与冲突当事方建立起信任。在叙利亚危机的案例中，联合国调停一直不被冲突双方所接纳和认可，其中公正性不足是一个重要原因。例如，在阿盟的干预下，特使（尤其是卜拉希米）多次建议甚至督促巴沙尔下台。在巴沙尔看来，这样的调停是不公平的，[②] 因此政府方面对包括联合国在内的调停怀有抵制心理，难以信任。如何在调停中保持公正性，从而建立起与冲突方之间的信任是今后联合国调停需要仔细思考以及面对的。

第二，调停一度缺少包容性。包容是调停的三个基础原则之一。包容有利于将各方纳入和平谈判进程，控制局势，而排他往往遭到被排除者的搅局。在联合调停阶段包容性一度缺失，表现较为明显，具体表现在：在国内层面，叙政权被排除在第一轮日内瓦会谈之外；在地区层面，由于沙特等逊尼派国家的反对，伊朗被排除在国际支持小组之外。其结果是，巴沙尔对《日内瓦公报》的部分条款持反对态度，且拒绝执行，而伊朗则对国际小组的会谈结果进行抵制。反观 2015 年底以来，米斯图拉利用较为成熟的时机，启动最具包容性的会谈，为形成新的和解方案以及达成停火创

---

① 参见联合国调解人网，http：//www. peacemaker. un. org。

② Raymond Hinnebusch，I. William Zartman，et al，"UN Mediation in the Syrian Crisis：From Kofi Annan to Lakhdar Brahimi"，International Peace Institute，March，2016，http：//www. ipinst. org/2016/03/un-mediation-syrian-crisis，pdf. p. 19.

造了有利的和谈背景。当然，这里并不是一味地强调“一网打尽”式的包容，事实上不加判断地纳入谈判方，还会出现效率低下、过程难以把控等问题。因而，在今后的调停中，围绕包容性问题，联合国的调停者们既需要解决如何落实包容性问题，又要解决如何协调平衡包容性与有效性的问题。

第三，未能妥善处理好与阿盟的合作关系。调解是一项具有复杂性、广泛性的政治进程，需要各方进行合作以推进持续连贯的策略。地区及次区域组织对地区冲突形势有更深刻的了解，与冲突方有更紧密的联系，是不可忽略的伙伴，但是也需要看到，地区组织在冲突面前也有自身利益和偏好，并不一定公正。阿盟是根植于本地区的区域组织，对冲突形势有着更详细的了解，但阿盟颠覆巴沙尔的偏好较为明显，无疑对调停过程，尤其是联合调停产生重大影响，需要认真反思。联合国与阿盟的联合调停并没有明确牵头方。实际中，阿盟在联合调停中有优势，对安南和卜拉希米的行动发出不利的指令和影响，使得联合调停的公正和权威性受到削弱。今后，在与地区及次区域组织合作时，如何平衡对方的效用和偏好是联合国的调停者们需要考量的另一个重大问题。

当前叙利亚实现了初步的停火，虽然冲突的范围和烈度大幅下降，但政府与反对派之间的交火并未完全平息。而在打击IS的进程中，局势依旧复杂敏感。在此情况下，未来一段时间内叙利亚国内冲突问题将出现冲突持续、谈判反复的趋势，联合国在和解叙利亚危机的道路上依旧任重而道远。

联合国维和行动武力使用规范的思考

陈楷鑫

联合国维和行动是联合国维护世界和平与安全职能的重要手段。虽然其不是传统意义上的纯粹军事手段，但是维和行动需要一定的武力存在确保其行动有效实施。不论是其传统维和原则中规定的“非自卫不使用武力”，还是后来将平民保护与捍卫使命列为使用武力的允许范围，维和行动的武力使用规范一直伴随着维和行动的发展而扩展出新的内涵。随着维和行动部署的环境愈发恶劣，现今更应该正视维和行动中的武力使用问题。

一、联合国维和行动武力使用规范的演变：从自卫到平民保护

联合国维和行动中武力使用的规范经历了一个从自卫、主动到平民保护这样一个发展过程。

（一）作为自卫权利的联合国维和行动武力使用规范

早在第一代维和行动中，联合国就已经提出有关武力使用的概念和规则。1956 年在应对苏伊士运河危机而成立的联合国第一期紧急部队中，时任秘书长哈马尔舍尔德就提出了其著名的传统维和三原则：各方同意、中立、非自卫不使用武力，其中非自卫不使用武力的原则在冷战时期联合国处理国家之间的纷争中是颇具成效的。在 1956 年的苏黎世运河危机期间，

美苏两大国的政治施压促使英法以三国撤军，也保证了第一期紧急部队任务的完成。因此，冷战的大环境下，维和行动作为政治工具，其使用武力手段仅限于维和人员自卫的权限。

但这样的大环境下也不能保证联合国维和部队能够顺利地完成每次任务。在1960年刚果行动中，特别是不主动使用武力的准则让刚果行动在两大超级大国角力的情形下显得优柔寡断、摇摆不定时，维和行动不仅间接导致卢蒙巴死亡，而且促使联合国通过了S/RES/161（1961）号决议，[①]第一次通过授权使用武力来处理国家内部冲突。这一转变凸显出传统武力使用原则在应对国内冲突时的无奈。虽然没有形成关于武力使用的规范性文本，但至少从案例的角度表明了维和行动使用武力的原则在应对国内冲突时的短板。

到了1973年第二期紧急部队时，“自卫”的内涵有所扩大。1973年10月的秘书长报告中“自卫”的内涵较之以往有所拓展：“自卫包括抵抗对方以强制手段阻止它执行安全理事会所交付的责任的行为。”[②] 这一对“自卫”范围扩大的解释，一方面让“安理会所交付的责任”得到了实地维和的保障，另一方面实质上也是对武力使用情形扩大的界定。自卫权扩大将维和人员个人安全与维和任务顺利完成进行了有机的统一，这可以降低因执行任务而使维和人员遭受生命威胁的风险，也可以改善因注重维和人员安全而无法有效施展工作的尴尬。虽然这一自卫权扩大在之后一段时间内并未在其他维和行动中得到体现，但这说明联合国已经开始重新思索武力使用的规范。

冷战结束以前，联合国的维和行动在关于武力使用问题上自哈马尔舍尔德原则后并无过多进展。涉及到武力使用原则的行动在相关决议中大都

---

① 第一条在阐述有关采取各种适当措施防止刚果内战时，提到“在必要时使用武力作为最后措施”。参见：《安全理事会1961年2月21日（第942次会议）关于刚果共和国（雷堡市）情势所通过的决议案》，S/4741，http://www.un.org/en/ga/search/view_doc.asp?symbol=S/4741&referer。

② 《秘书长关于安全理事会第340（1973）号决议执行情况的报告》，第2页，第d段。http://www.un.org/zh/documents/index.html&Lang=C。

表述为只有在自卫时才可使用防御性武器。[1] 武力使用原则上围绕自卫权展开，拓展也仅限于对自卫范围的扩展。对于冷战前的武力使用规范，其性质是作为维和人员人身自我保全的一项措施。即使是像刚果行动那样大规模主动地使用武力，那也是在卢蒙巴和哈马尔舍尔德相继去世，维和人员出现持续伤亡，外交途径无法制止这种针对维和人员武装袭击的情形下发生的，其出发点仍是保护维和人员不受当地武装力量的威胁和挑衅。本文认为这主要与以下三个因素相关：第一，冷战结束前的冲突大都是国家之间的冲突矛盾，在同意原则与中立原则得到保证的前提下，维和行动的执行环境大多数是相对安全的（刚果行动等少数行动例外）。这一时期主要的维和任务是监督停火、隔离接触等，过度使用攻击性武器有可能会带来适得其反的效果；第二，维和行动最初是为了在《联合国宪章》第六章“温和手段”和第七章“强制手段”之间找寻一个折中的手段而设，这自然与第七章第四十二条“采取必要之空海陆军行动，以维持或恢复国际和平及安全”的进攻性军事手段有所区别；第三，传统维和三原则中，针对行动本身的原则是“同意”和“中立”原则，而“非自卫不使用武力”则是对维和人员自身保全的原则，武力使用并不是履行行动的手段。同时，维和行动也更多地被看做是一种政治手段而非军事手段，因此武力使用在传统维和行动中一直被框定在维和人员自我保全的手段之中。

（二）更为主动的武力使用规范

冷战结束后初期，维和行动的武力使用出现了一个短暂的转变：联合国开始寻求更为主动的武力使用规范。

这一转变的背景可以从1992年时任秘书长加利发布的《和平纲领》的报告中得到展现。该报告认为，当时冷战的结束让世界上无论大小国都重新燃起了对联合国的期待，相信联合国能够不偏不倚行使其《宪章》赋

---

① 例如1974年联合国部署的脱离接触行动。相关文献参见：《脱离接触协定》附件B，S/11302/Add. 1，http：//www. un. org/zh/documents/view_ doc. asp？symbol = S/11302/ADD. 1。

予的权力，[①] 这需要联合国更加积极地干预世界事务。而加利则在报告中提出了以下三点：第一，关于待命部队。加利援引《宪章》第七章第四十二条和四十三条，认为目前联合国需要装备一支随时待命的武装部队，所以加利提议将随时待命部队的建立提上谈判日程。第二，关于执行和平部队（peace-enforcement units）。报告中提到，执行和平部队的设置是作为《联合国宪章》第四十条的临时办法。这支部队与专为对付侵略行为的部队或与随时待命参与维持和平行动的军事人员不应混为一谈，它不需要当事国同意，而是由安理会授权、秘书长指挥的特别武装力量。第三，关于人员安全。加利认为，安理会应当认真考虑采取包括集体措施的选择权来对付危害联合国人员安全的人员，以便“一旦联合国行动的宗旨受到有计划的阻扰和敌对事件发生时予以实施”。[②] 这一论述与后来“非自卫和捍卫使命不使用武力”的论述有相似之处。

但是，随后联合国索马里行动第二期（以下简称“联索二期”）的实践立马就显现出这一积极武力使用规范的转变的失败。此次行动有两个实施背景：第一，这次行动是依据《联合国宪章》第七章授权开展的，[③] 较之传统的“六章半”维和行动在武力使用上强度有所加大；第二，加利在1992 年给安理会的一封信中提到当时索马里的情况恶劣到“无法用维持和平的办法来对付”，[④] 并暗示希望采取《和平纲领》所提的“扩大的维持国际和平与安全的作用”的措施。而实际上，这次行动也采取了超出传统武力使用规范之外的武力行动：自 1993 年 6 月“索马里联合大会”所属武装力量向联合国人员发动袭击后，联合国多次通过空中精确打击和地面部队配合清除武器储存库并控制电台，以阻止武装派别继续向平民煽动对

① 《和平纲领：预防性外交、建立和平与维持和平》，A/47/277 - S/24111，第 1—7 段，http：//www. un. org/chinese/aboutun/sg/report/hpgl. html。

② 《和平纲领：预防性外交、建立和平与维持和平》，A/47/277 - S/24111，第 68 段，http：//www. un. org/chinese/aboutun/sg/report/hpgl. html。

③ 《第 794（1992）号决议》，S/RES/794，第 10 段，http：//www. un. org/zh/peacekeeping/missions/past/unosom2。

④ 《1992 年 11 月 29 日秘书长给安全理事会主席的信》，S/24868，第 2 页，http：//www. un. org/en/ga/search/view_ doc. asp？symbol = S/24868&referers。

维和部队的仇恨。[①] 10 月 3 日下午，旨在抓捕艾迪德的“艾琳行动”（Operation Irene）展开。[②] 但是，行动中美籍维和士兵共死亡 19 人，伤 70 多人，使得联索二期遭受到了空前的质疑和反对。美国在国内外的压力下，不得已跟艾迪德秘密谈判，撤出维和部队，这引起了其他国家纷纷撤军的连锁反应。最终在 1995 年，联索二期部队在尚未完成维和任务的情况下，全部撤出了索马里。

联索二期是联合国史上少有的采取主动武力作为手段的行动，这次行动的失败也可以看做是《和平纲领》对维和行动扩大化和武力使用定义的失败。对此，1995 年 1 月，加利秘书长做了一份名为《〈和平纲领〉补编》（下文称“补编”）的报告，以此来将《和平纲领》进行“某些领域的强调”。[③] 报告一方面强调就维和行动本身而言，在不具备动武能力情况下动武是很危险的事情，并且有必要抗拒使用军事力量以加速维和进程的诱惑，维和行动使用武力（除自卫之外）应被视为变通办法而不是常规手段。另一方面强调，安理会授权一些会员国执行强制行动在一些特殊的情况下是有必要的。临时由“对冲突特别关心的国家”组成的“秘书长之友”可以调动资源支持秘书长，即便这可能给联合国的地位和信誉带来不利的影响。加利在“补编”中援引《联合国宪章》第八章，认为区域组织可以在维和行动中做出贡献。鉴于部分区域组织拥有实地经验，加利特别强调联合国与他们的“联合部署”和“联合行动”。从上述两个方面可以看出，在“补编”中，加利并没有全盘放弃使用执行和平部队或者更为积极主动的武力的设想，而是将其实地执行权交给区域性组织和自愿国家联盟，将其与维和行动进行彻底的区分。

---

① 《秘书长关于安理会第 837（1993）号决议执行情况的报告》，S/RES/885（1993），第 19 段，第 21 段，https://documents-dds-ny.un.org/doc/UNDOC/GEN/N93/381/42/IMG/N9338142.pdf?OpenElement。

② Mark Bowden, *Black Hawk Down: A Story of Modern War*, Georgia: Atlantic Monthly Press, 1999.

③ 《〈和平纲领〉补编：秘书长在联合国五十周年提出的立场文件》，A/50/60 - S/1995/1，第 35 段，第 36 段，第 77—80 段，http://www.un.org/en/ga/search/view_doc.asp?symbol=S/1995/1&referers。

（三）作为平民保护手段的维和行动武力使用规范

20世纪90年代，维和行动中另一个突出的转变就是将“平民保护”纳入维和工作内容中。促使这一转变的发端可以追溯到1994年的卢旺达大屠杀，这次大屠杀可以说是维和行动在平民保护工作上缺失的极端反映。表现为：其一，对维和使命机械的遵守。1993年部署的卢旺达援助团（以下简称“援助团”）的任务是监督停火和保证首都安全，对于超出这一范畴的其他行动，联合国表现出的是谨慎和回避；[①] 其二，安理会对乌干达社会危机的轻视。尽管加利秘书长提议将援助团期限延后6个月以处理当地针对平民的安全事件，但安理会还是因为资金问题只允许4个月延长时间；其三，派兵国违反派兵承诺及消极应对。整个维和行动期间，联合国及其会员国表现出对保护平民的消极保守：在大屠杀开始后，美国受到之前索马里行动的影响，拒不出兵；比利时在10名维和士兵身亡后宣布撤走所有的比利时维和人员；[②] 实地维和人员在行动中也是消极待命。[③]

在这次大屠杀之后，联合国将平民保护问题提上了日程讨论。1998年，秘书长的一份关于非洲冲突起因和促进持久和平发展的报告中第一次提出了要“在冲突局势中保护平民”。[④] 报告认为，平民已经从冲突间接受害者上升为直接目标。这份报告提出，对平民的保护，应该重点监测妇女儿童的人权状况，加大对人权特派团的经费摊款，同时有可能的话，对加害的武装人员追求其对受害者的经济赔偿责任。次年，安理会在一份主席声明中就保护冲突中的平民的决心表述得更为显现。安理会表示愿意按照《联合国宪章》，对以平民本身为目标或蓄意阻扰向平民提供人道主义援助的情况做出反应。同时，“安理会请秘书长具体建议其职责范围内如何从

---

① 郑正：《联合国卢旺达维和行动研究》，苏州大学2011年度硕士学位论文，第14页。

② “卢旺达大屠杀10年祭——本可避免的人间惨剧”，新华网，2004年4月6日，http://news.xinhuanet.com/world/2004-04/06/content_1404423.html。

③ 《调查联合国在1994年卢旺达发生灭绝种族时间期间所采取的行动的独立调查委员会的报告》，S/1999/1257，第17页，第19页，http://www.un.org/en/ga/search/view_doc.asp?symbol=S/1999/1257&referers。

④ 同上，第49到第53段。

实际上和法律上改进武装冲突情况下对平民的保护”。[①]

1998年联合国召开的另一个安全会议认为，战斗人员并没有重视和遵守国际人道主义法及人权法，平民在冲突中受到极大伤害，因此在武力使用上就保护平民所必须做的事情提出了明确建议：视情况在难民和流离失所者开始移动时派驻维和人员，确保他们能够在难民营安顿下来，免受武装分子骚扰或渗透；部署国际军事观察员监测疑似藏有武器、战斗人员和武装分子的难民营。若查实情况而当事国无法武力干预，则考虑部署区域或国际军事部队，采取的措施可以包括迫使战斗人员或武装分子解除武装；建立临时安全区保护平民和提供援助，为此要组建可靠的部队；面对大规模不断发生的侵犯人权行为，考虑采取适当的强制行动，安理会对此应考虑到有限和适当使用武力及其对平民和环境的影响。[②]

在2000年4月安理会第1296号决议中，除了上述表述外，安理会就冲突中保护平民提出了以下两点：一是提出向处于武装冲突的平民提供保护方法时，必须对每一个案的具体情况逐案分析；二是打算在适当时与有关的区域组织协作来增加武装冲突中保护平民的机会。[③] 从这里可以看出，联合国维和行动在决策层上并不打算对冲突中的平民保护提供一种统一行动的机制。作为一种职能手段，安理会依旧希望将职责更多分给有能力且可监控的区域组织。但同时，秘书长2001年的工作报告中强调，在非洲，虽然各国和各区域组织已表明越来越有兴趣在非洲的维和行动中发挥作用，但它们的可用资源有限，这是一个重大障碍。同时他指出，“国际社会应意识到，加强非洲的维和能力不能成为减少在非洲大陆参与的借口”。[④]

自1999年联合国塞拉利昂特派团以来，目前几乎所有的维和行动都有明确的保护平民的授权任务。联合国安理会于2009年发布《武装冲突中保护平民备忘录》，提出了更加具体的平民保护规范。2010年11月《秘书

① 《安理会主席的声明》，S/PRST/1999/6，第2页，http：//www. un. org/en/ga/search/view_ doc. asp？symbol = s/prst/1999/6&referers。

② 《秘书长关于武装冲突中保护平民问题给安全理事会的报告》，S/1999/957，第20—24页，http：//www. un. org/en/ga/search/view_ doc. asp？symbol = s/1999/957&referers。

③ 《第1296（2000）号决议》，S/RES/1296（2000），第1页，第2页，http：//www. un. org/en/ga/search/view_ doc. asp？symbol = S/RES/1296（2000）&referers。

④ 《秘书长关于联合国工作的报告》，A/56/1/Add. 1，第48、49段 https：//www. un. org/chinese/ga/56/doc/a56_ 1a1. pdf。

长关于武装冲突中保护平民的报告》中强调，特派团在部署前应该进行培训，制定平民保护战略。同时该报告还指出，特派团的缩编是一个棘手的问题，[①] 如何在缩编前制订保护平民基准是这一背景下在冲突中保护平民工作中首先需要解决的问题。

二、联合国维和行动中武力的使用：正当性和限定

维和行动的武力使用规范从传统维和中的针对维和人员自身安全维护的原则，扩大成为联合国执行和平任务（平民保护）的一种手段，其涵盖的受保护主体也从维和人员扩展到当地平民和国际救援人员。对武力使用的正当性和限定，也是进入 21 世纪以来对维和行动武力使用规范的发展内容。

（一）武力使用的正当性

2000 年 8 月，以卜拉希米为首的高级别专家小组向联合国大会提交了一份报告（“卜拉希米报告”）。这份报告对联合国过去的维和行动做出了全面的审查，就维和行动的武力使用正当性提出了以下三点建议：第一，保护任务不受破坏的正当性。报告认为，联合国军事部队应该能够“保卫自己和特派团其他组成部分，并且使特派团的任务不受破坏”。[②] 第二，强硬接战规则的正当性。接战规则“不应限制特遣队只能进行一枪对一枪的还击，而应容许在联合国部队或受其保护的人民受到致命攻击时做出有力的还击，迫使对方停止攻击”。联合国“不应强迫联合国特遣队将主动权交给攻击者”。[③] 第三，武力使用具有道义性。报告认为，各地方当事方在道义上不是相等的，有些显然是侵略者，有些是受害者。维和人员不但在

---

① 《秘书长关于武装冲突中保护平民的报告》，S/2010/579，第 12、13 页：http：//documents-dds-ny. un. org/doc/UNDOC/GEN/N10/617/63/PDF/N1061763. pdf？OpenElement。

② 《联合国维持和平行动问题小组的报告（卜拉希米报告）》，A/55/305 – S/2000/809，第 49 段，https：//www. un. org/zh/documents/view_ doc. asp？symbol = A/55/305。

③ 《联合国维持和平行动问题小组的报告（卜拉希米报告）》，A/55/305 – S/2000/809，第 50 段。

行动上有使用武力的理由，而且基于道义也不得不这样做。[①] 但同时专家小组强调联合国不会卷入冲突，需要对维和行动增援时由自愿国家联盟依据《联合国宪章》第七章条款行动。[②]

2004 年，联合国大会一份报告中认为目前有两种趋势表明安理会在处理冲突时的效力日益增强，一是其越来越积极并有意愿动用《联合国宪章》第七章所赋予的权力，二是人们越来越期待安理会成为武力使用的仲裁者。[③] 20 世纪 90 年代发生的大屠杀表明，在阻止一个国际社会承认的合法政府屠杀其本国公民时，联合国需要相当规模的军事部署能力，同时也需要克服主权不可侵犯和干预权力这两种主张的冲突。因此，在这份报告中，提出安理会考虑批准或同意使用武力时的五个正当性的标准：（1）威胁的严重性：包括两点，一是这种威胁是否明确和严重。二是这种威胁是否涉及种族灭绝或其他大规模的清洗；（2）正当的目的：维和行动若是要采取相应的军事行动，必须明确行动的目的只是制止或者避免威胁；（3）最后的措施：在采取武力手段之前，必须探讨非军事途径方法以及有正当理由认为其他措施不会成功；（4）相称的手段：判定拟议的军事行动的范围、时间和强烈程度是不是应对有关威胁所需要的；（5）权衡后果：是否有相当的把握认为军事行动可成功消除有关威胁，而且行动的后果不会比不采取行动的后果更坏。[④]

（二）维和行动武力使用限定

2006 年，维和行动部认为，维和行动的效果和效率需要加强，因此打算制定一份“和平行动 2010”的报告并做行政和财政上的盘查。2008 年，联合国维和行动部和后勤支助部发布了《联合国维和行动：原则和指南》，

① 《联合国维持和平行动问题小组的报告（卜拉希米报告）》，A/55/305 - S/2000/809，第 55 段。

② 《联合国维持和平行动问题小组的报告（卜拉希米报告）》，A/55/305 - S/2000/809，第 53 段。

③ 《一个更安全的世界：我们的共同责任》，A/59/565，第 81 段，http：//documents-dds-ny. un. org/doc/UNDOC/GEN/N04/602/30/PDF/N0460230. pdf? OpenElement。

④ 《一个更安全的世界：我们的共同责任》，A/59/565，第 207 段。

作为“和平行动2010”的阶段性成果。这份文件舍弃了1995年《维和行动总则》的八大原则，重新回归到传统维和三原则中，但是三原则的具体内涵在诠释上发生了变化。其中在非武力使用原则上，表述为“非自卫和捍卫使命不使用武力”(Non-use of force except in self-defense and defense of the mandate),[①] 并对武力使用进行了限定：

首先，将武力使用限定为战术层面的运用。维和行动在面对国内冲突时，由于国内武装分子具有分散性，并且其行为干扰行动任务的执行并对平民构成威胁，文件认为，自卫权应包含有保护安理会授权行动不受阻止的含义。而适用于这种武力使用原则所指的维和行动被指称为“强势维和(robust peacekeeping)”，这不仅与传统维和行动不同，而且与以往所提出的强制和平也有所不一致。“强势维和”作为一种战术层面的武力使用，需要安理会的授权以及东道国或者主要冲突方的同意，而强制和平则不需要获得主要冲突方的同意，并且可以作为战略手段使用。

其次，将武力使用目标限定为阻止行动破坏或平民伤害。联合国维和行动的武力使用应该作为一种在其他方法都不奏效的前提下的最后手段。文件指出这种使用武力的目的是阻止那些对和平进程破坏的人，而不是寻求他们在军事上的失败。武力使用原则应是在授权下通过最小的武力来达成所需要的效果，并且应时刻做好转为非武力方式的准备。对于“最小武力达成效果”的目标，文件提出两点建议：一是对是否使用武力的判断标准，应该包括任务能力、公共观念、人道主义、平民保护，人员安全。并且最重要的是，得到东道国或地方的同意。二是强调接战规则和武力使用原则的作用。在实际的维和行动中，武力使用通常都会受到政治性因素和突发情况影响。接战规则和武力使用原则可以协调在什么情况下使用何种程度的武力，指挥官可以获得何种程度授权。因此，对于任意一次维和行动，每个维和人员都应该了解接战规则和武力使用原则，适当的接战规则和武力使用原则是维持联合国维和行动信誉以及行动自由的保障。

这种对维和行动武力使用的限定在联刚稳定团的行动中得以显现出

---

① “United Nations Peacekeeping Operations: Principles and Guidelines”, pp. 34 – 35, https: // pbpu. unlb. org/pbps/Library/Capstone_ Doctrine_ ENG. pdf.

来。刚果东部北基伍省自2008年爆发的危机严重影响该地区的和平稳定。因此，为了支持《刚果民主共和国和区域和平、安全与合作框架》的目标，安理会一致通过S/RES/2098（2013）号决议，建立专职的“干预旅”，[①] 加强刚果稳定团的维和能力。

“干预旅”从性质上说属于“强化的维和行动”。如上文所说，其设立和武力使用需要得到安理会授权（S/RES/2098（2013）号决议）以及有关各方的同意（大湖区周边国家的同意原则体现在《刚果民主共和国和区域和平、安全与合作框架》的目标中）。这个部队的设立有两点需要特别注意，一是部队的目标分别是保护和解除威胁。保护的对象包括平民和当地国际组织工作人员，解除的对象是武装团体的暴力行为，部队行动将直到刚果的司法和安全机构可以管控该地区的威胁为止；[②] 二是部队有明确的撤离战略。安理会将会根据其完成任务的情况以及刚果在履行其承诺方面的进展，考虑是否需要继续派驻干预旅。干预旅的派驻与刚果稳定团的派驻在时间和进程上是分开的。从这可以看出，目前联合国维和行动的武力使用结合现有冲突环境和联合国自身资源情况，对武力使用做出了目标和时限的限定。武力使用并不追求军事上的胜利，而是解除武装团体的威胁，因此在时间上必须有明确的退出机制，以免像索马里二期行动或者刚果行动那样深陷冲突泥潭。

三、联合国维和改革与武力使用规范的未来：挑战与前景

未来，包括武力使用规范在内的联合国维和面临改革，而建立维和伙伴关系已成为一个共识。

---

① 联刚稳定团的背景参见：http：//www. un. org/zh/peacekeeping/missions/monusco/background. shtml。

② 《联合国安理会第2098（2013）号决议》，S/RES/2098（2013），第6页，http：//www. un. org/zh/documents/view_ doc. asp？ symbol = S/RES/2098（2013）。

（一）武力使用规范的挑战

目前，有学者认为武力使用有两方面的趋势：一是高科技武器的不断投入使用，以减少对非目标的损害，而发达国家在这方面占有优势；二是在占据武力优势同时占有道德高地，以免受到人道主义等的谴责。[①] 对联合国维和行动而言，对武力使用规范构成的挑战有两方面因素。

其一，维和行动执行的环境愈发恶劣。与以往的维和行动不同，随着联合国对地区冲突的进一步干预，其和平行动需要在更加恶劣的环境下进行，这种环境甚至是“没有可维持和平的环境”。[②] 因此，他们的工作不是维持或者建设和平，而是遏制或者管理冲突。2015 年，一份由审查联合国和平行动的独立小组（以下简称独立小组）向联合国提交的研究报告（HIPPO Report）中进一步解释了这种环境的表现：监督停火的任务是在更加充满敌意的环境下进行；强制和平工作往往因为政治和平进程的崩溃而中断；特派团还要担负管理冲突的工作，但是在暴力环境中缺少以往推动成功的有利框架。[③] 独立小组因此认为和平行动的目标应该是将尽可能多的冲突方纳入和平进程当中，而对于游离于进程之外的“破坏者”，则应该给予有效的制止以及惩罚。严峻的环境给维和行动造成两难的困境：如果不采取强有力的武力使用规范，维和行动无法完成既定任务，特别是目前平民保护、人道主义救援已经成为维和行动任务的重要部分，平民的伤亡会给维和行动带来巨大的舆论压力；如果采取强力的接战规则，那么会让维和人员陷入安全局势复杂的冲突之中。一旦出现伤亡，派兵国极有可能选择撤回自己的维和部队，这对整个行动都是极为不利的。

其二，除了上述严峻的任务环境外，目前对维和行动武力使用规范造

① 盛红生：“第二次世界大战后武力使用规范的演进”，《国际安全研究》2016 年第 4 期，第 93—159 页。

② 《和平行动问题高级别独立小组的报告——集中力量，促进和平：政治、伙伴关系和人民》，A/70/95 - S/2015/446，第 10 页。http：//documents-dds-ny. un. org/doc/UNDOC/GEN/N15/181/44/PDF/N1518144. pdf？OpenElement。

③ 《和平行动问题高级别独立小组的报告——集中力量，促进和平：政治、伙伴关系和人民》，A/70/95 - S/2015/446，第 37 页。

成更为直接困扰的是，国际社会尚未能对联合国武力使用规范达成一致的看法。首先，发达国家与发展中国家在武力使用规范上持有不同的看法。发展中国家派出的维和军事人员由于整体装备不够先进，无法在面对当地武装团体的行动中保持武力优势，因此为避免人员伤亡，在实地维和中对武力的使用是慎之又慎。而发达国家的维和部队装备相对精良，因而倾向于依赖优势武力来应对可能的武力骚扰。其次，安理会与维和行动部在武力使用规范上也存在矛盾。出于对平民保护的道德要求，安理会在自 1999 年塞拉利昂特派团开始之后的几乎所有维和特派团的授权中，都提到了类似“向面临急迫威胁的平民提供保护”的字眼。特别是，近些年在刚果、科特迪瓦、南苏丹、马里、阿卜耶伊地区、达尔富尔地区所部署的特派团，甚至授权“采取一切必要的手段”来完成维和任务。但与此同时，维和行动部在使用武力问题上却显得不那么积极。维和行动部下设行动厅、法治和安全机构厅、军事厅以及政策、评价及培训司，共有 431 个职业（包含 14 个临时职位）。[①] 其中，负责“支持联合国的目标部署最适中的军事力量”[②] 的军事厅则只有 28 个职位。目前对于正在执行的 16 个维和行动而言，军事厅显得人手不足，由此带来的是分析能力的匮乏以及指令传达的迟缓。这些负面因素对维和行动武力使用的授权使用是不力的。再次，联合国与其他国际组织就维和行动的武力使用也有不同的倾向。由于一些维和行动的武力使用给当地日常生活造成了紧张的气氛，一些维和行动部署地区的武装团体甚至平民对维和部队颇有微词。其他在当地工作的国际组织也因为当地人“排外情绪”而成为了当地人眼中不欢迎的对象，甚至一些国际人道组织工作人员为了在工作中不受到来自武装分子的袭击，有意与联合国人员保持距离，同时在车辆、直升机等使用上刻意避免使用黑字白底的联合国标志的载具，以免成为骚扰和袭击目标。[③] 原本受

① Andersen, Louise Riis Engedal, Peter Emil. Blue Helmets and Grey Zones: Do UN Multidimensional Peace Operations Work?, København: Dansk Institute for International Studier, 2013: p. 24.

② 联合国维和行动部：http://www.un.org/zh/peacekeeping/about/dpko/。

③ Erin A. Weir, UN Integrated Missions and the Humanitarian Imperative, p. 23. http://reliefweb.int/sites/reliefweb.int/files/resources/1EE897418FD9945CC12571CE003EB9F8-KAIPTC-Jun.2006.pdf.

命保护当地平民和当地其他国际组织工作人员的维和部队反成了他们人身安全威胁的触发因素，这值得反思。

由上可以看出，目前维和行动由于参与主体的众多而显得庞大复杂，对武力使用的意见上，不同国家，不同地区组织，甚至联合国内部不同部门都存在着诸多的矛盾。现在参与维和行动的主体不限于联合国，其他国际组织、国家，甚至是有影响力的个人，都是维和行动参与者。因此，对武力使用规范讨论的当务之急，是要统一维和行动参与者就维和行动中的武力使用问题达成一致看法。

（二）建立维和伙伴关系——武力使用规范的共同认识

“全球伙伴关系”是联合国推动世界各国在处理全球性问题的联动机制。早在 1994 年，时任联合国秘书长加利就邀请 11 个国际组织的领导人到联合国总部，就联合国与区域性组织在地区安全，尤其是在维和行动上的合作和协调进行磋商。[①] 2009 年 7 月，维和行动部和外勤支助部联合发布了一份名为《新的伙伴关系议程：开辟联合国维和新视野》的非正式文件。[②] 这份文件呼吁联合国内部机构、资源贡献国以及其他外部伙伴一道加强联合国的全球伙伴关系。文件从三个方面谈及伙伴关系的强化：一是从目标上，应该通过政治战略指导和其他外部支持实现对维和行动的设计、建立与管理。二是从行动上，要做到更快的部署以及更明晰的角色定位。特别强调在保护平民、强势维和及建设和平三个领域中要统一贡献国、联合国和其他国际组织的协调性。三是谈及未来的伙伴关系，认为应该建立一种“创新”且“灵活”的能力，这种能力可以突出维和任务当地的供给和需求关系，同时可以对人才进行留任和筛选。随后在 2010 年及 2011 年，维和行动部和后勤支助部又分别发布了《新视野倡议》的 1 号和 2 号进展报告，对《新的伙伴议程》中列举的平民保护、强势维和及建设

---

① 况守忠：《美国维和行动研究》，中国社会科学出版社 2012 年版，第 115 页。

② “A New Partnership Agenda—Charting a New Horizon for UN Peacekeeping”, New York, July, 2009, http: //www. un. org/en/peacekeeping/operations/newhorizon. shtml.

和平三大领域进行了进展回顾。这三份文件虽然是非正式文件，也不具备法律约束力，但文件本身的目的在于促成未来可能参与到维和行动的伙伴达成共识，并制定短期、中期和长期的目标。

目前，联合国与非洲联盟、欧洲联盟这两个区域组织在马里和中非两个国家的维和行动合作是较为成熟的。例如在中非共和国，非盟通过马里、萨赫勒特派团以及中部非洲国家经济共同体，在马里的过渡和稳定的政治进程中继续发挥作用，而欧洲联盟则为执行共同安全与防卫政策部署定向明确的部队，并负责培训咨询或其他交接的工作。但同时我们必须看到，在一些难度较大的行动中，一个组织难以确立明确的战略方向，更不用说在成员不同、看法各异和关系松散的几个组织中，要在安全理事会维持和平与安全首要职责的大框架内确立明确的战略方向难度更大。[①] 2015年的和平行动高级别独立小组的报告中再次强调维和伙伴关系，认为今后联合国需要一个更具包容性的伙伴关系，在每个行动伊始建立共同的目标。同时还提出，伙伴之间应该有互相尊重和共担责任的基础。[②]

2016年，联合国一份关于建立全球伙伴关系的大会决议进一步认为，联合国与相关伙伴的合作应该是基于原则的办法，[③] 强调联合国在选择合作伙伴的时候，应该选择一些支持《联合国宪章》和其他能体现联合国核心价值观的文件，承诺奉行《联合国全球契约》各项原则的伙伴。同时决议邀请各界人士推动并落实《2030年可持续发展议程》，作为培养公民意识，促进全球公民对联合国核心原则和活动的理解的重要渠道。

因此，在目前这种艰难的维和行动环境中，维和行动要取得成功（哪怕是有限的成功），需要在以下三个方面达成一致的看法：武力使用的必要性、撤出机制和原则。

---

① 《共建和平：打造维持和平伙伴关系秘书长报告》，S/2015/229，第3页。http://www.un.org/en/ga/search/view_doc.asp?symbol=S/2015/229&referer。

② 《和平行动问题高级别独立小组的报告——集中力量，促进和平：政治、伙伴关系和人民》，A/70/95 - S/2015/446，第9页，https://documents-dds-ny.un.org/doc/UNDOC/GEN/N15/181/44/PDF/N1518144.pdf?OpenElement。

③ 《建立全球伙伴关系：以基于原则的办法加强联合国与所有相关伙伴的合作》，A/RES/70/224，第5页．http://www.un.org/en/ga/search/view_doc.asp?symbol=A/RES/70/224&referer。

武力使用的必要性。正如《2015 年联合国和平行动的未来》[①] 所说的，“政治努力必须辅之以坚定的决心，包括在必要时使用武力”。现在部署的特派团需要适当的行动框架和接战规则来保护自己及履行任务，愿意通过有策略地使用武力来保护平民和其他工作人员。保护平民已经成为目前综合特派团工作的一部分，但是特派团履行保护平民义务的环境却非常艰巨，因此在非武力手段失效以及平民受到迫在眉睫的威胁时，维和行动要有使用武力的授权以及能力。

武力使用的撤出机制。从“干预旅”的部署可以看出，武力使用目标并不是从战略上摧毁武装团体，更不是加强政治施压和增加谈判桌上的筹码。战术层面的武力使用仅仅是消除武装团体给维和使命和工作人员及当地平民带来的威胁，因此在确定使用武力前，必须要有明确的可达成的政治目标以及明确的可实施的时间表，在完成既定目标后即立即撤出。

武力使用的原则。早在 2005 年联合国大会的全体会议中，刚果代表就提出，联合国“必须采纳适用于使用武力的明确原则，加强联合国在这个领域的能力”,[②] 但时至今日，尚未制定出能够完全指导这种多层面强势维和的武力使用原则。维和三原则在维和行动史上的成功例子表明其可以推动传统维和中督促停火和执行停火和平协定的工作顺利完成，但是面对包含着人道主义救援、保护平民、安保部门培训、缴械、复员及重返社会工作和社会治理等复杂任务的多层面维和行动，维和三原则需要做出更加积极的解释。特别是武力使用问题，其“捍卫使命”的范围目前已经包含了平民保护的内容，因此这一原则不应该成为某些国家拒绝向特派团提供人力物力的借口。

综上所述，联合国维和行动作为《联合国宪章》第六章的温和手段和第七章强硬手段两者之间的折中办法，在过去几十年的发展表明其离不开使用武力，但是为了避免维和行动成为纯粹的军事手段，在使用武力上必

---

① 《联合国和平行动的未来：执行和平行动问题高级别独立小组的各项建议》，A/70/357 - S/2015/682，第 15 段，https：//documents-dds-ny. un. org/doc/UNDOC/GEN/N15/270/73/PDF/N1527073. pdf? OpenElement。

② 《2005 年联合国第六十届大会第八次全体会议（正式记录）》，A/60/PV. 8 第 24 页，https：//documents-dds-ny. un. org/doc/UNDOC/GEN/N05/511/90/PDF/N0551190. pdf? OpenElement。

须制定相应的限定与规范。强制和平的提出似乎给联合国主动使用武力提供了路径，但索马里行动的失败不得不让联合国重新审视这种超国家的军事手段方式。早在2000年《卜拉希米报告》中提出的“强势维和”在使用武力上需要同时获得安理会授权和冲突方的同意，并且需要在有明确政治目标和可执行的时间表的前提下才能部署。这一概念在联刚稳定团中付诸以“干预旅”的实践。目前联合国新部署的维和行动中，相当一部分的当地安全环境并不乐观，有时候维和行动还必须承担管理冲突而不仅是维持和平的工作。参与维和的全球伙伴对维和行动武力使用的态度不一。本文认为，今后在维和行动的武力使用问题上必须认识到，使用武力无法避免，要正面应对今后可能出现的挑战。

联合国与非盟和平安全伙伴关系
——以非洲和平安全架构为例

程子龙

联合国在构建全球安全治理体系的过程中越来越重视区域组织和次区域组织的作用。区域和次区域集体安全机制是全球集体安全网络的重要组成环节，而区域和次区域组织则是联合国主导的全球安全治理得以实现的重要伙伴。联合国在多项重要文件中强调与各区域组织，按照《联合国宪章》及各区域和次区域组织有关规约建立有效伙伴关系的重要性和必要性。[①] 以非盟为例，自2002年非洲统一组织（OAU）正式改组为非洲联盟（AU）之日起，标志着非洲的共同目标已经从去殖民主义转向了发展非洲，而确保一个和平安全的非洲则是非洲发展的前提。然而，非洲也明确地认识到仅凭一己之力无法实现其和平愿景。2002年7月，在南非德班举行的非盟第一次首脑会议通过了《关于建立非洲联盟和平安全理事会的议定书》（Protocol relating to the establishment of the peace and security council of the African Union，下称议定书），《议定书》第17至20条规定，非盟和平安全理事会应积极寻求与联合国尤其是负有维护国际和平与安全首要责任的联合国安理会进行密切合作。由此可见，联合国与非盟之间就建立一种紧密的伙伴关系已具备共识，而非洲和平与安全架构则为双方合作提供了原则、内涵和框架的借鉴。

① 1992年联合国秘书长加利发表《和平纲领》报告，第七章专门谈及“联合国与区域安排和区域组织合作”UN A/47/277－S/24111；安理会1993年1月向主要区域组织发出关于增进与联合国协调的邀请；联合国大会1994年12月发表《关于加强联合国与区域安排或区域机构的合作的宣言》等。

一、联合国与非盟建立和平安全伙伴关系的动因

与非盟建立伙伴关系之所以重要，从联合国方面来讲，一方面是因为全球各区域对联合国和平行动的依赖日益增加，使联合国担负重荷。联合国在全球部署了16项维和行动，军事和警务人员数量从2000年的34000人增至目前的106000人，参加维持和平行动的文职人员也已超过19000人。此外，联合国还要向所派驻人员和合作伙伴提供后勤、培训、技术和经费等支持。其中，62.5%的联合国和平行动和87%的联合国维和部队军警人员都在非洲，而且80%以上的年度维和预算用于在非洲的各个特派团。[①] 联合国不仅承担着人力、物资方面的压力，其特派团行动的危险性、复杂性也在不断增加，国际社会赋予联合国的期望也在日益增高，这急需联合国的区域伙伴给予能力以及地方知识等方面的支持。另一方面是因为联合国与区域组织可以互为合法性的来源。通常认为联合国具备的普遍合法性是其最大优势之一，目前这种观念却在遭受着质疑，这集中体现在联合国和平行动的“公正性”和“一致性”的双向缺失。“公正性”的缺失是因为联合国的部分维持和平行动都有西方大国背后主导而使其丧失公允；“一致性”的缺失则是指随着安全议题的深化及参与方的扩大，维持和平行动的原则、指挥权、部署等各项环节越发难以达成各方的一致同意。合法性不是凭空产生的，一方面来源于自身，另一方面则来源于与其他行为体的社会互动，也就是需要得到他者的承认。具体而言，联合国“公正性”的缺失需要自身来弥补，而“一致性”的缺失则需与他者来互为补充，即在联合国与区域组织间互相获得填补。

从非盟方面来讲，如今非洲仍是最不安全的大陆，仍面临着极为严峻的安全挑战。非洲几乎涵盖了所有的安全议题，从传统的国家间冲突、领土争端以及国内冲突，到非传统的恐怖主义、粮食安全、水资源危机，再

---

① 2015年和平行动问题高级别独立小组的报告：《集中力量，促进和平：政治、伙伴关系和人民》，A/70/95 - S/2015/446，第18页，第65页。

到难民、传染疾病，不一而足，而且各项冲突间往往又交错呼应，对于政治、经济、社会都产生了极为深远的影响。非洲的冲突通常都会导致极为严重的人道危机，所以非洲的安全问题如得不到有效治理不仅阻碍自身的发展，这不利于全球安全体系的建设，并阻碍全球经济社会的发展与繁荣。尽管非洲自身也希望减少对于外部的安全依赖，希望在安全治理中发挥更大的“自主性”，实现用“自己的方式解决自己的问题”（African Solutions to African Problems），[①] 但是非洲仍面临严重的能力赤字。所谓的非洲“自主性”即指在坚持“泛非主义”原则的基础上，不仅要对具体问题掌握实际控制权，也要确保在议题中参与水平和程度的提高。目前，非盟主导下的非洲安全治理能力得到了显著提升。“非盟创建了一系列安全机制，并根据‘辅助性原则’（Subsidiary）实现与次地区组织的分工协作。”[②] 非盟已经能够越来越多地开展独立的行动，并且具备调拨更多资源的能力。就参与和平行动的人员来看，现今非洲国家向联合国提供的军队人数已达48000人，而十年前这一数字仅为10000人。[③] 非盟的能力之所以有所提升，很大一部分归因于非洲和平安全架构（African Peace and Security Architecture，APSA）的逐渐成形。即便如此，仍应认清非洲安全治理愿景与能力之间的差距。非盟无疑是联合国未来建设一个更强大、更具包容性的和平与安全伙伴关系网络中的重要一环，但同样要坚持联合国发挥主导作用，毕竟“联合国在世界各地享有获取知识和专长的特殊渠道；可以借助于广大成员的财政、人力和其他资源，在世界上任何地方组建和维持和平行动；并且联合国具有无与伦比的召集力，有能力为共同目标将不同利益

---

① 非盟官方网站：*Report of the Chairperson of the Commission on the operationalisation of the Rapid Deployment Capability of the African Standby Force and the establishment of an "African Capacity for Immediate Response to Crises"*, April 29, 2013, http://au.int/en/speeches/report-chairperson-commission-operationalisation-rapid-deployment-capability-african.

② 李鹏涛、刘鸿武：“论非洲地区组织影响力提升背景下的中国对非战略”，《国际展望》2012年第4期。调研过程中，采访Matu Consult的负责人Mehari Taddele Maru时，他同样强调了“辅助性原则”的重要性。

③ Cedric De Coning, *A Unique Model of African Peace Operations*, February 29, 2016, http://peaceoperationsreview.org/interviews/cedric-de-coning-a-unique-model-of-african-peace-operations.

方汇集到一起。"[①]总之，联合国应深化与非盟的和平安全伙伴关系，并且围绕非洲和平安全架构进行合作，共同促进非洲乃至全球的和平与发展。

二、非洲和平安全架构：和平安全伙伴关系的内涵和框架

在2002年通过的《关于建立非洲联盟和平安全理事会的议定书》中，不仅提出成立非盟和平安全理事会（Peace and Security Council，PSC），作为冲突预防、管理和解决的决策机构，而且《议定书》还附带了一项涵盖早期预警、预防外交、冲突管理、缔造和平以及建设和平等全方面的议程，亦即构建一个涉及和平安全问题全景式的和平安全架构。非盟意图通过打造一个治理和平安全问题的工具箱，以确保实现《非洲联盟宪章》和《议定书》中提出的和平安全使命。在这个架构中，和平安全理事会处于核心决策地位，旨在对非洲大陆潜在的冲突事件提出及时的预防、管理和解决方案，并迅速地向进行中的冲突危机做出有效反应。和平安全理事会由其他几项机制支持，分别为大陆早期预警机制（Continental Early Warning System，CEWS）、智者团（Panel of Wise，PoW）、非洲待命部队（African Standby Force，ASF）以及和平基金（Peace Fund）。此外，非洲的一些区域经济共同体（RECs）和区域机制（RMs）[②] 也是架构的重要组成部分，而各次区域组织中也具备类似于非盟的结构功能体系。由此可见，非洲和平安全架构就如同一个安全治理矩阵，横向连接着设计安全治理的各项重要环节，纵向贯穿其非洲安全治理的各层行为体，而非洲和平安全架构的成功则取决于整个矩阵内各组成单位间的协调运行。

非盟和平安全理事会（以下称"和安会"）通常被认为是非洲的"安

① 2015年和平行动问题高级别独立小组的报告：《集中力量，促进和平：政治、伙伴关系和人民》，A/70/95－S/2015/446，第21页。

② 非洲和平安全架构支柱性次区域组织包括：阿拉伯马格里布联盟（AMU）、西非国家经济共同体（ECOWAS）、中部非洲国家经济共同体（ECCAS）、东非政府间发展组织（IGAD）、东部和南部非洲共同市场（COMESA）、东非共同体（EAC）、南部非洲发展共同体（SADC）。

理会”，根据《议定书》的规定，由15个成员国组成，其中10个成员国具有2年任期，另外5个则具有3年任期。和安会主席由各国驻非盟常驻代表轮流担任，任期为一个月。和安会的主要职责是对潜在的危机进行评估，并根据评估结果做出是否进行干预的决定。其决策通常采用一致性原则，但为避免意见无法达成一致，对于通常的程序性事项采取过半数原则，而重要事项采取三分之二多数原则，① 而这也为如何界定危机的重要性留有了回旋余地。2004年，非盟提出要将大陆早期预警机制作为非洲和平安全架构的重要组成部分。该机制与次区域以及其他层级组织的联系最为紧密。来自各层级组织的信息、情报将被收集到位于埃塞俄比亚首都亚的斯亚贝巴的时情观察室（Situation Room）进行处理，为和安会提供决策依据。然而非洲各次区域组织间情报收集水平和关注重点上存在很大差别，需要进一步的标准化管理和技术提升。当通过分析识别出潜在危机时，智者团会协助和安会执行预防外交的职能。智者团由5位成员组成，他们在各自的区域国家具有极高的威望，并为所在区域国家的和平发展做出过重大贡献。5位智者由非盟委员会主席在咨询了成员国的基础上提名，最终由非盟首脑大会（Assembly of Heads of State and Government）委任。每位智者将任期3年，在5位智者中还将推选一位智者担任一年的智者团主席。智者们既可以应和安会主席、非盟委员会主席的要求进行活动，也可以根据自身的提议进行，这体现出一定程度的自主性。通常所委任的智者在国际上也具备一定的威信，这就使他们可以在域内和域外双向同时展开穿梭外交。当预防性外交失败时，如和安会决定向冲突发生国家进行介入，此时，非洲待命部队将行使其职能。非盟计划在非洲5个不同区域部署待命部队，亦即部署5支作战旅（Regional Brigade）。每支部队配有一个全职规划小组（PLANELM）、一个物流仓库（LD）、总部以及承诺旅团单位（Pledged Brigade Units）。2016年1月非盟首脑会议宣布非洲待命部队已经可以投入使用。② 和平基金则意在为非盟的各项和平行动提供资金支

① Article8（13）PSC Protocol；Rule 28，Rules of Procedure of the Peace and Security Council of the AU.

② Cedric De Coning，*A Unique Model of African Peace Operations*，February 29，2016，http：//peaceoperationsreview.org/interviews/cedric-de-coning-a-unique-model-of-african-peace-operations/.

持，其构成部分来自非盟预算，其余来自成员国的自主贡献以及外部捐助。非盟的各项和平行动在很大程度上仍依赖域外国家或组织的援助，2008 至 2011 年间，非洲国家对于和平基金的贡献率仅为 2%，也就意味着其余的 98%需要依赖国际援助。[①] 同时，和平基金的监管和使用透明度也存在着很大问题。

非洲和平安全架构具有民主性、主动性和全面性三个特点，并为构建联合国与非盟的双边关系提供了原则、内涵和框架三方面的借鉴。民主性体现在决策制定采取的广泛一致性。非盟在组织设计的过程中力图尽最大所能平衡区域大国的力量，让各方的意见声音都能被广泛讨论。尽管和安会的设计很大程度上借鉴于联合国安理会，但其在成员国设置上并未采用常任制和一票否决制。主动性则体现为非盟对于预防性外交的投入。非盟深刻地意识到防患于未然的必要性，也意识到危机爆发后决策、部署的迟滞性，所以加大了对于冲突预防的投入。全面性则体现为多元议程和治理。非洲和平安全架构一方面涉及安全问题的全部议程，力图实现安全问题应对的全面机制化，另一方面体现在非洲安全问题的多元治理，即“建立在以联合国、非盟、非洲次区域组织，以及西方大国和非洲区域性大国多方和多层次协作基础上的一个安全机制”。[②] 非洲和平安全架构的原则是一种“合作安全”，而其发挥的是一种辅助性的功效，即“在联合国、非盟及非洲次地区组织间实现在决策机制、劳动分工和成本分摊等方面的分工合作”。[③] 其内涵则是一种“全面的安全观”，是传统与非传统安全观念的结合，并明确意识到各项安全议题间的关联性和全面性。而框架则是指非洲和平安全架构覆盖了安全治理从预警、决策、部署、执行、管理、和平建设以及冲突后重建的全部过程，因此联合国与非盟围绕非洲和平安全架构开展合作具有深远的意义。

---

① Raymond Gilpin and Michelle Swearingen, *Financing and Refocusing the African Union's Peace Fund*, United States Institute of Peace, June 24, 2013, http://inec. usip. org/blog/2013/jun/24/financing-and-refocusing-african-unions-peace-fund.

② 莫翔：“非洲安全机制建设的指导理论、构建模式与干预机制”，《世界经济与政治论坛》2012 年第 3 期。

③ 张春：“伊加特与非洲之角的安全治理”，《西亚北非》2016 年第 4 期。

三、联合国与非盟围绕非洲和平安全架构的合作

联合国一直关注着非洲的安全稳定局势，并寻求通过组织间的合作来解决非洲的安全问题。特别是自非盟正式成立的近十多年来，联合国与非盟通过多项沟通机制加紧对话交流，不仅在双边关系上有所升级，双方的合作内涵也在不断拓宽。2009 年，非盟向驻联合国的观察员办公室（Observer Office）新增派了一名代表。2010 年，联合国和非盟共同创立了联合特遣部队（Joint Task Force）。2011 年，联合国驻非盟办事处（UNOAU）正式成立，标志着双边关系的进一步加强，联合国驻非盟办事处表示其权责之一，即是支持非盟及其区域经济共同体以及区域机制全面实施非洲和平安全架构。[①] 2013 年 5 月，联合国秘书长任命一位副秘书长级别的官员出任驻非盟办事处主任，这也表示联合国与非盟双边关系的重要性再一次得到提升。2014 年，联合国驻非盟办事处又与非盟委员会和平安全部（AUPSD）签署了《增强和平与安全伙伴关系框架协议》（Joint Framework for an Enhanced Partnership in Peace and Security），这为双方的合作提供了框架与指导依据。[②] 该《框架协议》与非洲和平安全架构具有高度的一致性。非盟 2015 年约翰内斯堡峰会通过联合国和非盟 2017 至 2027 年伙伴关系框架文件（PAIDA），这将有助于进一步提升联合国和非盟伙伴关系。[③]

和平行动（Peace Operations）内容不仅局限于维持和平行动，实际上维持和平行动的内涵本身也在不断变化，还囊括了人道主义行动，以及包括培训、咨询在内的文职人员的行动。2006 年，为了推动非盟以及次区域

---

① 联合国驻非盟办事处网站：https：//unoau. unmissions. org/african-peace-and-security-architecture－0。

② Paul D. Williams and Solomon A. Dersso, *Saving Strangers and Neighbors: Advancing UN-AU Cooperation on Peace Operations*, International Peace Institute, 2015, p. 4.

③ “联合国与非盟加强和平与安全领域合作应始终坚持《联合国宪章》的宗旨和原则”，人民网，2016 年 5 月 25 日，http：//world. people. com. cn/n1/2016/0525/c1002－28377373. html。

组织在应对挑战过程中发挥更有效的伙伴作用，联合国同非盟启动支持非盟十年能力建设规划，2006 年的《加强联合国—非盟合作宣言》（Enhancing UN-AU Cooperation：Framework for the Ten-Year Capacity Building Program for the African Union）为规划提供了实施的框架。宣言中提到能力建设的努力重点仍是冲突的预防、调解和斡旋、维持和平以及和平建设，这不仅与非盟提出的非洲和平安全架构存在巧合，更多地表明非洲和平安全架构即联合国与非盟关于安全治理的构想具有一致性，亦是双方安全合作的着力点所在，更是非洲安全治理原则、内涵和框架的具体实施。

非洲和平安全架构分为冲突预防、冲突管理、冲突解决和资金支持四个方面，联合国与非盟的合作也主要围绕这四个方面开展。

冲突预防工作主要包括早期预警、预防外交两个方面。早期预警多涉及的是信息、情报的收集、共享、分析等技术层面，而预防外交则是指国际组织的特别代表、高官或特使运用高超的外交手段在潜在冲突方之间进行斡旋、协调的人为活动。冲突的预防不仅耗时、耗资，而且很难识别出成效，很多工作都是在默默无闻地进行，这主要是因为预防冲突的工作仍难以激起必要的政治上的行动紧迫感。早在 2000 年，非共体（OAU）就宣布了《关于非洲安全、稳定、发展与合作会议的郑重声明》（Solemn Declaration of the Conference on Security，Stability，Development and Cooperation in Africa，CSSDCA），随即联合国出台了首份关于冲突预防的秘书长报告——《预防武装冲突——秘书长的报告》（S/2001/574），这表明双方对冲突预防的密切关注。2006 年非盟在大陆预警机制操作框架中提出了最为重要的三点要求，其中一点即为要与联合国、次区域组织和其他社会机构建立协作关系。[①] 然而，双方至今尚未形成一个清晰的合作路径与方案，一方面是因为非洲大陆预警机制仍处于建设之中，发挥作用较为有限；另一方面是因为各方对于情报的开放性有限，难以达成信息共享。即便如此，联合国在早期预警和冲突预防方面仍有大量的宝贵经验可供大陆预警机制借鉴。例如，联合国在非洲的预防工作中较为强调国家、公民社会的

① *Preventing Conflicts in Africa：Early Warning and Response*，International Peace Institute，August 2012，p. 3.

作用，也将其视为更重要的合作对象。联合国政治事务部（UNDPA）和联合国开发计划署（UNDP）是协助建设非洲国家预防能力的主要部门，两部门曾在加纳2004年大选和肯尼亚2008年总统选举前夕都发挥了重要的预防暴力冲突的作用。在支持公民社会方面，联合国开发计划署在莱索托2012年议会选举中曾支持教会领导的调解工作，在塞内加尔2012年总统选举前夕，又协助培训当地妇女组织发挥了重要的协调作用。在区域层面，近年来，联合国采取在区域设立政治办事处作为预防性外交和调解的平台，在中部非洲、西非均开设了区域预防外交办事处。联合国“安理会一直把重点放在武装冲突和紧急状况的处理上，而由秘书处协调各方开展联合国的预防性外交”。① 联合国秘书长和非盟委员会主席是联合国与非盟调解伙伴关系的重要支柱，在组织联合调解小组、派遣特别代表方面发挥着领导作用。非盟智者团则可以为调解工作和特别代表们提供强大的知识支持，然而智者团的作用却尚未得到联合国应有的重视。智者团是非洲调解传统、哲学的法治化、制度化，是传统智慧的现代演绎。除了发挥权威功效、供应本土知识外，智者们经常发挥的是在人际、部门间的纽带作用。总之，冲突预防工作是安全治理中极为重要的一环，也是最有待于发展的一环，在发展预防能力的前提下，同时还要避免有报告、无应对的尴尬局面。

冲突管理工作主要包括对于情报的分析、决策，以及对于介入行动的部署执行，任务执行评估。主要涉及的参与方为联合国安理会、非盟和安会，以及次区域组织的决策部门。非盟和安会处于枢纽地位，不仅在各机构间发挥沟通、协调的作用，还要行使向下一级机构授权的职责，同时要向联合国安理会争取对于武力使用的授权。为了更有效地分析潜在危机，并促进沟通的顺畅进行，联合国安理会与非盟和安会间的沟通流程已逐渐机制化。当评估情报发现有需要介入的情况时，非盟委员会主席将命令非盟委员会起草危机简报，并提交和安会。收到简报后，和安会将要求非盟委员会向联合国秘书长提交一份意向书，表明有意向对危机地区部署支持

① 2015年和平行动问题高级别独立小组的报告：《集中力量，促进和平：政治、伙伴关系和人民》，A/70/95 – S/2015/446，第29页。

和平行动（Peace Support Operations，PSO），并请求联合国一同参与对于局势的评估，同时希望联合国秘书长向联合国安理会递交一份意向书。如果联合国接受了请求，随即将成立一个由联合国、非盟以及次区域组织共同组成的评估小组。接下来，非盟委员会主席会将评估结果报告再次提交非盟和安会。收到报告后，和安会将向联合国安理会进行咨询，以确保双方能及时、有效地做出决策。一旦非盟和安会认定需要采取非盟支持和平行动，和安会将向非盟委员会主席寻求授权，如果涉及到使用武力，那么和安会还要得到联合国安理会的授权。当双方都给予授权后，非盟委员会主席和联合国秘书长将协作制定具体的任务方案。在任务执行过程中，非盟委员会主席将定期向和安会及联合国安理会提交报告，与此同时，联合国和非盟将共同对行动进行评估，以便双方及时调整任务部署。① 诚然，冲突管理的有效性很大程度上取决于整套沟通机制的顺畅运行，然而现实往往是双方对于危机的概念、程度或部署规模等一系列问题存在极大的分歧，并且不会及时地给予反馈。但是，具备健全的管理机制显然是有效管理的前提。

一旦冲突预防工作失效，发生中的冲突事件不断恶化时，非洲和平安全架构必须发挥其解决冲突的功能，此时非洲待命部队将发挥其功效。当然，在冲突爆发期间，智者团成员和各组织内秘书处成员，以及特派代表等高级官员仍可以发挥调解、斡旋、促和的作用。发展非洲待命部队的初衷是希望确保非盟和安会执行其权责，并实现非洲的自主维和，“待命部队还可以发挥连接机制的作用，需要时甚至可以开展执法行动，部队也可以作为联合国维和行动的补充，提供急需的支柱”。② 然而，要想充分实现其部署和操作，却取决于联合国、非盟、相关的区域经济共同体、区域机制，以及部队警察派遣国（TPCC）的共同参与和协商。③ 其中联合国不仅是资源的提供方，还是重要的协调者。就以往来看，联合国通过联合国驻非盟办事处与非盟和区域经济共同体、区域机制密切合作，加快非洲待命

---

① *Securing Predictable and Sustainable Financing for Peace in Africa*, AU Peace Fund, August 2016, pp. 22-26.

② 秘书长报告：《共建和平：打造维持和平伙伴关系》，S/2015/229，第9页。

③ *APSA Roadmap* 2016 – 2020, p. 32.

部队和非洲应对危机快速反应部队（ACIRC）的运作。具体而言，支持与非洲待命部队相关的系列培训与军演，重点包括非盟2012年10月的军事演习“Exercise NJIWA”，此次演习旨在训练非洲待命部队中警察和文职人员的能力。同时，联合国的和平行动部（DPKO）通过联合国驻非盟办事处给予了非洲待命部队以大量的战术指导和专家、技术支持，和平行动部曾协同联合国驻非盟办事处、世界银行传统复员和重返社会项目（World Bank Traditional Demobilization and Reintegration Program）一同支持非盟解除武装、复原和重返社会能力项目（AU DDR Capacity Program，AUD-DRCP）的试验阶段，该项目由《非洲和平安全架构路线图2011—2013》的倡议提出。另外，联合国的一些部门还是欧盟等国家资助的军事演习（AMANI AFRICA）中的重要参与伙伴。从议题来看，联合国提供培训的主题包括保护妇女儿童、边界冲突、法制、疾病预防等，不一而足。此外，联合国还参与改善非洲牵头的和平行动的构想、规划和管理。具体而言，联合国驻非盟办事处继续“支持非盟制度和审查关键政策和指导文件，比如非盟和平支助行动原则。联合国还将继续协助非盟发展非洲待命部队的警察和法制部分，以及落实待命部队路线图三，包括开展‘非洲和平’二期的培训活动”。① 目前，非洲待命部队面临最大的挑战是在非洲和平安全框架以外存在着多支次区域的快速反应部队，这既造成资源的分散，也导致了指挥权间的竞争，所以联合国应该更多地协助非盟整合出统一的和平行动力量。而这其中不仅是资源上的调动、供给，更为重要的是各方政治意愿上的支持。

非洲和平安全架构的全面运转同样需要具备强大的财力支撑。联合国一直以来引领或主导着非洲的和平安全行动，并给予极大的财力、人员支持，目前双方根据具体的行动内容已形成了多种合作模式，而且随着和平行动的负担不断加重，以及非盟自身融资机制的不断完善，联合国与非盟间的资金合作也逐渐在融资、注资的基础上加入基金管理和监管。非盟在保有“自主性”的前提下对于外部的资金资助持开放态度，然而对于外部的资金依赖不具有持续性，且多数资助具有条件限制，大部分捐赠款通常

① 秘书长报告：《共建和平：打造维持和平伙伴关系》，S/2015/229，第8页。

设定用于非致命性援助，非盟无法用认捐款来偿还特遣队所属装备，还不得不应对合作伙伴所作认捐款的支付率低的问题，因此非盟希望通过设立和平基金来减少外部依赖。目前，由于非盟成员国的出资仅为预算的7%，[①] 非盟不断呼吁其成员国履行出资承诺。为此，非盟一方面决定设立资源调动委员会（Resource Mobilization Committee）来动员内部资源，另一方面，则希望非盟大会（AU Assembly）能针对和平基金推出详细的年度预算报告，以便更高效地运用基金。[②] 非盟在2015年承诺至2020年为非盟和平行动提供25%的资金，[③] 所以在未来很长一段时间内，非盟和平行动仍需要大量的外部支持来填补资金缺口。联合国作为非盟最重要的合作伙伴，几乎所有和平行动中的大部分经费都由联合国来承担或筹集，非盟往往由于经费不足，将执行一半的行动再转交给联合国。迄今为止，联合国支持非盟和平行动的方式可归纳为三种：首先是“混合行动”，非盟提供战略管理，联合国则支付日常开销，这体现在非盟—联合国达尔富尔混合行动中（UNAMID）；其次是联合国仅提供后勤保障支持，这体现在联合国支持的非盟驻索马里特派团（AMISOM）任务中；再次是为联合国安理会授权的联合国信托基金，而基金来源于自愿捐助，这在索马里、中非共和国和马里都有所采用，这也是未来更为普遍的合作模式。[④] 此外，为确保资金得到合理、高效且透明的运用，非盟承诺采用国际公共部门会计准则（International Public Sector Accounting Standards，IPSAS），并接受与联合国项目规划、预算及审计等部门共同对经费进行监管。[⑤]

---

① *Securing Predictable and Sustainable Financing for Peace in Africa*, AU Peace Fund, August 2016, p. 4.

② *APSA Roadmap* 2016 – 2020, p. 59.

③ 秘书长报告：《联合国和平行动的未来：执行和平行动问题高级别独立小组的各项建议》，A/70/357 – S/2015/682，第10页。

④ *Securing Predictable and Sustainable Financing for Peace in Africa*, AU Peace Fund, August 2016, p. 5.

⑤ *Securing Predictable and Sustainable Financing for Peace in Africa*, AU Peace Fund, August 2016, p. 7.

四、联合国与非盟和平安全伙伴关系的问题与前景

联合国与非盟努力构建和平安全伙伴关系，然而双方尚未就伙伴关系的内涵、指导原则以及权责达成充分一致的意见。非洲和平安全架构目前仍处于建设之中，其理念构想的意义远大于其所具备的能力实质，但这也为联合国和非盟间的合作保留了空间与设想。因此，总结已有的经验教训，探寻机制设计中的不足，对于进一步打造和推进联合国与非盟之间的和平安全伙伴关系具有深远意义。

首先，需要完善法理基础。《联合国宪章》《非洲联盟宪章》和《关于建立非洲联盟和平安全理事会的议定书》是联合国与非盟进行和平安全合作的重要法理依据，其中《联合国宪章》第八章明确规定了"联合国为主，区域组织为辅"的原则。然而，"冷战后区域组织通过灵活解释《宪章》相关条款，或在《宪章》体系外寻找其他的合法依据来扩大自身采取行动的空间和权利"，[①] 联合国的主导地位遇到了极大的挑战。为维持自身行动的最大"自主性"，非盟在《非洲联盟宪章》和《议定书》中都预设了一些模糊空间。例如，非盟一方面在《宪章》和《议定书》中都承认联合国在维持国际和平与安全方面具有主导地位，但另一方面又保留了自身的干涉地位，认为非盟对于维护非洲和平与稳定负有最主要的责任，只有在"必要"的情况下才会寻求联合国的帮助。[②]同时，当非盟的行动未得到联合国授权，或是联合国没有意愿授权时，非盟和安会将如何行动，这也存在很大的未知，非盟为其行动的解释预留了很多自由空间。此外，尽管联合国与非盟均认可"人的安全"原则，但在武力使用原则上仍存在分歧。除自卫外，区域组织在未获得安理会授权的情况下使用武力存在合法

---

① 王媚："冷战后联合国与区域组织在和平行动实践上的关系及对中国的启示"，张贵洪主编：《联合国研究》（第三期），社会科学文献出版社 2014 年版。

② Article17（2）PSC Protocol; Relationship with the United Nations and Other International Organizations.

性缺失的问题。即便是基于“国家同意”，能否为使用武力原则创立例外情形，目前仍存在很大的争议。再有，非洲和平安全架构目前仍缺乏一个明确的法律定位，联合国与非盟之间更多地是关于其各项支柱的讨论，而未达成一项专门针对非洲和平安全架构的法律文件。

其次，加强机制化合作。联合国和非盟经历了十多年的协作，其间既有相互的支持，又难免有矛盾、摩擦，也正是通过应对一系列问题，从而不断完善了双方之间的沟通、协商。目前，可以说双方之间的沟通机制已经较为健全，沟通较为频繁，也达成了大量的决议、协定，这些可作为合作的法理依据，问题在于如何将现有机制进行完善、强化，而非创设新机制。很多机制都是创始初期大家积极响应，但后续无力，导致资源和精力的分散。同时也要认清，非洲和平安全架构仍是一个新鲜事物，仍处于变化发展过程中。在这个过程中，既有可能会在原有 5 大支柱上创设新的支柱，如有人就提出增设保护妇女儿童支柱，又有可能对原有支柱进行替换，例如南非就支持用 2013 年设立的非洲应对危机快速反应部队（ACIRC）替代非洲待命部队。但无论如何，应先确保现有议题得到落实，并在操作过程中不断完善和扩大。另一方面，联合国和非盟作为全球层面与区域层面的官僚机构，一个显要特征即是希望实现工作流程的标准化，这在某种程度上具有一定的积极意义，但就安全议题来说，面对具体问题，更应该确保灵活性和应变能力。非洲安全问题的关键一点是要区别每一个案例的情境，这也是为什么目前联合国在非洲会有不同模式维和行动的原因。随着安全的指涉对象、主导的安全价值、威胁来源和责任主体的各自变化，实现安全的方式也应不同，这便对组织间合作的灵活性提出了挑战。再有，要重视区域安全治理模式的多元治理特征，联合国既要重视非盟，也要重视与次区域组织间的协调。在具体的安全问题上，次区域组织间也往往具有不同的立场、方案，这就要求联合国具备高超的协调、平衡能力，非盟也面临同样的问题。

再次，平衡制度建设与权力政治。联合国与非盟的和平安全合作仍无法摆脱大国的政治影响，双方的制度建设进程在很大程度上仍取决于大国的政治意愿。无论是全球层面，还是区域层面，“国际制度相对于权力政治而言都是居于第二位的因素，其作用的发挥受权力政治的制约”。[①] 而在全球性国际组织与区域性组织的合作中，这种制约则来自于全球大国和区域大国两个层面。联合国领导的和平行动时常因为西方大国的干预而有失公允，所以非盟牵头的行动往往更容易被非洲国家所接受，但这并不代表非盟的行动就完全体现公正性。“非盟集体安全是一种非中心化的集体安全”，即没有“一个最高机构被赋予有权管理集体武力工具的权威”。[②] 非盟和安会虽然是决策机构，但其并没有强制力，无法实施仲裁，非盟也不存在惩罚机制，这在某种程度上就使得区域大国有更大的空间行使权力。所以，决策是否能得到有效执行，很大程度上取决于大国的政治意愿。而大国的政治表态具有很大的敏感性，就早期预警机制而言，大国对于情报共享的承诺往往意味着其对国家利益的让步。从另一个角度来看，“国际制度受制于权力政治的同时也能对权力政治发挥不可忽视的缓解和制约作用”。[③] 在制度框架内的合作不仅可以减少各方的信息成本，确保互利，还有利于增进行动的合法性。这对于无论是在全球层面，还是在区域层面，安全治理能力都存在赤字的情况下，国际机制的作用显得更为重要。综上所述，联合国与非盟应从完善法理基础、落实合作机制、平衡权力政治三个方面来进一步增强和平安全伙伴关系。

---

① 杨光海：“论国际制度在国际政治中的地位和作用——与权力政治之比较”，《世界经济与政治》2006 年第 2 期。

② 郑先武：“非洲集体安全机制的创新与困境”，《社会科学》2011 年第 6 期。

③ 杨光海：“论国际制度在国际政治中的地位和作用——与权力政治之比较”，《世界经济与政治》2006 年第 2 期。

冷战后联合国维和行动的困境与变革：一种国际机制变迁的视角*

王永刚

“联合国维和行动”一词的正式使用开始于1965年2月联合国大会成立的维持和平行动特别委员会，[①] 但“‘维持和平’一词在《联合国宪章》中找不到，也很难给以简单的定义”。[②] 一种较为普遍接受的定义来自联合国新闻部：“由联合国实施的旨在帮助维持或者恢复冲突地区和平与安全的一种行动，它有军事人员参加，但没有强制力。这些行动自愿参加，并建立在同意与合作的基础上。”[③] 同时，“维和行动是在国际关系尚未发展到足以使宪章表述的安理会职能充分发挥作用时所产生的一种控制有较大危害性的地区冲突的方式”。[④]

联合国维和行动之所以难以定义，是因为其内涵和外延一直处于不断变化之中，不同视角下会对它有不同的解读。在笔者看来，联合国维和行动是指为了解决地区冲突、维系世界安全，由联合国安理会或者大会决议创立的通过武装人员和文职人员进行的军事行动和民事行动的总称。该定义较为宽泛，涵盖了传统意义上联合国组织实施的冲突预防、维持和平以及建设和平等行动。

---

* 本文节选自王永刚：《冷战后联合国维和行动的困境与变革：一种国际机制变迁的视角》，复旦大学2009年度硕士学位论文。

① 刘恩照著：《联合国维持和平行动》，法律出版社1999年版，第6—7页。

② http://www.un.org/chinese/peace/peacekeeping/index.shtml.

③ UN: *The Blue Helmets: Review of United Nations Peacekeeping*, New York: UN Publications, 1990, p. 4.

④ UN: *The Blue Helmets: Review of United Nations Peacekeeping*, New York: UN Publications, 1990, Preface.

一、联合国索马里维和行动

联合国索马里和平行动是冷战后联合国维持和平行动的典型案例。

（一）联索行动的基本背景

索马里是位于非洲东部的小国，面积不足64万平方公里，人口800万左右。索马里人家族、部族观念强烈，自古以来不同部族围绕草场、水源等问题冲突不断。19世纪晚期至20世纪中期是索马里的殖民地时代，曾遭英、法、意等西方国家分割占领。1960年索马里取得独立，1969年出身达鲁德部族的西亚德·巴雷通过政变取得了政权并开始其独裁统治。

独裁政权的存在截至1991年，三个反对西亚德统治的部落联合起来将其推翻。之后，在如何分享胜利果实问题上，三个部落互不相让，索马里陷入了长时间的内战，更为严重的是，自1989年起索马里遭遇了罕见的大旱。战火和天灾使得索马里政治混乱、经济崩溃、人道主义灾难严重。由于社会秩序不复存在，国际社会向索马里提供的一些人道主义援助也无法正常进行。

（二）第一期“联索行动”（UNOSOMⅠ）

1992年4月，安理会通过了第751（1992）号决议，决定建立“联合国索马里行动”，先期部署50名军事观察员和500名保安部队，以求“促使各方立即停止战争、维持停火以及提供人道主义援助”，[①] 这意味着联合国针对索马里问题采取维和行动的正式开始。安理会于同年8月通过了第775（1992）号决议，决定增派3000人的保安部队和719人的后勤部队，

① 郑启荣、李铁城编：《联合国大事编年（1945—1996）》，北京语言文化大学出版社1998年版，第293页。

但由于索马里军阀的阻碍，这些后续部队并没能按时派出。

联合国和其他国际组织在索马里采取的这些行动并未有效地遏制索马里国内的混乱局面，人道主义援助的各种物资被劫等现象时有发生，以至到 1992 年 10 月下旬，国际援助工作被迫中断。

（三）联合国特遣部队的“恢复希望行动”

1992 年 11 月，联合国秘书长加利向安理会报告了“联索行动”第一期受阻情况，并建议安理会授权特定会员国采取一切可能的措施确保对索马里的援助行动顺利进行。同年 12 月，安理会一致通过了第 794（1992）号决议，授权联合国秘书长和成员国使用一切必要的手段，尽快为索马里救援行动建立一个安全的环境；[①] 决议同时呼吁有能力的成员国提供军事力量和财力帮助，“这是联合国首次使用武力确保人道主义救援工作顺利进行”。[②] 一支以美国军队为主导的 13 个国家参加的联合国特遣队随即组成，这次军事行动称之为“恢复希望行动”。

在联合国特遣部队的军事压力下，索马里国内的矛盾得到了部分缓和，1992 年年底，迈赫迪、艾迈德等派系的领导人达成一项和平协议；1993 年 1 月，索马里全国和解会议预备会议在斯亚贝巴召开并达成一系列协议。

但这些协议并没有从根本上解决问题。在 1993 年 3 月召开的旨在实现和平的索马里全国和解会议上，冲突的重要一方艾迪德派因故退出，并曾多次武装骚扰联合国特遣队；同时围绕收缴重武器问题，联合国特遣部队与当地军阀之间矛盾不断。

（四）第二期“联索行动”（UNOSOM II）

鉴于索马里国内局势依然严峻，安理会于 1993 年 3 月通过了第 814

---

① www. un. org/peacepeeking.

② 李一文著：《蓝盔行动：联合国与国际冲突》，当代世界出版社 1998 年版，第 203 页。

（1993）号决议，决定组建第二期索马里行动，从当年5月开始以联合国维和部队接替联合国特遣部队的任务。第二期“联索行动”的职责十分广泛，既包括狭义维和行动的内容，如监督各方停止敌对活动以防止暴乱复发、收缴未经批准的非法武器、确保人道主义援助所需要的安全环境等，也包括一些“质变”后维和行动的内容，如协助遣返难民、协助索马里人民重建经济和社会、重建政治体制等。①

这一阶段的维和行动遭到了艾迪德派的强烈抵制。1993年6月5日，联合国维和部队在对艾迪德派控制的某一武器库进行检查时遭到武装分子的围攻，混战中24名巴基斯坦籍维和战士丧生。事件发生的次日，安理会通过了第837（1993）号决议，授权联合国秘书长指示联索行动司令采取一切必要措施惩罚袭击的发起者。6月17日，联合国秘书长代表宣布授权维和部队逮捕艾迪德派的首领艾迪德。10月3日，在抓捕艾迪德的一次行动中，维和部队遭到伏击，造成18名美军死亡，75名士兵受伤，以及两架“黑鹰”直升机的坠落，而且美军士兵的尸体被部分索马里人拖到街头虐待，联索行动陷入困境。

在国内外压力下，联索行动的主要支持者美国政府在1993年10月宣布放弃干预索马里的政策，强调用政治手段解决索马里国内问题，并决定在1994年3月31日之前完成撤军。1994年2月，安理会通过第857（1994）号决议，修改了联索行动二期的授权，删除了强制性措施，并缩减了维和部队的人数；同年11月4日，安理会通过了第954（1994）号决议，决定在1995年3月31日结束联合国索马里维和行动。②

二、联合国维和行动陷入困境的表现

联合国在索马里行动的失败是震撼人心的，类似失败也曾在卢旺达、

① 中国国际战略学会军控与裁军研究中心：《当代国际维和行动》，军事谊文出版社2006年版，第200页。

② 郑启荣、李铁城编：《合国大事编年（1945—1996）》，北京语言文化大学出版社1998年版，第315页。

波黑、塞拉利昂等地上演。蕴藏在这些失败之后的是冷战后联合国维和行动的困境。这些困境可归结为以下四个方面。

（一）需求与能力的困境

冷战结束后，两极格局的解体并没有带来国际社会的安定；相反，长期以来被大国政治压制的民族矛盾、宗教矛盾、领土矛盾以及资源矛盾在短时间内集中爆发出来，东欧和苏联地区、非洲大陆、中东地区以及拉丁美洲都成为了地区冲突的高发地带。地区冲突不仅在数量上大幅度增加，而且其性质也不同于以往：冷战后的冲突多在一国内部发生，冲突方为一国内部的不同派系，所在国政局混乱，缺乏普遍接受的政府。

同时，由于联合国并非世界政府，不具备独立的财政、征兵及军事能力，其掌握资源的多少依赖于会员国的积极程度，比如是否按时交纳会费、是否积极参与各个维和行动等。冷战结束以来，部分国家拖欠维和会费的情况比较严重，而且部分西方国家对于派遣维和人员积极性下降，派出人次大减。与此同时，维和行动的决策权总的来说在安理会，而安理会的决策遵循“大国一致”的原则，中、美、英、法、俄在国际利益以及对待国际问题的不同意见取向会极大地影响维和行动的执行与否以及效率快慢。

冲突数量的增加、性质的变异以及联合国所掌握资源的不足使得冷战后联合国维和行动出现了需求与能力不符的窘境。

（二）期望与效果的困境

在冷战结束、联合国等国际组织焕发生机的时代，人们对于联合国集体安全的执行机制——联合国维和行动有着较高的期望，希望联合国维和行动能够在频发的地区冲突中有效地发挥作用，在每次维和行动实施之前和之初，国际社会尤其是冲突所在国的民众往往对维和行动抱有极为乐观的态度；但 20 世纪 90 年代以来的历史事实却是联合国维和行动毁誉参半，成绩乏善可陈，多次出现重大失误，甚至在维和行动中出现了当地居民与维和部队产生敌意并屡屡冲突的现象，国际舆论对联合国维和行动表达了失望之情，认为联合国维和行动的作用被“过分地信任”了。

（三）传统与突破的困境

冷战后初期，维和行动对于“传统三原则”的无节制突破以及行动职能的无限扩大，均超出了联合国维和行动所能施展的范围，从而使自身积重难返。

比如，联索行动在一开始并未征得索马里国内各派的同意，这样“强制和平”倾向的后果就是使维和行动处处被动且很容易地便卷入了所在国的内战。比如，在1993年摩加迪沙“6·5”流血事件造成5名维和士兵死亡后，联合国以犯有反人类罪、反联合国部队和煽动暴力等罪下令通缉索马里艾迪德派首领艾迪德，从而造成了卷入索马里内战的事实。此外，联索行动也背离了传统的“中立原则”，公开压制艾迪德派，并曾向艾迪德派发动多次军事进攻。同时，联索行动中也出现了任务范围过于广泛的问题，其职责涉及索马里政治、军事、经济、社会、民主、人权和人道主义等多个领域，形成了“全面干预”，致使维和行动难度大大增加。

（四）主流与边缘的困境

在冷战期间，联合维和机制是最为权威和常用的冲突处理机制，而冷战结束至今，联合国维和机制有被“边缘化”的危险。出现这一情况的原因有二：一是联合国维和行动出现了数次大的失败，影响了国际社会对于该机制的评价；二是其他国际干预模式得到了长足的发展，如区域组织维和的兴起以及以美国为代表的单个国家或者几个国家绕开联合国的“新干涉主义行动”。

三、冷战后联合国维和行动的困境——一种国际机制变迁的视角

“国际机制”的概念产生于20世纪70年代，最先是由约翰·鲁杰首先将其引入国际政治研究领域的。经过近40年的发展，国际机制已成为国际政治研究的核心概念之一，成为诸多理论逻辑的起点或者批评的起点。

（一）作为国际机制的联合国维和行动

对于国际机制的分类，按照不同的标准会有不同的划分方法。单以机制涉及的问题领域来划分，国际机制可分为国际安全机制、国际经济机制、国际环境机制等。[①]

何谓“国际安全机制”？哈拉尔德·穆勒将其定义为“约束国家间安全关系的某些方面的原则、标准、规则和程序的体系。当所有的这四个要素都能被识别，并且当这一机制在一个给定的问题领域控制了足够的变量以约束、终结和控制变量有关的自助行为时，一个机制便存在”；[②] 罗伯特·杰维斯则将国家安全机制定义为“容许国家相信其他国家将予以回报，而在它的行为上保持克制的那些原则、规则和标准”。[③] 在当代国际政治中，得到广泛承认和讨论的国际安全机制包括国际军备控制机制和国际维持和平机制。

门洪华将联合国维和机制（United Nations Peace-keeping Regime，UN-PKR）界定为“联合国通过部署维和行动解决国际冲突所形成的原则、规

---

① 王杰著：《国际机制论》，新华出版社2002年版，第39—40页。

② Harald Muller, *The International of Principles, Norms, and Rules by Governments: The Case of Security Regimes*, in Volker Rittberger, Regime Theory and International Relations, Oxford: Clarendon Press, 1993, p. 361.

③ Robert Jervis, *Security Regimes*, in Stephen Krasner, International Regimes, Ithaca: Cornel University Press, 1983, p. 173.

则、规范和决策程序”。[①] 联合国维和机制是对联合国维和行动处以制度化视角的结果，它涵盖了维和行动所遵循的理念和准则、维和行动提出与决策的程序与步骤、维和行动具体实施的各方面的安排（如财政筹措、军事行动、民事行为）等一些可以归纳的规律性的内容，是一项成熟的国际机制。

（二）机制变迁视角下联合国维和行动困境的原因

1. 20 世纪 90 年代初的苏联解体以及“美苏两极格局”的崩塌，为冷战后联合国维和机制的转型提供了宏观的政治背景。

就联合国维和机制而言，冷战格局向后冷战格局的这一转变带来了三个方面的重要影响：第一，以美苏为首的两大集团对峙局面的消失改变了联合国维和机制自创始以来的“夹缝生存”局面，机制活力得到了自由释放必需的空间。第二，冷战结束后的一段时间内，随着国际局势的和缓，大国尤其是五个安理会常任理事国在国际安全领域实现了“竞争性合作”的局面，对联合国维和机制的重视程度得到了提高，这一点将在下文中做详细阐述。第三，冷战后国际形势的总体缓和没有带来世界太平，两极格局压制下的重重历史遗留问题和矛盾在冷战后初期纷纷浮上水面，世界范围内爆发局部冲突和动乱发生的概率较之冷战期间有了较大程度的上扬。据统计，在冷战时期的 70、80 年代，世界各地新发生的武装冲突或局部战争平均每年 3.5 起，而进入冷战结束后的 90 年代，世界每年新发生的地区武装冲突或局部战争平均约 10 起，加上以前延续下来的，每年在 30 起左右；在冷战后的 90 年代，大约有 40 个国家发生了死亡在 1000 人以上的内战。[②]

冷战后国际局势推动了联合国维和行动在数量、规模、职能以及内容等诸多方面的发展，联合国维和行动的影响大幅度提升。但更应看到的是，冷战后的发展机遇也给联合国维和机制的发展带来了诸多隐患，这突出地表现为国际局势的突变带来了联合国维和机制“自我定位”的困惑，

---

① 门洪华著：《和平的维度：联合国集体安全机制研究》，上海人民出版社 1995 年版，第 297 页。

② ［美］皮尔逊·罗切斯特：《国际关系》，麦克格劳—希尔出版公司 1998 年版，第 305 页。

冷战后更为开阔的发展空间和日益增多的地区矛盾使得原先“大国间居间调停”的身份认定无法为继。在机制自身的发展需要和大国推动下，联合国维和机制走上了突破和扩张的轨道，这表现为维和行动的数量增加、规模拓展，维和行动的“哈马舍尔德三原则”被打破，预防性维和行动、强制和平以及建设和平等新型维和形式一一出现。问题是：联合国维和机制对自身的这一新的定位与该机制所掌控的资源之间存在着明显的差距，国际社会以及机制本身都“过分信任”联合国维和行动的能力。冷战后国际局势造就了联合国维和机制“能力泡沫”的产生，而该机制存在的“预期与资源的矛盾”就预定了其“需求与能力”、“预期与效果”以及“传统与突破”三大困境的基调。

2. 鉴于美国政策对联合国维和机制不言而喻的影响力，有必要分析美国政府（尤其是克林顿执政期间）在联合国维和机制出现困境中扮演了怎样的角色。

在冷战期间，由于联合国维和政策的影响有限，美国与苏联的维和政策均不太积极，维和的主动权掌握在一些中小国家手中。苏联解体以后，美国的联合国维和政策经历了“积极利用——遭遇挫折——转向北约”三个阶段。

老布什总统卸任之前，美国政府便已经开始对联合国维和形式的国际干预表示了浓厚的兴趣。时任负责国际安全事务的副国务卿维斯纳曾经表示，美国正带头采取反对暴力、挽救生命的国际集体行动，对有效的国际主义做出贡献；[①] 作为民主党代表的克林顿，其竞选期间就曾支持国际主义，在他入主白宫后的一段时间内，美国政府对于联合国维和更是十分积极，1993 年 2 月克林顿签署了第 13 号总统决策令，授权对联合国的所有和平行动进行全面评估，该评估总体的调子是美国应当更多地运用和平行动，并在政治、军事以及财政方面予以全力支持。[②] 但到 1993 年初，索马

① 中国国际战略学会军控与裁军研究中心：《当代国际维和行动》，军事谊文出版社 2006 年版，第 400 页。

② 关于第 13 号总统决策令情况可参见：Ivo H. Daalder. *Knowing When to Say No: the Development of US Policy for Peacekeeping*, in William J. Durch, UN Peacekeeping, American Politics and the Uncivil Wars of 1990s, New York: St Martin Press, 1996。

里行动的失利在美国引起了震动，保守主义者以此为契机不断批评克林顿政府的外交政策，于是克林顿政府修正了其联合国维和政策，其表现是1994年5月克林顿签署第25号总统令，大大加强了对美国参与和平行动框架的限制。[①] 但美国积极干涉他国的政策没有变，美国的政策是刻意加强北约的作用，并以北约和扩大了的“维和”概念进行国际干预，1999年3月至6月北约以科索沃问题为由轰炸南斯拉夫联盟就是例证。无论是支持联合国的维和行动还是以北约为载体进行单边主义的国际干预，美国政府思考的路径都是美国利益至上。比如，1994年美国因对人道主义干预目的的实现充满悲观而撤离索马里，但到“9·11”事件后，美国又因其反恐和对石油资源的需求重返索马里。[②]

3. 人们在认识层面对主权与人权这一复杂关系的不同解读是导致冷战后联合国维和机制陷入困境的另一根源。

一方面，在人类进入20世纪之后，重视人的生存和发展的观念已被各国广泛接受，如何有效地保障人权已成为世界性的话题，因此“人权国际化可以被视为人类社会进步的标志”；[③] 另一方面，主权原则仍然是当今世界国际政治的基本游戏规则，对主权原则的践踏不仅会带来一国国家利益的重大损失，也会带来国际社会的混乱与无序，因此世界各国尤其是发展中国家对主权十分珍视。在相互依赖不断加深、人权观念不断国际化的今天，主权与人权关系如何处理成为一个难题。同样是国际事实的是：一方面，部分发达国家不断以人权为理由批评他国人权事务，主张联合国和国际社会以武力进行干涉，认为当一个国家的政府严重践踏人权时，文明的国际社会不能对这种政权袖手旁观，外部势力必须对其进行干涉，但事实却是“人权为虚、利益为实”的利己行为大量存在。另一方面，大部分发展中国家对于外来干涉行为强烈抗议，并以主权和不干涉原则为由反对外来干涉，认为主权是在这个复杂国际社会中保持独立和自主的唯一一道防

---

① 关于第25号总统决策令的全面分析，参见 Michael G. Mackinnon, The Evolution of US Peacekeeping Policy under Clinton: a Fair-weather Friend? London: Franck Cass, 2000；陈鲁直：“美国与冷战后的联合国维持和平行动”，《国际问题研究》2001年第2期。

② http://www.chinadaily.com.cn/hqkx/2007-01/10/content_779739.htm.

③ 刘杰著：《人权与国家主权》，上海人民出版社2004年版，第6页。

线，但不可否认的是人道主义危机在其中一些国家的确存在。

4. 在国际维和领域，冷战后出现的影响联合国维和机制发展的因素主要有两个方面：问题对象即国际冲突性质的变化以及其他国际维和形式的出现。

冷战前的国际冲突往往是国家与国家的冲突并伴有美苏大国渗透的影子，意识形态的意味比较浓烈。而冷战后的国际冲突则不再以国家间冲突为主，国内冲突的比例增加，比如，1988 年仍在执行的 5 项维和行动中有 4 项是针对国家间的冲突而部署，而 1988—1994 年开展的 11 项维和行动中有 9 项是因为某一国内出现内战或国家瓦解而实施的。这些冲突的原因或者是历史遗留问题，或者是民族问题，或者是宗教问题，或者是资源争夺问题。国内冲突的频发使得联合国维和的难度增加，因为在国内冲突情况下，冲突各方往往历史背景十分复杂，局外力量难以十分客观、公正地介入。

冷战后国际维和的另一个新现象是非联合国形式维和行动的兴起，这里主要是指地区组织在维持区域和平方面的行为。20 世纪 90 年代以来，由地区性国际组织建立的联合国家部队，如独联体国家维和部队、北约维和部队等开始活跃。这些区域组织的维和行动有些是与联合国的合作，有些则是自行其是，因此这些行动在推动国际维和发展的同时也给联合国带来了诸多冲击，如争夺维和行动的主导权，因自身利益干涉他国内政等。

5. 联合国维和机制在操作层面存在的诸多问题也是造成冷战后联合国维和出现困境的原因之一。

第一，联合国维和行动存在规范性的缺失，《联合国宪章》没有对维和行动进行专门的法律规定，其概念的界定（包括强制和平、建设和平等概念）缺乏权威规范的版本，由此带来的一个后果是维和行动的随意性比较强；第二，联合国维和机制的决策程序较为繁琐往往造成战机的贻误，而且决策权分布在联大、秘书长、安理会等多个部门，权力较为分散；第三，在联合国维和机制建立后很长一段时间内，联合国总部内缺乏一个强有力的统一执行部门，十分不利于行政效率的提高；第四，联合国维和行动常常存在计划不周、匆忙应对的情况；最后，联合国不具备世界政府的职能，因而在资金筹措、人员培训、军事指挥、后勤保障等方面能力有限，尤其是大国拖欠维和费用导致的资金短缺对维和行动的发展影响较大。

（三）联合国维和机制未来走向的影响因素

1. “一超多强”国际格局的未来变化将会是影响联合国维和机制走向的重要方面，特别是美国霸权地位的走势与其他大国对美国霸权的制衡将是重要的分析变量。

虽然目前美国的总体实力有所下降，但在安全和军事领域，美国的“一超”地位是不容置疑的。在国际干预问题上，美国单边主义的倾向一直存在，只是因为不同时期美国政府对自身实力的评价不同以及不同执政者的风格不同而在程度上有所差异；同时，美国的“一超”实力在一段时间内没有成为“单极霸权”的可能，一方面是由于自身经济等实力一直处于下降态势，另一方面是因为中国、俄罗斯等国家随着自身实力的增强对霸权的制衡能力也越来越强，他们对于美国的单边主义政策持有反对态度。上述事实反映在国际干预领域，可能会出现如下两种情形：在美国政府对自身霸权地位“充分自信”的情况下，由于某一国际冲突涉及自身关键利益时，它会绕开联合国对其行为的束缚，采取以其他国际组织为载体的维和行动或者直接进行单边干预；但当对自身实力持谨慎看法而且国际冲突不涉及自身关键利益时，美国会转而支持以联合国为载体的维和行动。

2. 大国如何看待联合国维和机制将是该机制生命力强弱的关键影响变量，其中美国和中国的政策取向值得更多关注。

如果说克林顿政府1994年之后几年对联合国维和政策的消极态度是联合国维和机制陷入困境的原因之一，那么2001年到2009年年初小布什的两届总统任期则是抛弃了国际主义而将美国的单边主义和“先发制人”发展到了极致，从而使得联合国维和机制退居为美国国际干预政策的备用选择，只是在其单边主义干预出现棘手问题时才偶被重视，即便是在美国的全球反恐战争中也是如此，这一点有阿富汗战争和伊拉克战争为例。

中国自20世纪90年代以来对联合国维和机制采取了积极参与的政策，

接下来的一段时间内，预计中国的联合国维和政策将更为开放和积极，依据如下：首先，内外环境的变化促使中国政府对外界和自身的认知发生了变化。中国国力的提升以及在全球化进程中对国际社会的不断融入，使得缺乏自信的自我封闭意识和绝对的利己主义外交取向失去了生存空间；“既关心本国利益又关心他国利益”成为内在接受且最有效率的行为模式。其次，随着国际地位的提升，在国际舞台上注重国家形象成为中国政府的必然选择，而通过派出中国的军人、警察以及文职人员等“蓝盔”人员，可以让更多的人直接认识中国，从而增强中国在全世界的软权力。再次，维和机制作为国际安全机制的重要组成部分，通过这一机制可以与其他国家相互接触增加信任。参与维和行动还可以检验军队的训练水平、装备水平和迅速反应能力。此外，中国也可通过维和来达到周边稳定的目的，中国参与在柬埔寨、阿富汗和东帝汶的维和行动便有此种考虑。

3. 非传统安全的兴起将成为联合维和机制新的问题领域。

发生在 2001 年 9 月 11 日的恐怖袭击使得“国际恐怖主义”成为国际政治中的核心话题之一，之后美国以反恐为旗号发动了对阿富汗和伊拉克的两场战争。由于美国的反恐战争涉及到他国的主权问题，恐怖主义与新干涉主义之间建立起了一种因果联系。

一方面，我们要看到国际恐怖主义已成愈演愈烈之势，已成为另一种形式的“冲突”，只是这种冲突的双方一个是身在明处的主权国家而另一个是躲在暗处的恐怖组织。因此，如何发挥联合国在处理恐怖主义行动及其影响上的作用、实施“反恐国际干预”应该提上联合国维和机制职能内容的日程。另一方面，虽然国际恐怖主义的蔓延需要国际社会予以干预，但是类似阿富汗战争和伊拉克战争这样由一国实施的单边行动并不是适当的干预模式，因为其中夹杂了太多的国家利益的因素，反而容易激起被干预国的反感和敌视，从而进一步滋生恐怖主义行为。

冷战后安全领域一个十分显著的变化就是非传统安全的重要性凸显，成为影响国际安全和秩序的重要变量，原因有二：一是非传统安全问题同传统安全问题之间的关系越来越密切，相互转化的可能性日益增加，比如恐怖主义问题。二是非传统安全问题的破坏性比传统安全问题往往更大，如不及时正确地加以应对，可能还会殃及传统安全领域，比如索马里海盗问题。作为维护世界和平与安全的国际组织，联合国应当在预防和处理这些非传统安全问题上不遗余力，而增加联合国维和机制的职能内容则是这一国际现实变化的内在需要。

4. 目前，联合国改革特别是联合国维和机制改革的成效问题也是考察未来联合国维和机制走向的重要因素。

“没有重大的体制变革、更多的财务支助以及会员国方面重新作出承诺，联合国将无法执行会员国今后指派给它的维持和平和建设和平的重要任务”。[①]

中国在联合国改革上的立场主要有三点：[②] 第一，改革要有利于维护联合国的权威，发挥联合国的作用；第二，改革的重点是发展问题；第三，改革要有利于维护联合国的宗旨和原则，增进会员国的团结。这实际上就是决定联合国改革方向的三个目标。中国的立场符合联合国的长远利益，有利于提升联合国的地位，增强联合国的作用，这实际上为联合国改革指明了方向。就联合国维和机制的改革而言，[③] 中国支持联合国建立“预防文化”和加大对预防冲突和调停的投入，特别是完善预警、实地调查团等机制和措施；主张联合国维和行动应遵循《联合国宪章》以及实践证明行之有效的各项基本原则，包括中立、当事方同意以及非自卫不得使用武力等；支持加强联合国维和行动能力，支持设立建设和平委员会。委员会的职责应主要是协助制订从冲突过渡到冲突后重建的计划，协调国际社会努力等。

总之，未来一段时间内联合国维和机制的发展趋势将是“有限的回归”。“回归”是针对“哈马舍尔德三原则”而言的，即联合国将在一定程度上重拾冷战期间保证维和行动不会“过犹不及”的“同意”和“中立”两原则，以保证维和行动的可控性。但这种回归必将是有限的，增强联合国维和的行动能力和国际影响力是联合国维和机制改革的既定底调，

① 联合国和平行动问题小组，《卜拉西米报告》，http：//www. un. org/chinese/work/peace/report/，2001。

② 刘建飞：“联合国今年改革与中国外交”，《国际关系学院学报》2006 年第 4 期。

③ 《中国政府发布关于联合国改革问题的立场文件》，2005 年 6 月 7 日，外交部官网，http：//www. fmprc. gov. cn。

复杂的冲突性质也使得重新解读“非自卫不得使用武力”原则成为必须，而人权观念在全球范围内的进一步普及、恐怖主义等非传统安全与传统安全的并驾齐驱也将使国际干预在更多国家和人民中获得市场。因此，如何把握“有限回归”的“度”、如何在国际干预增多的趋势下处理好人权与主权以及联合国维和行动与其他干预形式的复杂关系、如何增强联合国维和行动的法制性建设，应当是联合国维和机制未来的努力方向。

联合国系统与中国籍国际公务员

孟文婷

联合国秘书处负责联合国组织的日常运行，在议程设定、决策判断方面起着关键作用，拥有创造性的权力。正如前秘书长哈马舍尔在1955年一次演讲中说道："联合国是由成员国组成，但是在政府行动和政府合作的限制下，大部分时候要依靠秘书处的行动力。秘书处具有创造性的能力，可以引进新的观念，提出新的倡议，能给成员国提供报告和建议以影响他们的行动。"① 虽然《联合国宪章》规定"秘书长及办事人员专对本组织负责"，② 联合国职员要时刻保持其国际性，但是在实际工作过程中，国际公务员这种创造性的权力，使得各国政府争相向联合国输送本国人以实现国家利益；且职级越高，其影响力和权力越大，实现国家利益的可能性就越大。

一、联合国系统及其人事结构

通常我们所讲的联合国是狭义的概念，一般是指它的主要机构，即大会、安理会、经社理事会、托管理事会、国际法院和秘书处。实际上，广义的联合国是一个"联合国系统"，它包括主要机构、方案和基金、专门

① Emery Kelen and Dag Hammarskjöld, *The Political Man*, New York: Funk & Wagnalls, 1968, p. 24.

② 《联合国宪章》第100条。参考：http://www.un.org/chinese/aboutun/charter/chapter15.htm。

机构以及其他附属机构等。[1] 这些组织有自己的会员、领导和预算，有些组织的行政首长经秘书长授权任命。

为了协调联合国系统中庞杂的组织机构，联合国成立了行政首长协调理事会（首协会），联合国秘书长担任协会主席，这是联合国历史上最悠久和级别最高的协调论坛。首协会的成员是联合国系统中最主要的29个组织，包括联合国秘书处、11个基金和方案、15个专门机构以及2个相关组织。[2] 可以说，这29个组织就代表了“联合国系统”。

根据最新的2016年秘书长报告，联合国系统相关实体工作人员为75934人，其中联合国秘书处有40131人。[3] 所有这些工作人员在职类上分为两种：专业及以上职类（P+）和一般事务职类（G）。专业及以上职类人员从事和平、发展、人权等专业领域的工作，采取国际招聘原则。职级从高到低分别是秘书长（SG）、副秘书长（USG）、助理秘书长（ASG）、主管人员（D）、专业人员（P）。其中，主管人员分D1和D2两级，专业人员（包括语文和技术业务人员）有P1到P5从低到高五个级别。秘书处以外的联合国组织中，最高负责人一般称为“总干事”和“副总干事”，职级相当于副秘书长和助理秘书长。一般事务职类工作人员包括书记、打字员、办公室秘书以及警卫人员和工匠，职级有G1到G7从低到高七个等级，采用就地雇聘制度。

进入联合国工作的路径有两种：其一是政治任命；其二是通过考试或申请应聘职位。一般来说，副秘书长和助理秘书长高级别岗位由秘书长与

---

① 联合国各方案和基金通过自愿捐助而非分摊会费获得资金；各专门机构是独立的国际组织，并通过自愿捐助和分摊会费获得资金。参考：http：//www. un. org/zh/sections/about-un/funds-programmes-specialized-agencies-and-others/index. html。

② 它们具体是，基金和方案：贸发会议、联合国开发署、联合国人口基金、联合国环境署、联合国禁毒办、联合国人居署、联合国儿基会、联合国难民署、联合国近东救济和工程处、联合国妇女署、世界粮食计划署；专门机构：国际电信联盟、世界气象组织、国际民航组织、国际工业发展组织、世界旅游组织、万国邮政联盟、联合国教科文组织、联合国粮农组织、世界卫生组织、国际劳工组织、国际农业发展基金、国际海事组织、世界知识产权组织、世界银行、国际货币基金组织；相关组织：国际原子能机构、世界贸易组织。参考：www. unsceb. org/content/ceb-members。

③ 《2015年秘书长报告——秘书处的组成：工作人员统计数据》，A/71/360，2016年8月31日。

成员国协商好，直接任命，是国家政治与个人能力综合考量的结果。比如联合国秘书长不能来自五个安理会常任理事国国家，但是秘书处的重要部门（政治部、维和部、经社部、人道主义协调厅等）负责人都是来自五常国家，由秘书长直接任命。

通过考试或申请方式应聘，主要针对专业或一般事务的岗位。联合国网站上公开张贴招聘通知，应聘要求很高，一般需要有丰富的专业工作经验、熟练掌握至少一门外语等，申请者可根据要求提交网上申请。此外，联合国针对工作经验较少的青年设置了三种考试，通过考试可进入联合国工作。第一是针对专业人员的“青年专业项目”（Young Professional Programme，YPP，2012 年以前称为“国家竞争考试”），联合国每年招考一次，成员国自愿选择是否参与。如果候选人通过考试，联合国将在 2 年内安排岗位。第二是针对语文类专业人员的“语言竞争考试”（Language Competitive Examinations，LCE），根据联合国的需要不定期开放考试并征聘。第三是针对一般事务类职员的“全球一般事务考试”（Global General Service Test，GGST），在应聘岗位当地考试和录用。

现在，联合国人事结构处于“倒三角”状态，即高级官员较多、初级专业人员太少。联合国成立 70 年来，曾经的初级专业雇员（欧美国家居多）已通过内部升迁到高层，各国政府又不断根据地域员额安排本国（发展中国家居多）高级官员进入联合国。本来预算有限，高级别官员薪资又高，所以在现有预算下征募初级专业人员比较困难。另一方面，初级专业雇员的工作非常重要，他们负责更具体的工作，落实联合国的决策，是联合国官僚体系的中坚力量。为了弥补这个问题，现在联合国雇佣大量的临时咨询人（Consultant）和个体订约人（Individual Contractor），[①] 招募了大量的无薪实习生。

---

① 《2014 年秘书长报告——秘书处的组成：免费提供人员、退休和咨询以及个体订约者》，A/69/292/Add. 1。

二、联合国系统中国籍国际公务员的发展历程与现状

1945年联合国成立之初，中国作为创始国参与联合国工作，后来经历新中国成立及1971年恢复联合国合法席位，直到21世纪，联合国里中国职员越来越多，征聘方式越来越开放。目前，联合国秘书处约有450位中国籍雇员，在联合国系统其他机构中也有中国人活跃的身影。

（一）发展历程

1946年联大伦敦会议选出秘书长后，就开始了组建秘书处的工作。当时中国政府推荐时任外交部副部长胡世泽为首位中国籍的副秘书长，负责托管及非自治领土情报部门，当时是联合国秘书处里职务最高的中国人。联合国先后多次举行公开考试，招募秘书处工作人员。据统计，从1945年到1949年，进入联合国的中国公务员有199人。[①] 当时应聘的录取者多是战后中国首批赴美的公费或自费留学生、研究人员、访问学者、新闻人员与驻美使领馆外交人员以及其他各界侨胞，另还有少数中国教授学者受特邀至秘书处任职。

1949年新中国成立，1950年11月率新中国代表团首次亮相联合国。在安理会讨论中，伍修权与时任国民党集团代表蒋廷黻针锋相对，争取中国在联合国的代表权。直到1971年10月25日，联合国通过2758号决议，宣布恢复中华人民共和国一切权利，承认其政府的代表为中国在联合国组织的唯一合法代表。

中国恢复在联合国的合法席位后，没有要求秘书处解雇任何原有的中国职员，但新中国政府推荐了三个人进入秘书处，分别是负责政治事务与托管非殖民化部的副秘书长唐明照，担任政治事务与托管非殖民化部副秘

---

① 李铁城主编：《联合国的中国人（1945—2003）》，人民出版社2004年版，第1083页。

书长特别助理的赵明德，担任政治与安理会事务部安理会与政治委员会司副司长的章曙。[①] 当时除了语文专业人员，大部分职员都是由中国政府从国内委派和借调。

从1979年开始，联合国为了储备人才，在北京外国语学院成立“联合国译员训练班”，由联合国提供经费、设备和教材，集中培训中文的笔译和口译人员。训练班学院在结训时参加联合国举行的严格考试。考试及格者列入名册，等候联合国征聘。该训练班造就了几百名年轻的高翻人员，如今在联合国各地中文单位任职的翻译人员大半出身于这个训练班。[②]

1995年，中国进行了第一次联合国国家竞争考试，但是考生限于政府部门的职员，当时通过考试的仅有6人。2000年，中国政府首次向大众开放联合国国家竞争考试，中国国际职员服务中心和人事部人事考试中心承办了这次考试。2001年和2002年两次在中国举行了联合国的招聘考试，已经有30多人被列入候选人名册，其中16人被录用。[③]

2004年的一份报道中指出：中国在联合国秘书处及联合国各附属机构中的人数总共只有309人，其中按地域分配的名额本来可达66个，但实际上只用了51个，即有15个名额被其他国家占用了。而在这51人中，属于高级官员、有决策地位的高级职员并不多。虽然在联合国秘书处有一个不小的中文处，其中有100多位工作人员，但他们只属于提供中文服务的专业人员，对联合国的工作没有任何影响。所以，中国人在联合国国际职员中的状况可以说是人数少、比例小、地位低。[④]

（二）现状特点

近几年，联合国系统中中国职员数量偏低，不符合中国会费大国的地位，但是在一些专门机构、基金和方案中的中国籍高层人数增加，附件中统计了联合国首协会29个联合国机构里高级别官员的情况。具体来说，联

① 李铁城主编：《联合国的中国人（1945—2003）》，人民出版社2004年版，第47—48页。

② 参考：www. un. org/zh/events/chineselanguageday/history. shtml。

③ 根据作者对联合国秘书处管理部人力资源厅官员唐春林的访谈，2015年11月12日。

④ 参考：www. people. com. cn/GB/guoji/14549/2350455. html。

合国系统里的中国职员现状有如下特点：

第一，职级分布方面，高级别的中国籍官员比例较高，但中国公务员总体人数比例很低。根据联合国秘书处2016年统计，联合国秘书处的工作人员全球共计40131人，中国籍职员约有476人，仅占所有人数的1.18%。[①] 但是，主管（D）及以上的有地域地位的中国籍高级别官员有11人，占有地域地位的高级别官员总数的3.10%。不过，中国仍然缺乏秘书长特使或特别顾问一类的高级别官员。除了联合国秘书处外，在联合国系统中的28个组织中，中国在12个组织中拥有助理秘书长（ASG）及以上级别的高级官员。[②] 根据首协会2015年的数据，中国职员在联合国系统中各组织的总人数比例并不高。在有些组织里，如联合国近东巴勒斯坦难民救济和工程处，没有中国籍职员任职。

联合国里中国雇员的现状既体现中国国力的现实，也反映联合国人事结构的现状。现在联合国人事结构处于“倒三角”状态，就是高级官员较多、初级专业人员太少。这也解释了近些年中国人高层任职人员多，但是雇员总数一直很低的原因。

第二，从职员来源上看，联合国内中国籍高级官员大多由国内政府相关部门选派，专业或一般事务类职员则绝大多数是通过联合国的考试才入职的。在副秘书长或副总干事一级的高管中，有些是由国内政府选派、秘书长直接任命，比如联合国副秘书长吴红波、世界卫生组织总干事陈冯富珍；有些是由国内相关部门选派，在该国际组织逐渐升迁到最高负责人，比如国际电信联盟秘书长赵厚麟、国际民航组织组织秘书长柳芳；也有一些人是长期在国内任职，并在国际组织兼任专家委员会或大会主席，如联合国教科文组织第37届大会主席郝平、世界气象组织水文学技术委员会副主席刘志雨；还有极少一些高官是通过联合国考试进入联合国系统，并在

① 《2016年秘书长报告——秘书处的组成：工作人员统计数据》。

② 具体有：国际电信联盟秘书长赵厚麟、国际民航组织秘书长柳芳、国际工业发展组织总干事李勇、世界旅游组织执行主任祝善忠、联合国教科文组织第37届大会主席郝平、国际原子能机构副总干事杨大助、世界卫生组织总干事陈冯富珍、联合国开发署亚太局长徐浩良、世界知识产权组织副总干事王彬颖、国际货币基金组织副总裁朱民、世界银行常务副行长杨少林、世界贸易组织副总干事易小准。

其中逐步升迁，比如联合国开发署亚太局长徐浩良。

专业或一般事务类职员大多通过联合国的考试进入工作。随着中国越来越多的留学生在国外学习或到联合国实习，很多人通过参加这类考试进入联合国工作。

第三，在工作领域和影响力上，联合国内中国雇员集中在经济、科技、翻译事务上，在政治、法律、人道主义事务上的参与度很小。据采访联合国秘书处人力资源厅官员，① 多年来秘书处各大国分工的传统是：美国管政治事务部、法国管维和部、英国管人道主义协调厅、中国管经济社会事务部和大会事务部，此外中国有44.3%（137/309）的专业类职员是语文类雇员。在联合国系统其他组织里，中国职员比例最高的前五位是：国际电信联盟、世界气象组织、国际民航组织、国际工业发展组织、世界旅游组织，这些都是科技类的组织。相比之下，中国在联合国妇女署、难民署、世界粮食计划署、儿童基金会、世界知识产权组织等机构中任职人员极少且没有高级官员，影响力很有限。中国近些年在科技、经济方面取得巨大成就，也有很多相关领域的人才，这些因素促成了中国人在国际组织的这些领域中更具代表性和话语权。

三、联合国系统中国籍国际公务员的发展趋势与若干建议

从中长期来看，联合国将一直是多边外交最主要、最重要的平台。基于中国的情况和联合国人事结构的现状，我们应该继续重视和增强中国人在联合国系统的代表性。这份努力应该来自中国社会的各个团体，需要政府政策性的大力支持，需要应聘者个人的积极争取，还需要国内学界的研究和政策建议。

第一，政府将更加重视国际组织人才的培养，提供信息和资金支持年轻人参与联合国工作。联合国系统大部分机构都开设初级专业官员项目

① 根据作者对联合国秘书处管理部人力资源厅官员唐春林的访谈，2015年11月12日。

（Junior Professional Officer，JPO），以培养年轻的初级专业人员。这些项目主要由成员国资助，支持本国年轻人在联合国工作1—2年，之后被资助者可选择继续在联合国还是回国工作。日本、德国的JPO项目一直很成功，输送了大量青年人进入联合国工作。发展中国家里，尼日利亚也看到了JPO的价值，积极资助本国的JPO项目。中国在2015年秋季第一次向秘书处派出了第一批JPO，是两位来自外交部的年轻人。

JPO派出的领域也要配合中国的联合国外交策略。有一个好例子是，中国国家留学基金委从2014年开始，资助国内青年人参与联合国教科文组织在海外办公室的实习或工作。中国在教育、科技文化事业上确实有领先之处和良好形象，中国与联合国教科文组织联络紧密，第一夫人彭丽媛被教科文组织授予“促进女童和妇女教育特使”。中国政府与教科文组织合作派出JPO，彰显了中国的优势，配合了中国的联合国外交策略。在联大第70次会议上，习近平主席提出中国在南南合作、维和领域设立相关基金，未来中国政府也应该在这些领域增进与联合国的人员往来，在这些领域设立JPO项目。

此外，一直以来，国内一些政府单位与联合国系统的相应部门达成双边协议，选派单位年轻骨干到联合国以“工作人员”（Fellow）身份进行半年到一年的短期工作学习，增进与联合国的合作与联络。比如国家各地地理信息局选派骨干到联合国秘书处统计司短期工作。国家的大力支持，使中国人在联合国系统中的比例显著增加。

第二，应聘者寻找更加灵活的方式进入联合国工作。联合国专业职类的工作都要求3年甚至5年以上的工作经验，这对于年轻人来说是很大的阻碍，所以大部分年轻人只能通过竞争特别激烈的YPP考试进入联合国工作。近年来，很多中国年轻人采取更加灵活的方式逐步进入联合国工作，比如从实习或志愿者开始。

联合国志愿者（UNV）是联合国开发计划署下面的项目，这些志愿者一般在联合国系统内工作，从事初级专业级别的工作，志愿者项目一般1—2年，志愿者每月可以得到一部分津贴。一般来说，这些志愿者对于联合国征聘信息比较灵通，又积累了相关工作经验，在志愿者项目结束后就更容易进入联合国工作。例如，一位中国的联合国志愿者在科索沃特派团服务3年后，直接申请到纽约秘书处政治事务部的初级专业职位。[①]

联合国实习生也有非常好的机会进入联合国继续工作。近些年，中国经济实力发展，国家参与国际机制的积极性增强。与此同时，越来越多中国学生到海外学习且能力优秀，有机会参与国际组织的实习或工作中。根据2014年秘书长报告，中国在秘书处的实习生有321人，总数上继美国排名第2位，这些实习生都是未来进入联合国系统工作的重要后备力量。而在联合国系统中，有很多中国留学生在联合国儿童基金会、开发署、妇女署等机构实习并有机会留下来工作担任咨询人，一定程度上弥补了中国在这些领域参与度低的现实。

第三，在学界和高校中重视国际公务员的培养，加大对联合国里中国职员的研究。国内高校中，上海外国语大学、北京大学等学校相继建立了国际公务员硕士点，浙江大学外语学院设立了国际组织精英人才班，通过大学教育培养中国青年的国际视野和专门知识。作为联合国协调机构，中国联合国协会连续举办了6届“国际公务员培训班”，为青年提供参与联合国工作的知识和平台。

此外，中国联合国协会、人力资源与社会保障部国际合作司、联合国人力资源厅和联合国中国书会等机构正在积极合作，建设联合国系统中国职员数据库。该数据库以本项目咨询专家李铁城主编的《联合国里的中国人》为基础，正搜集和补充最近10年的新数据。数据库通过文字、照片、音像、视频等形式展示中国职员的工作和生活，内容包括个人经历、谈话演讲、工作情况、生活点滴等。数据库将更加深入联合国里中国职员的相关研究，让大众更了解中国籍国际公务员的情况，并提供信息交互的平台。

70年来，中国在自身发展的同时，也为联合国做出了更多的贡献。联合国大会最新通过的2016—2018年会费及维和摊款的分摊比额中，中国应缴会费升至7.921%，排世界第三；维和摊款增至10.2%，位居第二。国家主席习近平在第70届联大会议上，宣布了一系列支持联合国的行动和措施，促进世界和平与发展事业。中国在联合国承担更多责任的同时，也要思考如何增强自身的话语权和影响力，增加联合国里中国职员的代表性势在必行。

① 根据作者对联合国志愿者陈曦的访谈，2015年8月30日。

附 录

联合国系统组织	职员总数	中国职员	中国职员比例	中国籍高级官员	任前职务
国际电信联盟	752	23	3.60%	秘书长：赵厚麟	中国邮电部设计院工程师（1985）
世界气象组织	279	8	2.87%	水文学技术委员会副主席：刘志雨	中国水利部水文局工程师（现任）
国际民航组织	709	18	2.54%	秘书长：柳芳	中国民用航空总局国际合作司司长（2007）
国际工业发展组织	617	15	2.43%	总干事：李勇	中国财政部副部长（2013）
世界旅游组织	96	2	2.08%	执行主任：祝善忠	国家旅游局副局长（2013）
万国邮政联盟	185	3	1.62%	—	
联合国教科文组织	2039	32	1.57%	第37届大会主席：郝平	中国教育部副部长（现任）
国际原子能机构	2310	34	1.47%	副总干事：杨大助	中国国家原子能机构国际合作司司长（2011）
联合国粮农组织	3259	40	1.23%	总部无高官，中国有国别办公室	
联合国秘书处	41426	450	1.09%	经社部部长、副秘书长：吴红波	驻德大使、外交部部长助理（2012）
世界卫生组织	5392	58	1.08%	总干事：陈冯富珍	香港卫生署署长
国际劳工组织	2259	23	1.02%	总部无高官，中国有国别办公室	
国际农业发展基金	510	5	0.98%	无	
联合国人口基金	1781	17	0.95%	无	
联合国妇女署	538	4	0.74%	总部无高官，中国有国别办公室	

续表

联合国系统组织	职员总数	中国职员	中国职员比例	中国籍高级官员	任前职务
联合国开发计划署	6265	42	0.67%	助理署长兼亚太局局长：徐浩良	联合国系统升迁
联合国儿童基金会	8073	53	0.66%	总部无高官，中国有国别办公室	
国际海事组织	267	1	0.37%	—	
世界粮食计划署	4315	15	0.35%	无	
联合国难民署	6724	17	0.25%	总部无高官，中国有国别办公室	
世界知识产权组织	1019	21	0.10%	副总干事：王彬颖	国家工商行政管理总局中国商标服务部主任（2012）
联合国近东巴勒斯坦难民救济和工程处	220	0	0.00%	无	
世界银行	—	—	—	常务副行长：杨少林	财政部国际财金合作司司长
国际货币基金组织	—	—	—	副总裁：张涛	中国人民银行副行长（2016）
世界贸易组织	—	—	—	副总干事：易小准 海关估价委员会主席：刘平	海关总署关税司原产地办公室常务副主任（2013）
联合国贸发会议	—	—	—	—	
联合国环境署	—	—	—	总部无高官，中国有国别办公室	
联合国毒品和犯罪问题办公室	—	—	—	无	
联合国人居署	—	—	—	无	

信息来源：首协会网站 http://www.unsceb.org/content/hr－nationality 以及各机构官方网站，有些机构的数据或信息并未给出，用“—”表示。

The Road to Global Zero: China's and India's Perspectives*

YANG Xiaoping**

In 1964, when China exploded her first atomic bomb, Chairman Mao advocated the complete prohibition and thorough destruction of nuclear weapons and undertook unconditionally not to use or threaten to use nuclear weapons against non-nuclear-weapon states or nuclear-weapon-free zones①. In 1988, at the United Nations General Assembly India's Prime Minister Rajiv Gandhi presented a time bound action plan for achieving nuclear weapon free world and called for a world free of nuclear weapons②. And on September 23, 2009, at his speech to the United Nations General Assembly, the U. S. president Obama proposed to "outline a comprehensive agenda to seek the goal of a world without nuclear weapons and to support efforts to strengthen the NPT. "③ All these pronouncements from the statesmen of their times, shows a kind of consensus on the prospect and ultimate goal of the world, especially among leaders, albeit some media reports reminded us of the danger that many of these leaders may forget what they

* Published in Think India Quarterly (New Delhi), No. 2, 2010, co-author with ZHANG Guihong, research professor at Institute of International Studies of Fudan University in Shanghai.

** Dr. YANG Xiaoping is research associate at Institute of Asia-Pacific Studies of Chinese Academy of Social Sciences and post-doctoral fellow (2010-2013) at Institute of International Studies of Fudan University in Shanghai.

① *Renmin ribao* (People Daily), 1964 - 10 - 22.

② http://www.indianembassy.org/policy/Disarmament/disarm15.htm.

③ http://www.whitehouse.gov/the_press_office/Remarks-by-the-President-to-the-United-Nations-General-Assembly.

promised the moment they get back home. ①

However, without abolishing the nuclear weapons and undertaking universal nuclear disarmament, a world free of nuclear weapons seems just like a utopia. Therefore, is there any road towards global zero? What might be the possible path ways?

This paper first defines global zero as a kind of compact and manageable state, and then explains the reasons why we should move forward to it from the context of changing geopolitical environment and the new forms of threats. Later, it examines the on-path obstacles towards nuclear free world from the strategic perspectives of both China and India, and reassesses the role of nuclear deterrence in the post-Cold War era. Finally the paper explores the possible pathways guided by the idea of comprehensive governance. It argues that governance-orientated nuclear disarmament, balance between respect and monitoring and regional security community building on the basis of mutual trust and confidence are very important on the road towards global zero, although the goal might be decades ahead.

Ⅰ. What is Zero: the Definition

In literature, global zero refers to the worldwide elimination of a weapons system, especially nuclear weapons. ② In practice, it is often associated with nuclear disarmament or the worldwide elimination of nuclear weapons in arms control discourse. As a long-term agenda, global zero is not quite as simple as it may appear. The total elimination of nuclear weapons means much more than just dismantling all those in existence at the time. Instead, it has to include a package of

---

① Charles Krauthammer, "Obama's nuclear strutting and fretting", *Washington Post*, 2010-4-16, http://www.washingtonpost.com/wp-dyn/content/article/2010/04/15/AR2010041504663.html? wpisrc = nl_ opinions.

② http://en.wikipedia.org/wiki/Global_ Zero.

arrangements and monitoring methods on all fissile materials removed from nuclear weapons, delivery system being dismantled in parallel to the destruction of warheads, as well as the dismantlement of military fissile material production facilities①.

Characteristically, global zero is a kind of state in which each state's security concerns are assured and all threats become more manageable in a geopolitical environment that is genuinely cooperative. It's not zero-sum thinking, but rather something like the idea described as harmonious world②. Any measure towards it would certainly help the world create an environment in which other steps such as conventional arms control, restriction on modernization of weaponry, placement of weapons in space, enforcement of highest standards for security of nuclear materials, creation of a global security system, etc. will become possible.

Ⅱ. Why Zero: Nuclear as an Unmanageable Global Threat

Whether in the past or present, nuclear weapons are the most brutal weapons we have ever conceived, inherently indiscriminate in killing and maiming and leaving a lethal and fatal impact for generations to come. The World War II has proved the brutality of these weapons, for it devoured nearly one hundred million people in just a few minutes. Their use by anyone at any time, whether by accident, miscalculation or design, would be catastrophic for the whole planet. Compared with global warming or climate changes, nuclear weapons have the capacity to destroy the whole life on this planet, and the arsenals we now possess are able to do this so many times. But, as a whole, the global concerns and attentions on it are not so immediate and reasonable given the gravity and magnitude of these

① See reference of the report "Eliminating Nuclear Threats" by International Commission on Nuclear Non-proliferation and Disarmament, available at http://www.icnnd.com.

② http://www.un.org/chinese/focus/wen/ga.shtml.

weapons.

The changing international political ecology required us to rethink the role of nuclear deterrence. During the Cold War, driven by the most primitive impulse of each state for absolute security, the emergence of nuclear weapons was thought to bring world peace and stability for its huge destructive power and thus its specific deterrence effect. However, just as described by the Game Theory, the emergence of nuclear weapons actually resulted in security dilemma in which all states pursued security by the possession of nuclear weapons, but proved to be insecure all the time. Distinctively, each state's search for absolute security has in practice made or would make this world more insecure, unstable and immoral, because so long as any state possesses nuclear weapons, others will want them, no matter in the name of security consideration or other reasons. Therefore, as long as any such weapons exist, it defies credibility that they will not be used one day, by accident, miscalculation or design. This is the precondition of the deterrence effect.

While in the 21st century, historical border disputes, ethnic and religious conflicts, as well as socio-economic problems have become much more complicated and complex due to the emergence of non-state actors and the fear of their getting easier access to nuclear technology and fissile materials. Nuclear non-proliferation has faced unprecedented challenges due to the failure of existing nuclear powers to commit themselves to real disarmament, and the incapability of international regime to prevent new states from acquiring nuclear weapons, as well as the inefficiency of the international community to stop any terrorist or any other non-state actors from getting access to such weapons. As we know, terrorist groups exist with the intent and capacity to create massive nuclear destruction, which would have a tremendous psychological impact and greatly jeopardize people's sense of security. During the Nuclear Security Summit in Washington D. C in April 2009, it was agreed by the participants that the threat of nuclear terrorism has become the global focus, and that all responsible members of the world community should have a stake in ensuring comprehensive nuclear security. In his speech at the summit, while highlighting nontraditional security issues, Chinese President Hu Jintao clearly stated that "the potential threats of nuclear terrorism could not be ignored. The risks of the loss and illicit trafficking of fissile materials were increasing. It has become an important task facing all countries to properly deal with the challenges of nuclear safety, to protect the sustained and healthy development of nuclear energy, and to maintain world peace and stability." ①

While deliberating on the global security in the 21st century, Paul Rogers posits that in the 21st century, new forms of conflicts primarily stems from three sources. The first is "potential source of conflict stems from a greater likelihood of increased human migration arising from economic, social and especially environmental desperation." The second area of conflict is "concerns environmental factors, especially the control of physical resources." The last relates to "anti-elite violence, because an economically polarized and increasingly constrained global system will result in competitive and violent responses by the disempowered, both within and between states." ② All these conflicts could not be simply solved by the possession of nuclear weapons. Furthermore, "maintaining the status quo is not an option" because we have failed to properly manage a rapid expansion in civil nuclear energy. All these threats and challenges must be tackled with much more conviction and effectiveness than the world has managed so far, as people across the globe are endowed with a shared fate.

Ⅲ. Assessing the on-path obstacles: Chinese and Indian perspectives

Global zero should be the ultimate goal of the international community.

① Hu Jintao, "Work together on nuclear security challenges to promote world peace and stability" (xieshou yingdui he anquan tiaozhan, gongtong cujin shijie heping yu fazhan), http://www.fmcoprc.gov.hk/chn/wj/wjxw/t679411.htm.

② Paul Rogers, *Losing control: Global Security in the Twenty-First Century*, London: Pluto Press, 2002 (second edition), pp. 96-97.

However, when one focuses on primary and intermediate steps towards the nuclear free world, the primary concern is to diagnose the risks and obstacles on its path. In China's and India's context, it could be the national interests and strategic utility of the nuclear weapons in national defense strategy on either side of the Himalayas, especially China's Taiwan issue and its sincere adherence to the No-First-Use doctrine and NPT commitments, as well as India's view of nuclear weapons as a symbol of a big power, and its practical consideration to pin down Pakistan to south Asia comes to the surface.

On the one hand, in the context of globalization, China and India had some shared national interest in the following aspects. Firstly, both nations are focusing on domestic economic growth and development that requires a stable regional and international environment. Secondly, both have adhered to an independent foreign policy. Thirdly, both are countering terrorism and actively participating in regional and global security cooperation. Finally, both require international flexibility and tolerance for their future developments as emerging powers, no matter in the fields of energy, marine, space, soft power or other domains.

On the other hand, when specifically focusing on India's and China's perspectives on national interests, geopolitical factor should never be ignored, for the real nuclear disarmament has to be conducted in a long-term and holistic manner. Because of the unsettled territory problem between China and India, the long-term rival between India and Pakistan, and traditional strategic ties between China and Pakistan, India is apprehensive of China's interest and intention in South Asia, albeit China's goal is to develop all-round relations with both India and Pakistan.

India not only considers its nuclear program as a symbol of a big power, but also a way to balance China. From this point of view, it could be understood that the declared nuclear doctrine of both India and China is to maintain a credible minimum deterrence. The motivation behind it is the belief that credible deterrence is important for strategic stability, and by extension, for national survival.

In the light of above, the main obstacles on the path would be the following:

Firstly, the U. S. and Russia fail to follow the unconditional commitment to no-first-use (NFU) policy. In 1964, when China exploded her first atomic bomb, it advocated not to use or threaten to use nuclear weapons against non-nuclear-weapon states or nuclear-weapon-free zones. China has always exercised utmost restraint on the question of using nuclear weapons. As far as other big powers are concerned, Moscow, after recognizing its relative weakness vis-à-vis U. S. after the end of the Cold War in 1993, formally rescinded the no-first-use policy inherited from the Soviet Union (initially adopted in 1983). Now both the U. S. and Russian nuclear doctrines run contrary to the agreement of a No-First-Use Treaty – the United States, because it employs its nuclear weapons as a deterrent to chemical attacks, believes that an NFU policy could undermine deterrence. The U. S. didn't change its stated stand during recently concluded nuclear security summit. As far as Russia is concerned, its nuclear forces are called upon to deter conventional conflicts①.

Secondly, the unconditional conclusion and ratification of CTBT by all key states, especially the U. S. is doubtable. Currently, American ratification of the CTBT is critically needed, as it could be regarded as a circuit-breaker and would have an immediate impact on other hold-out states and add a major yet new momentum to both the disarmament and non-proliferation efforts. Hopefully, Obama has stated that "my administration will immediately and aggressively pursue U. S. ratification"② of the CTBT. Beijing has also not ratified the treaty. India's perspective on this treaty has also been changing. Initially, India perceived that instead of being a step towards the eventual elimination of nuclear weapons, the CTBT only appeared to drive nuclear testing into the laboratories. Modernization of existing arsenals is likely to continue through computer simulations by nuclear weapon states having such technological capability. Other states equipped with

---

① Cristina Hansell; Nikita Perfilyev, "Together Towards Nuclear Zero", p. 15, http://pdfserve.informaworld.com/171464_915796781.pdf.

② "Remarks by President Barack Obama", April 5, 2009.

such capabilities will have to freeze their weaponization at current levels. Overall, there appeared to be little willingness on the part of the NWS to actually give up their nuclear arsenals. But now this posture is changing.

Thirdly, the universal compliance and enforcement of NPT has a long way to go. These challenges mainly cover three aspects: 1) the proliferation of nuclear materials to non-state actors and the fear of nuclear terrorism. Currently, the threat of nuclear transfer to terror groups have grown astronomically and the failure of NPT appear imminent. In present times, the sense of panic over nuclear dangers is exacerbated by the acquisition of nuclear weapons by "states of proliferation concern" that perceive an asymmetric advantage in this weapon against a more powerful adversary, and the growing apprehension of possible use of nuclear terrorism by non-state actors. These cannot be adequately addressed through classical deterrence, no matter how credible it might be. 2) The universal acceptance and compliance to NPT, especially the non-peaceful-purpose use of fissile material, nuclear materials, equipment and technology. Ironically, it is near universal that with only four states like India, Pakistan, Israel and North Korea are out of it, but are known to be nuclear weapons capable states.[①] 3) The measures to strengthen NPT safeguards and verification, compliance and enforcement have not been very effective.

Last but not least, the trust and confidence building measures between key states, between highly-equipped nuclear states and lowly-equipped ones as well as between NWS and NNWS is yet to be strengthened. Now the need of the hour should be for the leaders to transcend the zero-sum thinking and learn to base their security on mutual trust rather than mutual fear. As we know, the primary motivation for nuclear proliferation is always a need to respond to a security threat perception. Once a state feels threatened by the nuclear capability or an overwhelming conventional superiority of another state, there is seldom any other way

---

① Manpreet Sethi, "Building Credibility for a Nuclear Weapon Free World", Delhi Policy Group Working Paper for ICNND, 31 July 2009.

in which it can better address the security deficit than by developing nuclear weapons of its own to have deterrence. Nuclear weapons are increasingly seen as providing insurance against regime change imposed from outside the state, especially against the forcible changes of regime/rulers. Thus in practice, one of the reasons why some states refused to join the NPT or ratify the CTBT for fear that they may be cheated to make commitments to remain non-nuclear at the expense of their security concerns. Therefore, providing security assurances, and engaging more states in arms control talks at some point might be a promising pathway toward the understanding and trust building.

Ⅳ. The Possible Pathways: Comprehensive Governance

As expounded in the preceding sections, the global zero by definition demands that the nuclear free world should include a package of arrangements for disarmament, proliferation and so on. The possible pathways should have the capability to create an environment in which all the desirable steps become possible. Going by the above obstacles, the responses of states seemed pretty weak. Therefore, the states, still as the major player in international community, are faced with a critical choice between losing control and opting to cooperative global governance.

Hence, it is extremely important rather necessary to develop a new paradigm to enhance peace and limit conflict. And, in the centre, there must be a process of enhancing common global security based on action to be taken to reverse the socioeconomic polarization (some believe a world free of nuclear weapons is a world free of hegemony[1]), enhance sustainable economic development and con-

[1] Zhongguo zhengzuo touhao qiangguo xu baochi chaoren lixing yu lengjing http://mil.news.sina.com.cn/2010-02-16/1231584340_1.html.

trol processes of proliferation and militarization①. This is the general definition of good governance in this paper. And the basis for global good governance, I hold, is the encompassing interests between various states. Mancur Olsen once identified encompassing interests as the basis for different groups to work together②. In this paper, encompassing interests mainly refers to the sufficiently broad interest to include those of the other party; it mainly refers to such a situation in which good outcomes of the interaction between two parties will benefit both while bad results of interaction jeopardize each other. ③

Therefore, in order to realize a *global zero*, there should be a governance-oriented nuclear disarmament, or disarmament through governance at the centre, in which top states such as the U. S and Russia should play the leading role. We all know nuclear disarmament is imperative, but we are all too shy to vow the leaders out. Firstly, to achieve a global zero, the international community has to achieve significant and permanent cuts in US-Russian arms stocks, and more importantly, the real disarmament, which would not only include a serious reduction in their nuclear stockpiles, but also include an agreement on a test ban as well as talks on a Fissile Material Cut-off Treaty including other nuclear states. As the U. S. and Russia together possess more than 90% of the world's nuclear weaponry, initial commitments must be made in both Washington and Moscow to lead the global nuclear disarmament effort by example. Secondly, all states should sign and ratify the Comprehensive Nuclear-Test-Ban Treaty (CTBT) unconditionally and without delay. U. S. ratification is critically needed circuit-break, for it would have an immediate impact on other hold-out states, and add a major and new momentum to both disarmament and non-proliferation efforts.

---

① See reference, Paul Rogers, Losing Control: Global Security In the Twenty-First Century, Pluto Press, 2002, p. 119.

② Mancur Olson, *Power and Prosperity: Outgrowing Communist and Capitalist Dictatorships*, New York: Basic Books, 2000.

③ For more about the definition of *encompassing interest* and evidence of its importance, see Olson, *Power and Prosperity: Outgrowing Communist and Capitalist Dictatorships*, New York: Basic Books, 2000.

Then, good governance also means the balance between respect and monitoring, between rights and obligations. The rise of emerging powers globally is an irreversible reality, paralleling with it are the huge demands for energy and the increasing climate changes. Therefore, the right to peacefully use nuclear technology should be respected, while the global cooperation on the nuclear technology safeguards could be enhanced. The role of NPT and FMCT should be emphasized and as an interim step, all nuclear-armed states should voluntarily declare their fissile material stocks and the amount they regard as excess to their weapons needs, place such excess material under IAEA safeguards as soon as practicable. At the same time, some basic principles should be reconfirmed such as accepting universal no first use, and thus extending those assurances to NWS and concluding a Convention on Prohibition on Use or Threat of Use of Nuclear Weapons. Otherwise, some states would be skeptical of most recent initiatives that emphasize arms control and non-proliferation but do not appear willing to go the full distance to zero. They would conceive of such measures not as ends in themselves, but as milestones towards the final destination of a truly NWFW. It should be fair and non-discriminatory.

Last, for those who have strategic geopolitical worries and distrust, sense of common security should be reassured, and creating and sustaining such a politically and militarily stable world must be the underlying goal. If we could make the geopolitical environment more manageable, then there is a scope for genuine cooperation. In this context, the development of regional security community is very important from both China and India's perspectives, albeit the formation of regional security community required trust building to promote a transformation of identities. To achieve global zero, security communities hold the key because they promise to replace nuclear threats by a new international politics in which force has been delegitimized as an instrument of state policy, although it may have decades to go.

Global zero not only means to dismantle all existing nuclear weapons, but also refer to a package of arrangements and monitoring methods. It is a kind of state in which each state's security concerns are assured and all threats became more manageable in a geopolitical environment that is increasingly and genuinely cooperative.

And, a world free of nuclear weapons is the natural result of global good governance in which top states plays a leading role in governance-orientated nuclear disarmament, flexibilities are accorded to balance between respect and monitoring and regional security community is built on the basis of trust and confidence building. For comprehensive governance, the basis includes, but not restrict to, the peaceful co-existence of different countries, the respect for diversified cultures as well as different development models, the non-use of force, and more importantly, the new understanding and conception of security and the role of nuclear weapons in the 21st century.

Putting global zero as the ultimate goal for the prospect of the world, the advocators of disarmament, no matter governmental, scientific, military, academic or non-governmental, should come together to demand immediate action for the total abolition of nuclear weapons.

附　录

附录一　联合国研究中心人员

一、中心研究人员

陈健：中心主任，联合国副秘书长（2001—2007 年）、中国联合国协会会长（2007—2013 年）、上海联合国研究会名誉会长（2013 年至今）

张贵洪：中心执行主任、教授、博士生导师，中国联合国协会常务理事、上海联合国研究会副会长兼秘书长

祁怀高：中心副研究员，复旦大学国际问题研究院中国与周边国家关系研究中心副主任

二、中心访问学者/学生

［印度］Indira Ravindran：2010 年中心访问学者

石玉君：2011 年中心访问学者

孟文婷（华东师范大学研究生）：2013—2016 年中心访问学生

三、中心博士后

姓名	博士后在站时间	博士后研究报告题目	现工作单位
李金祥	2009—2012 年	联合国与恐怖主义的国际治理	上海立信会计金融学院
杨晓萍	2010—2013 年	印度崛起与南亚地区架构	中国社会科学院 亚太与全球战略研究院
石晨霞	2012—2014 年	联合国框架下的全球气候变化治理模式转型	上海国际问题研究院
邹志强	2016 年—	联合国与中东地区发展治理研究	上海外国语大学中东研究所

四、中心博士生

姓名	博士在读时间	毕业论文题目/选题	现工作单位
刘建伟	2009—2012 年	国际制裁与国内结构变迁	中央财经大学 国防经济研究院
李因才	2010—2013 年	联合国选举援助研究	上海社会科学院 国际问题研究所
肖康康	2010—2015 年	中国参与联合国维和机制研究：基于国际机制内化的视角	复旦大学经济学院 （博士后）
周慧	2010—2012 年 （休学）		美国光技光电集团
［斯洛伐克］伊文娜（Ivana Blechova）	2010 年—	国际货币基金组织：改革与治理	
邱昌情	2011—2014 年	保护的责任与国际人权规范建构	对外经济贸易大学 国际关系学院
陈夏娟	2012 年—	全球环境治理规则的制定	

续表

姓名	博士在读时间	毕业论文题目/选题	现工作单位
申文	2014 年—	冷战后的联合国调停行为研究	
陈楷鑫	2015 年—	联合国维和行动：一种全球安全治理的视角	
程子龙	2016 年—		

五、中心硕士生

姓名	硕士在读时间	毕业论文题目/选题
王永刚	2006—2009 年	冷战后联合国维和行动的困境与变革：一种国际机制变迁的视角
涂文婷	2007—2010 年	21 世纪初中印能源合作的路径研究
张钟兮	2008—2011 年	在和平利用核能与防扩散之间寻求平衡——以伊朗核问题为例
王安	2009—2012 年	《联合国残疾人权利公约》浅析
冯玉乔	2010—2013 年（复旦大学—日本庆应大学联合培养双硕士学位）	The Localization of United Nations Assistance—The Case Study of Wenchuan Earthquake in China
杨濡嘉	2011—2014 年	联合国与文明对话：角色与趋势
奚溢	2014—2017 年	苏联对新疆政策的演变及主要影响因素分析（1931—1962 年）
何永朋	2015 年—	
宋兴艳	2016 年—	
［韩国］韩然善（Hanyeon Sun）	2006—2009 年	韩国的联合国外交

续表

姓名	硕士在读时间	毕业论文题目/选题
［博茨瓦纳］Seitshiro Kabelo Archibald	2006—2008 年	Defining China's Multilateral Diplomacy in Central Asia：The Case of the Shanghai Cooperation Organization
［柬埔寨］张若谈（Ratha Chan）	2007—2010 年	迈向千年发展目标：柬埔寨政府合作的机会与挑战——从政府、市场和公民参与的角度分析水安全和水卫生问题
［印度］莱拉（Neelam Lailah Kazi）	2007—2010 年	The Non-Identical Twins：Contemporary Sino Indian Relations：A Pre-Emptive Partnership
［西班牙］Diego Gestoso Menendez	2014—2016 年	A Normative Approach to China's Participation in the United Nations Peacekeeping Operations
［俄罗斯］郭索立（Gomboin Zorikto）	2014—2017 年	建设性保守者：俄罗斯参与联合国维和行动行为模式的研究
［韩国］Sangrak Jeong	2016—2017（亚洲校园项目）	Transboundary Management on China-Korea Fishing Disputes in the Yellow Sea and the East China Sea

附录二　中心主要研究项目

1. 《中美印三边关系研究》，教育部规划项目（2006 年）

2. 《美印关系研究》，国家社科基金项目（2007 年）

3. 《冷战后中印关系研究》，教育部重大课题攻关项目（2008 年）

4. 《中国的联合国外交》，中国联合国协会合作项目（2008 年）

5. 《亚洲的多边主义》，亚洲奖学金基金会国际合作研究项目（2009 年）

6. 《国际组织》，马克思主义理论研究与建设工程项目（2010 年）

7. 《联合国千年发展目标与全球治理研究》，中央高校基本科研业务费项目·复旦大学青年教师科研项目（2010 年）

8. “防止核扩散与我国国家安全”，国家社科基金重大项目《当代国际核政治与我国国家安全研究》子课题（2011 年）

9. 《联合国与全球治理》，复旦大学跨学科研究培育项目（2011 年）

10. 《联合国发展报告》，教育部发展报告研究项目（2011 年、2012 年）

11. 《中国快速崛起背景下周边安全挑战及周边外交战略研究》，国家社会科学工作基金青年项目（2011 年）

12. 《中国与联合国》，教育部普及读物项目（2015 年）

13. 《“一带一路”沿线支点国家与我国发展战略的衔接研究》，国家社会科学基金一般项目（2015 年）

14. 《中国周边外交顶层设计研究》，上海市浦江人才计划项目（2015 年）

15. 《中国参与联合国维和行动的经验、问题与思考》，国家社科基金重点项目（2016 年）

附录三　中心主要学术成果

一、中心研究人员著作

陈健编著：《外交，让世界走向和谐》，中国人民大学出版社 2012 年版。

张贵洪等著：《中美印三边关系研究》，时事出版社 2013 年版。

张贵洪著：《联合国强大 世界更美好》，时事出版社 2016 年版。

张贵洪主编：《联合国秘书长》，时事出版社 2010 年版。

沈丁立、张贵洪主编：《金融危机与亚洲国际关系》，上海人民出版社 2010 年版。

沈丁立、张贵洪主编：《亚洲国际关系的重构》，上海人民出版社 2011 年版。

张贵洪主编：《联合国研究》（第一期），世界知识出版社 2012 年版。

张贵洪、斯瓦兰·辛格主编：《亚洲的多边主义》，时事出版社 2012

年版。

张贵洪主编：《联合国发展报告2012》，时事出版社2013年版。

张贵洪主编：《联合国研究》（第二期），世界知识出版社2013年版。

张贵洪等主编：《联合国与文明对话》，时事出版社2013年版。

张贵洪主编：《联合国研究》（第三期），社会科学文献出版社2014年版。

张贵洪等主编：《中国、联合国与全球治理》，时事出版社2014年版。

张贵洪主编：《联合国发展报告2013—2014》，时事出版社2015年版。

张贵洪主编：《联合国与南南合作》，时事出版社2015年版。

张贵洪主编：《联合国与国际法治》，时事出版社2016年版。

祁怀高著：《战略与秩序：中国抗战与东亚国际秩序的演变研究》，复旦大学出版社2010年版。

祁怀高著：《构筑东亚未来：中美制度均势与东亚体系转型》，中国社会科学出版社2011年版。

祁怀高等著：《中国崛起背景下的周边安全与周边外交》，中华书局2014年版。

祁怀高主编（复旦大学中国与周边国家关系研究中心编）：《中国周边外交研究报告（2016—2017）》，世界知识出版社2017年版。

二、中心研究人员论文

张贵洪："联合国、二十国集团与全球发展治理"，《当代世界与社会主义》2016年第4期。

张贵洪："中国联合国外交的转型"，《中国发展观察》2016年第11期。

张贵洪、邱昌情："'一带一路'建设与南南合作创新"，《复旦国际关系评论》，上海人民出版社2015年版。

张贵洪："联合国与新型国际关系"，《当代世界与社会主义》2015年第5期。

张贵洪："联合国与新兴多边机制"，中国联合国协会编：《联合国70年：成就与挑战》，世界知识出版社2015年版，第401—413页。

张贵洪："印度政治大国梦与金砖国家合作"，《复旦大学学报》2013 年第 6 期。

张贵洪、邱昌情："印度'东向'政策的新思考"，《国际问题研究》2012 年第 4 期。

张贵洪、斯瓦兰·辛格："亚洲多边主义：政治实践和理论贡献"，《国际观察》2012 年第 2 期。

张贵洪："利而不害、为而不争——评联合国秘书长潘基文"，《领导之友》2011 年第 9 期。

张贵洪："巴基斯坦的战略地位和中巴关系的未来"，《南亚研究季刊》2011 年第 2 期。

张贵洪："国际社会防核恐怖主义和维护核安全的多边努力"，中国国际问题研究所军控与国际安全研究中心：《全球核态势评估报告》，时事出版社 2011 年版。

ZHANG Guihong and Feng Yuqiao, China's UN Diplomacy: 1971 – 2011, *Strategic Analysis*, Vol. 35, No. 6, November 2011, pp. 973 – 981.

ZHANG Guihong, "The Shifting Balance of Power and the China-India Relations between Cooperation and Competition", in *Emerging China: Prospects for partnership in Asia*, Taylor and Francis, 2011.

张贵洪："印度的国际组织外交"，《国际观察》2010 年第 2 期。

张贵洪："中印关系研究——一种分析框架"，《南亚研究季刊》2010 年第 1 期。

张贵洪："中印关系的确定性和不确定性"，《南亚研究》2010 年第 1 期。

张贵洪："印度的国际组织外交"，武心波主编：《大国国际组织行为研究》，上海人民出版社 2010 年版，第 183—208 页。

ZHANG Guihong, "China and South Asian Regionalism: SAARC and Beyond", in Daniel C. Sneider, Rafiq Dossani, Vikram Sood, eds., Does South Asia Exist?: Prospects for Regional Integration, Asia-Pacific Research Network, 2010, pp. 295 – 306.

张贵洪："国际核不扩散体系面临的挑战及发展趋势——兼评《不扩

散核武器条约》2010 年审议会议前景”，《国际观察》2009 年第 6 期。

张贵洪：“联合国面临的主要挑战和发展方向”，中国联合国协会编：《中国的联合国外交》，世界知识出版社 2009 年版，第 47—63 页。

Zhang Guihong，“Implementing UNSC Resolution 1540：China's Perspective”，李根信、滕建群编著：《2009 国际军备控制与裁军》，世界知识出版社 2009 年版，第 237—252 页。

张贵洪：“博弈与共赢：中印在中亚的竞争与合作”，《南亚研究季刊》2008 年第 4 期。

张贵洪：“中国与南亚地区主义：以南亚区域合作联盟为例”，《南亚研究》2008 年第 2 期。

张贵洪：“中国的联合国外交初探”，《国际问题论坛》2008 年夏季号。

张贵洪：“联合国与全球安全治理：理念、机制、能力和目标”（中英文），陈健主编：《联合国与和谐世界》，世界知识出版社 2008 年版。

张贵洪：“地区视角下的中印关系”，张蕴岭主编：《中国与周边国家：构建新型伙伴关系》，社会科学文献出版社 2008 年。

ZHANG Guihong，“Sino-Indian Strategic Relations：Implications for the Asian Landscape”，in V. R. Raghavan ed.，*Asian Security Dynamic*，Promilla & Co.，Publishers，2008，pp. 86 – 114.

祁怀高：“南海声索国对华政策解析与中国的战略思考”，《边界与海洋研究》2016 年第 3 期。

祁怀高：“未来十年东北亚地缘政治结构的变化及其影响”，《世界经济与政治》2016 年第 8 期。

祁怀高：“‘一带一路’对中国周边外交与亚洲发展的影响”，《中国周边外交学刊》2015 年第二辑。

QI Huaigao，“Chinese Traditional World Citizenship Thoughts and its Impact on the Cultivation of Chinese World Citizenship Awareness”，*Citizenship Studies*（SSCI），Vol. 19，Nos. 3 – 4，2015，pp. 267 – 284.

祁怀高：“中国发展理念的全球共享与国际组织的作用”，《国际观察》2014 年第 6 期。

祁怀高："新时期联合国参与全球治理：作用分析与应对思考"，张贵洪主编：《联合国研究》（第三期），社会科学文献出版社 2014 年版。

祁怀高："关于周边外交顶层设计的思考"，《国际关系研究》2014 年第 4 期。

祁怀高："中国的周边安全挑战与大周边外交战略"，《世界经济与政治》2013 年第 6 期。

祁怀高："试析联合国在中国海外利益维护中的作用"，张贵洪主编：《联合国研究》（第一期），世界知识出版社 2012 年版。

祁怀高："中美制度均势与东亚两种体系的兼容共存"，《当代亚太》2011 年第 6 期。

祁怀高："冷战后中美在东亚的制度均势及对中国的启示"，《世界经济与政治》2011 年第 7 期。

祁怀高："国际制度变迁与东亚体系和平转型——一种制度主义视角分析"，《世界经济与政治》2010 年第 4 期。

祁怀高："中国多边合作体系与美国双边同盟体系在东亚的矛盾与兼容"，《国际问题研究》2009 年第 2 期。

三、中心学生在读期间发表的论文

李金祥："联合国制裁恐怖主义制度的功能与不足"，《欧洲研究》2011 年第 5 期（中国人民大学报刊复印资料《国际政治》2012 年第 3 期全文转载）。

李金祥："联合国反恐制度的构成及其本质"，《和平与发展》2011 年第 3 期（中国人民大学报刊复印资料《国际政治》2011 年第 10 期全文转载）。

李金祥："国际组织在国际政治中的三种角色"，《淮阴师范学院学报》2011 年第 3 期（《高等学校文科学术文摘》2011 年第 5 期摘发）。

李金祥："联合国反恐中心成立的背景及影响"，《国际信息资料》2012 年第 6 期。

李金祥："论联合国经社理事会咨商制度之变革"，张贵洪主编：《联合国研究》（第一期），世界知识出版社 2012 年版。

李金祥：“联合国反恐委员会：国际治理恐怖主义模式的转型”，上海市社会科学界联合会编：《全球治理新认识与新实践——上海市社会科学界第十届学术年会文集（2012 年度）》，上海人民出版社 2012 年版。

李金祥：“联合国 1540 防扩散机制的进展、挑战和对策”，张贵洪主编：《联合国发展报告 2012》，时事出版社 2013 年版。

YANG Xiaoping, ZHANG Guihong, “The Road to Global Zero: China's and India's Perspectives”, *Think India Quarterly*, Vol. 13, No. 2, 2010.

杨晓萍：“从巴基斯坦洪灾透视南亚地区安全环境”，《南亚研究季刊》，2011 年第 3 期。

杨晓萍：“印度东北部民族问题的政府治理及其启示”，《东南亚南亚研究》2011 年第 4 期。

杨晓萍：“阿富汗新兴的平衡外交及其政策含义”，《当代世界》2011 年第 11 期。

杨晓萍：“南亚安全架构：结构性失衡与断裂性融合”，《世界经济与政治》2012 年第 2 期。

杨晓萍：“超越‘稀缺—冲突’视角：中印崛起背景下跨境水资源问题”，《国际论坛》2012 年第 4 期。

杨晓萍：“中印在亚洲的同时崛起与中国的周边外交”，《当代世界》2012 年第 11 期（中国人民大学复印资料《中国外交》2013 年第 3 期转载）。

杨晓萍：“新中国外交的观念变革”，《中共中央党校学报》2012 年第 4 期。

杨晓萍、张贵洪：“全球视角下的中印关系”，《复旦国际关系评论》，上海人民出版社 2012 年版。

杨晓萍：“斯里兰卡发展中、印关系的‘动态平衡’逻辑”，《南亚研究季刊》2013 年第 2 期。

石晨霞：“欧盟社会政策在欧洲一体化发展中的地位和作用”，《理论月刊》2013 年第 10 期。

石晨霞：“联合国与全球气候变化治理：问题与应对”，《社会主义研究》2014 年第 3 期。

石晨霞："全球治理机制的发展与中国的参与"，《太平洋学报》2014 年第 1 期。

邹志强："中国参与中东地区经济治理的理论与实践"，《国际展望》2016 年第 5 期。

邹志强："中国与伊斯兰大国的全球经济治理合作"，《阿拉伯世界研究》2016 年第 4 期。

邹志强："联合国与对伊朗的经济制裁"，《国际研究参考》2016 年第 8 期。

ZOU Zhiqiang, China and the Middle East Economic Governance in New Era, *Journal of Middle Eastern and Islamic Studies* (*in Asia*), Vol. 10, No. 3, 2016.

刘建伟："国际制裁缘何难以奏效?"，《世界经济与政治》2011 年第 10 期（中国人民大学书报资料中心《国际政治》2012 年第 4 期全文刊载）。

刘建伟："国际制裁研究：路径、议题及不足"，《世界经济与政治论坛》2011 年第 5 期（中国人民大学书报资料中心《国际政治》2012 年第 1 期全文转载）。

刘建伟："中国核不扩散政策和行为变化：一种规范合法性的解读"，《当代亚太》2011 年第 4 期。

刘建伟："浅议'弱式国际制度'：以防扩散安全倡议为例"，《国际政治研究》2011 年第 1 期。

李因才："结构变迁与治理制度的演化：从 G7 到 G20"，《当代世界社会主义问题》2011 年第 4 期。

李因才："他者的崛起与制度的适应性演化：以 G20 为例"，《世界经济与政治论坛》2011 年第 3 期。

李因才："跨国技术援助与国家能力建设"，《外交评论》2013 年第 4 期。

肖康康："联合国军政关系研究"，高民政主编：《国家兴衰与军政关系纵论》，时事出版社 2011 年版。

肖康康："军政关系视角下的甲午海战研究"，《军事历史》2012 年

2 期。

肖康康："对冷战后联合国维和行动的思考"，张贵洪主编：《联合国研究》（第二期），世界知识出版社 2013 年版。

肖康康："现代民族战争的起源特点"，《军事政治学》2015 年第 2 期。

邱昌情："印度东向政策的新思考"，《国际问题研究》2012 年第 4 期。（第二作者）

QIU Changqing, Reflections on India's "Look East" Policy, *China International Studies*, Vol. 35, July/August, 2012.

邱昌情："非传统安全视角下的中韩关系——以中韩渔业纠纷与冲突为例"，《韩国研究论丛》第 25 辑。

邱昌情："世界变迁与中国的联合国外交：1971—2011 会议综述"，张贵洪主编：《联合国研究》（第一期），世界知识出版社 2012 年版。

邱昌情："中国与周边国家的渔业纠纷及其对中国周边外交的影响"，《社会主义研究》2013 年第 6 期。

邱昌情："'保护的责任'的发展趋势及对联合国人权保护理念的影响"，《人权》2013 年第 4 期。

邱昌情、杨濡嘉："联合国文明联盟初探"，《国际研究参考》2013 年第 6 期。

邱昌情："纪念联合国前秘书长哈马舍尔德逝世 50 周年国际学术研讨会综述"，张贵洪主编：《联合国研究》（第二期），世界知识出版社 2013 年版。

邱昌情："从利比亚到叙利亚：联合国在解决地区冲突中的作用分析"，张贵洪主编：《联合国发展报告 2012》，时事出版社 2013 年版。

邱昌情："'保护的责任'规范的传播与中国的战略应对"，贾庆国主编：《全球治理与保护的责任：第六届全国国际关系、国际政治专业博士生论坛文集》，新华出版社 2014 年版。

邱昌情："关于美印伙伴关系再思考"，《南亚研究季刊》2014 年第 1 期。（第三作者）

邱昌情："联合国与国际人权保护（2012—2013）：回顾与展望"，张贵洪主编：《联合国发展报告 2013》，时事出版社 2014 年版。

申文："新南南合作与联合国的作用"，张贵洪主编：《联合国与南南合作》，时事出版社 2015 年版。

申文："南南合作发展的新趋势动力分析"，《理论界》2016 年第 6 期。

申文："论尼克松主义中的日本因素"，《日本研究集林》2016 年第 4 期。

申文："应对搅局者的策略选择：基于冷战后联合国经验的初步分析"，张贵洪主编：《联合国与国际法治》，时事出版社 2016 年版。

申文："阿尔巴尼亚的联盟抉择（1946—1961）——基于一种联盟理论的历史分析"，《俄罗斯研究》2017 年第 1 期。

申文："边缘到中心：联合国在叙利亚的调停"，《国际观察》2017 年第 2 期。

王永刚："美国在导弹防扩散机制中的多重角色分析"，《江汉论坛》2008 年 12 月。

张钟兮："行政问责制度的'中国意义'：问责制、行政管理体制与中国政治体制研究述评"，《理论与改革》2010 年第 3 期。

FENG Yuqiao, China's UN Diplomacy: 1971 - 2011, *Strategic Analysis*, Vol. 35, No. 6, November 2011, pp. 973 - 981. (co-author with ZHANG Guihong)

杨濡嘉："联合国文明联盟初探"，《国际研究参考》2013 年第 6 期。（第二作者）

杨濡嘉："关于美印战略伙伴关系的再思考"，《南亚研究季刊》2014 年 1 期。（第二作者）

何永朋："中国'21 世纪海上丝绸之路'与印尼'全球海洋支点'战略的对接分析"，《中国周边外交学刊》2016 年第二辑。

四、中心学生在读期间项目和获奖

1. 项目

杨晓萍："南亚地区架构与中国的南亚战略"，教育部青年基金项目，2011 年。

杨晓萍：“印度崛起与南亚地区架构”，中国博士后科学基金特别资助，2012 年。

石晨霞：“联合国框架下的全球气候变化治理模式转型”，第 54 批中国博士后基金面上项目，2013 年。

邹志强：“中国参与‘一带一路’沿线伊斯兰地区经济治理研究”，中国博士后科学基金第 60 批面上资助项目，2016 年。

邹志强：“中国对西亚地区产能与投资合作战略研究”，国家发改委委托课题，2016 年。

邹志强：“‘一带一路’背景下中国与伊斯兰大国参与全球经济治理及合作机制研究”，上海市哲学社会科学规划一般课题，2016 年。

邹志强：“联合国发展议程与北非地区发展治理”，浙江师范大学非洲研究院课题，2016 年。

刘建伟：“制裁规避：联合国制裁机制中的规避行为研究”，复旦大学重点学科优秀博士生科研资助计划项目，2011 年。

邱昌情：“‘保护的责任’与国际规范建构”，复旦大学第四批重点学科优秀博士生科研计划资助项目，2012 年。

2. 获奖

刘建伟：第三届全国国际关系、国际政治专业博士生论坛三等奖（2010 年）

刘建伟：复旦大学二等奖学金（2010—2011 学年）

刘建伟：第六届中国国际关系学会博士生论坛二等奖（一等奖空缺）（2011 年）

刘建伟：复旦大学优秀毕业生（2012 年 4 月）

李因才：复旦大学二等奖学金（2010—2011 学年、2011—2012 学年）

李因才：博士生国家奖学金（2011—2012 学年）

李因才：复旦大学谢希德美国研究奖学金（2011—2012 学年）

李因才：第十届上海国际关系学会青年学者论坛征文二等奖（2011 年）

邱昌情：复旦大学一等奖学金（2011—2012 学年）

邱昌情：复旦大学谢希德美国研究奖学金（2011—2012 学年、2012—2013 学年）

邱昌情：复旦大学二等奖学金（2012—2013 学年）

邱昌情：第六届全国国际关系、国际政治专业博士生学术论坛优秀论文（2013 年）

邱昌情：复旦大学优秀毕业生（2014 年）

程子龙："联合国与非盟和平安全伙伴关系——以非洲和平安全架构为例"，上海联合国研究会第三届联合国研究青年论坛征文一等奖（2016 年）

王永刚：复旦大学一等奖学金（蒋震）（2006—2007 学年）

王永刚：复旦大学一等奖学金（蒋震）（2007—2008 学年）

王永刚：复旦大学一等奖学金（蒋震）（2008—2009 学年）

王永刚：复旦大学优秀毕业生（2009 年）

涂文婷：复旦大学三等奖学金（2007—2008、2008—2009 学年）

涂文婷：复旦大学二等奖学金（2009—2010 学年）

涂文婷：学院优秀学生干部（2007—2008、2008—2009 学年）

张钟兮：复旦大学新生二等奖学金（2008 年 9 月）

张钟兮：复旦大学一等奖学金（2008—2009 学年）

张钟兮：复旦大学二等奖学金（2009—2010 学年）

张钟兮：复旦大学研究生论坛优秀论文奖（2009 年）

冯玉乔：复旦大学三等奖学金（2010—2011 学年）

冯玉乔：复旦大学优秀毕业生（2013 年）

杨濡嘉：复旦大学蒋震奖学金（2012 年）

杨濡嘉：复旦大学一等奖学金（2013 年）

杨濡嘉：复旦大学优秀毕业生（2014 年）

附录四　中心十周年大事记

2006 年 5 月 9 日，联合国与国际组织研究中心（筹）成立仪式暨"联合国改革与中国"学术座谈会在美国研究中心 104 会议室举行。常务副院长沈丁立教授主持仪式和座谈会。联合国副秘书长陈健和复旦大学党委副书记燕爽出席。陈健大使发表主旨演讲并担任筹备小组顾问。

2007年

6月14日，复旦大学联合国与国际组织研究中心成立仪式暨“中国的联合国外交”学术座谈会在日本研究中心会议室举行。外交部国际司副司长陈旭到会祝贺。陈健大使担任复旦大学联合国与国际组织研究中心主任，张贵洪教授担任中心执行主任。校党委副书记燕爽和陈健大使共同为联合国与国际组织研究中心揭牌，陈旭副司长做题为“中国的多边外交”的主旨发言。

6月26日，为纪念《联合国宪章》签署62周年，陈健大使为复旦大学“联合国研究论坛”开讲，发表题为“中国与联合国”的演讲。

8月—2008年2月，硕士生王永刚赴瑞典隆德大学交流学习。

8月5日，陈健大使做客“文汇讲堂”，发表题为“中国与联合国”的演讲。

8月7日，陈健大使正式担任中国联合国协会会长。

9月14日，陈健大使担任中国人民大学国际关系学院院长。

11月2日，张贵洪参加中国联合国协会第四届理事会会议，并受聘担任理事。

11月16日，联合国前秘书长安南的首席发言人弗雷德·埃克哈德先生做客复旦大学“联合国研究论坛”，为我校师生做题为“联合国与伊拉克真相”的演讲，陈健大使主持。

12月13日，联合国开发计划署驻华代表马和励做客复旦大学“联合国研究论坛”，发表题为“联合国与气候变化”的演讲，陈健大使主持。

2008年

5月8日—7月25日，张贵洪赴美学术访问，先后在蒙特雷国际问题研究院防扩散研究中心和佐治亚大学国际贸易与安全中心从事防扩散和出口管制问题的学习和研究。

5 月 22 日，联合国前常务副秘书长路易斯·弗雷切特（Louise Frechette）访问中心并在“联合国研究论坛”做题为“前进中的联合国改革”的演讲，陈健大使主持。

5 月 24 日，陈健大使应邀在复旦大学附属中学做报告。

5 月 24—27 日，陈健大使参加上海论坛，并在欢迎晚宴上致辞。

7 月 17—23 日，中心为由复旦大学主办、复旦大学附中承办、中国联合国协会支持的复旦大学全国中学生模拟联合国大会提供学术指导。

11 月 18 日，陈健大使为斯坦福—复旦学生论坛（FACES）发表题为“中国、美国与联合国”的演讲。

11 月 19—20 日，中心与中国联合国协会共同主办“中国的联合国外交”学术研讨会。

11 月 21 日，新华社联合国分社前社长、中国联合国协会常务理事、新华社世界问题研究中心高级研究员钱文荣访问中心，并在“联合国研究论坛”做题为“我与联合国”的演讲。

2009 年

1 月 5 日，联合国前助理秘书长、美国哥伦比亚大学国际与公共事务学院教授迈克尔·多伊尔（Michael Doyle）访问中心，并在“联合国研究论坛”发表题为“联合国改革”的演讲。

2 月 25 日，张贵洪赴北京参加与第 63 届联大主席布罗克曼（Migurel d’Escoto Brockmann）的见面会，并参加中国联协《中国的联合国外交》编委会会议。

4 月 1—27 日，张贵洪参加哲学社会科学教学科研骨干研修班，赴中央党校和延安干部学院学习和考察。

5 月 26 日，张贵洪为国际关系与公共事务学院“中国政治与外交”英文硕士班学生讲授“中国与联合国”。

6 月 19 日，联合国训练研究所（UNITAR）执行主任卡洛斯·洛普斯（Carlos Lopes）博士访问中心，并在“联合国研究论坛”做“我们在聆听吗？联合国直面全球危机”的演讲。

7月17—18日，参加在曼谷举行的亚洲学术基金会（ASF）第九届年会，被推举为亚洲学者联合会（AAS）副会长和中国同学会召集人。

8月16—24日，硕士生张钟兮赴美参加复旦—圣路易斯华盛顿大学“消除核武器”研习班。

9月17—19日，应杨浦区政府的邀请，陈健大使参观杨浦区规划馆、南南全球技术产权交易所和创智天地，与杨浦区领导就中心与杨浦区的合作进行了深入和富有成果的讨论。陈健大使还参加了复旦大学校友会成立大会，并担任顾问。

11月17日，联合国前秘书长安南的首席发言人弗雷德·埃克哈德访问中心，并在“联合国研究论坛”做题为“安南的三次危机”的讲座。

2010年

3月17日，张贵洪参加由中国社会科学院世界经济与政治研究所和《世界经济与政治》编辑部举办的“联合国：全球挑战与治理”研讨会。

3月29日，张贵洪为韩国庆熙大学2010年文化交流团成员讲授“中国与联合国”。

4月5—6日，中心与亚洲学者联合会（AAS）合作，主办“亚洲多边主义：寻求共识”国际学术研讨会。

5月14日，国际原子能机构（IAEA）前总干事、WMD委员会主席汉斯·布利克斯（Hans Blix）做客“联合国研究论坛”，发表题为“phasing in nuclear power, phasing out nuclear weapons”的演讲。

5月29—30日，陈健大使作为大会嘉宾参加了“国际关系的重构”分论坛会议。

7月7日，阿尔及利亚前外长、前联合国秘书长特别顾问卜拉西米访问我院并做客“联合国研究论坛”，发表题为“联合国与冲突解决”的演讲。张贵洪陪同卜拉西米夫妇参观了世博园。

7月8日，军控专家邹云华女士做客“联合国研究论坛”，做题为“中国与联合国裁军会议”的报告。

8月6日，联合国基金会（United Nations Foundation）陈怡女士来访，

就双方开展合作进行了初步洽谈。

8 月 23—27 日，博士生刘建伟赴美参加复旦—圣路易斯·华盛顿大学“消除核武器”研习班。

8 月 30 日，张贵洪参加马克思主义理论研究和建设工程教育部第二批重点教材编写启动工作会议，担任《国际组织》编写课题组（第二）首席专家。

9 月 12—17 日，应中国联合国协会的委托，中心选拔的两位复旦学生赴日本参加首届中日韩青年论坛。

9 月 23 日，前来参加上海世博会“联合国周”活动的联合国助理秘书长、联合国训练研究所执行主任、联合国系统职员学院院长卡洛斯·洛普斯博士访问中心并为复旦师生进行演讲。国际问题研究院与联合国训练研究所签订备忘录，双方就复旦选拔优秀研究生赴联合国训研所实习和训研所网站中文版建设开展合作。

9 月 30 日，祁怀高博士后正式加盟联合国与国际组织研究中心。

9 月 30 日—12 月 9 日，张贵洪赴美国太平洋西北国家实验室和华盛顿大学从事访问研究。

12 月—2011 年 2 月，博士后杨晓萍在印度国防分析研究所（IDSA）从事访问研究。

12 月 6 日，陈健大使在院学术午餐会上做题为“变革时代的联合国和全球治理的新架构”的演讲，并与中心师生进行了座谈。

2011 年

1 月 5 日，前联合国助理秘书长、前英国联合国协会会长 Richard Jolly 先生访问中心并做客“联合国研究论坛”，做题为“改变世界的联合国观念”的演讲。

3 月 4 日，美国奎克联合国办公室 Jason Tower 访问中心，就中国参与联合国维和行动、联合国改革等问题与中心师生交流看法。

3 月 9 日，张贵洪和祁怀高赴京参加中国联协常务理事扩大会议暨中国联合国研究联席会议成立大会。

4月1日，研究院与联合国训练研究所签订战略协议，由中心具体承担合作事宜，每年在复旦大学选派三名研究生赴联合国训研所实习，并帮助训研所中文网站的建设。

4月21日，中心申报的“联合国与全球治理”项目被列入复旦大学第一批跨学科研究培育项目。

5月1—6日，应台湾亚太和平研究基金会的邀请，张贵洪赴台北、花莲、台中和高雄访问，就台湾的国际空间与台湾学者进行了座谈和交流。

5月25日，陈健大使在研究院举行的校庆学术报告会上做题为“当前国际形势与中国的应对”的主旨发言。

5月28—30日，陈健大使出席上海论坛，并在政治分论坛上做题为“亚洲合作与全球治理”的主旨发言。

5月31日，中心承办、由中国联合国协会主办的“联合国与中国海外利益的保护”研讨会在复旦大学举行。

6月3日，联合国审计委员会办公室张嫣女士访问中心。

6月22—23日，祁怀高赴日本东京参加首届“日本国际问题研究所—复旦会议”，做题为“China's Multilateral Diplomacy in Asia：Institutional Model Perspective”的发言。

6月25日，祁怀高赴北京参加中国联合国协会主办“联合国与中国军队走出去”研讨会，提交参会论文“中国军队走出去的法理依据和现实需要”。

8月21—27日，博士生李因才赴美参加复旦—圣路易斯华盛顿大学“消除核武器”研习班。

9月19—20日，祁怀高赴成都参加“中国恢复联合国合法席位四十周年纪念研讨会”，提交论文并发言“试析联合国在中国海外利益维护中的作用”。

9月23日，硕士生冯玉乔赴日本攻读庆应大学—复旦大学联合培养双硕士学位。

11月5日，中心承办上海社会科学界第九届（2011）学术年会主题专场“世界变迁与中国的联合国外交：1971—2011”，并举行“中国的联合国研究”座谈会。

11 月 28 日，应哈马舍尔德基金会的邀请，张贵洪赴瑞典参加“联合国、安全与发展关联性研究”项目启动会议。

12 月 1 日，应联合国协会世界联合会、瑞典驻华大使馆的邀请，张贵洪在北京参加“纪念哈马舍尔德国际研讨会”并在“维和三原则”专题会议上做点评。

12 月 3 日，中心承担的教育部《联合国发展报告》研究项目启动会在中国联合国协会举行。

12 月 16—17 日，张贵洪和祁怀高赴日本大阪参加第 11 届“东亚联合国体系”国际研讨会，会议主题是“全球化与东亚地区治理”。

2012 年

1—6 月，中心硕士生杨濡嘉赴瑞典哥德堡大学交流学习。

2 月 9—12 日，祁怀高赴首尔参加韩国国际交流财团“全球研讨班”（Korea Foundation Global Seminar）。

2 月 17 日，中心与中导集团签订合作协议，中导集团连续三年资助中心开展联合国问题的研究和活动。

4 月 28 日，陈健大使参加由中共中央对外联络部当代世界研究中心和中共上海市委宣传部联合主办的东方讲坛。

5 月 18—19 日，中心承办联合国文明联盟亚太地区论坛筹备会议。

5 月 21 日，祁怀高赴北京参加联合国开发计划署驻华代表处主办的“迈向全球后 2015 发展框架”圆桌会议。

5 月 22 日，陈健大使在上海国际问题研究院参加中英关于“联合国改革与地区组织发展”的战略对话。

5 月 26 日，陈健大使参加解放日报报业集团第 53 届文化讲坛·复旦大学校友论坛特别活动——“世界视野与中国智慧”。

6 月 5 日，《全球公民》（*Global Civics*）学术演讲会和中文版新书发布会在复旦大学举行。陈健大使应邀为该书中文版作序。张贵洪主持会议。祁怀高作为《全球公民》中文版的译者之一，介绍了该书的翻译情况。

7 月 8—16 日，中心承办、中国联合国协会和人力资源和社会保障部国际合作司共同主办的第二期中国国际公务员能力建设培训班在复旦大学光华楼举行。

7 月 9 日，中心硕士生冯玉乔赴日内瓦联合国训练研究所实习。

8 月 21—27 日，博士生邱昌情赴美参加复旦—圣路易斯华盛顿大学“消除核武器”研习班。

9 月 2—5 日，张贵洪赴日本广岛参加“广岛世界和平计划”工作会议。

10 月 26 日，中心与上海国际关系学会共同举办“联合国与全球治理”学术研讨会。

11 月 29—30 日，中心参与承办的“联合国文明联盟亚洲南太平洋地区磋商会议”在浦东国际会议中心举办，来自近 20 个国家和联合国及其他国际组织的近 200 名代表出席了会议。葡萄牙前总统、联合国文明联盟高级代表桑帕约、潘基文特别顾问瑞扎、外交部副部长崔天凯、上海市副市长屠光绍、中国联合国协会会长陈健等出席开幕式并致辞。

12 月 18 日，张贵洪参加中国联协第五届会员大会，被选举为常务理事。

2013 年

1 月 16 日，祁怀高在国家留学基金管理委员会“青年骨干教师出国研修项目”资助下赴哈佛大学肯尼迪政府学院访问研究一年。

2 月 15 日，祁怀高拜访哈佛大学肯尼迪政府学院约翰·鲁杰（John G. Ruggie）教授。讨论中国与国际组织的关系。

2 月 27—28 日，张贵洪参加在维也纳举行的联合国文明联盟第五届全球论坛，并在“联盟亚洲南太地区战略”分组会议上发言。

3 月 11—12 日，张贵洪参加在南非德班举行的“第五次金砖国家学术论坛”，就“金砖国家与安理会改革”发言并主持“和平与安全”分组会议。

3 月 29 日，联合国资深同声传译、外交部前英文主翻陈峰做客“复旦联合国研究论坛”，做题为“中国在联合国的实际作用”的演讲。

5 月 13—14 日，博士生肖康康代表中心参加在北京外国语大学举行的“协调应对冲突：对联合国缔造和平、维持和平、建设和平的回顾与展望”国际研讨会。

5 月 15 日，祁怀高赴华盛顿特区参访中国驻美大使馆。

5 月 25 日，张贵洪为复旦大学—延世大学—庆应大学春季班学生讲课，题为“中国、联合国与全球治理”。

7 月 16 日，张贵洪应约在和平饭店与来访的联合国经社文权利委员会专家阿布戴尔·穆纳姆（Mohamed Ezeldin abdel Moneim）座谈。

7 月 17—19 日，联合国训练研究所（UNITAR）多边外交项目主管 Rabih Hadda 和副主管 Emily Fraser 专程访问上海，与中心洽谈合作办会事宜。

8 月 19—26 日，中心博士后石晨霞和硕士生杨濡嘉赴美参加复旦—圣路易斯华盛顿大学“消除核武器”研习班。

9 月 9 日—12 月 9 日，中心硕士生杨濡嘉赴日内瓦联合国训练研究所实习。

9 月 12 日，上海联合国研究会成立大会暨“上海、中国与联合国”主题演讲会在西郊宾馆国际会议中心举行。中心是研究会主要发起单位之一，陈健大使担任名誉会长，张贵洪担任副会长兼秘书长。

10 月 31 日—11 月 1 日，祁怀高赴墨西哥墨西哥城蒙特雷科技大学（Tecnológico de Monterrey）参加“六校年会”。

11 月 15—16 日，张贵洪赴韩国参加第 13 届东亚联合国研讨会，就“联合国的使命和东亚的领导力”发言。

12 月 5 日，祁怀高向哈佛大学肯尼迪政府学院艾什民主治理与创新中心提交访问学者工作论文“China Shares its Development Ideas Worldwide: Perspective on the Role of International Organizations”。

2014 年

1 月 13—14 日，由联合国训练研究所、中国联合国协会、复旦大学共同主办，中心参与承办的“变革中的全球治理——中国与联合国”国际会议在中国浦东干部学院举行。联合国负责政治事务的副秘书长 Jeffrey Feltman、联合国秘书长特别顾问 Amina J. Mohammed 和 Kim Won-soo、助理秘书长、联合国开发计划署亚太局局长徐浩良等35位联合国高级官员和专家出席会议。张贵洪代表上海联合国研究会与联合国训练研究所执行所长萨莉女士签署了战略合作备忘录。

1月15日，联合国大学学术项目主管 Vesselin Popovski 教授应邀做客“复旦联合国研究论坛”，为中心师生做题为“联合国体系与全球治理”的讲座。

3月10日，祁怀高在研究院青年学术沙龙上主讲，题为“中国发展理念的全球共享与国际组织的作用”。

3月27日，复旦大学校友、联合国南南合作办公室主任、联合国秘书长南南合作特使周一平做客“联合国研究论坛”，以“联合国与南南合作”为题做演讲。

4月7日，祁怀高参加上海社会科学院国际关系研究所等主办的“亚信会议与区域合作：现状与前景”国际学术研讨会，在会上做题为“中国在中亚的建设性参与者角色与亚信机制创新”发言。

7月26日，祁怀高代表中心出席2014年复旦大学国际中学生模拟联合国大会开幕式，并做题为“参与模联活动造就未来领袖”的发言。

8月，博士生陈夏娟获耶鲁大学福克斯国际奖学金项目资助，赴美国学习一年。

10月24日，中心参与组织的上海联合国研究会2014年年会暨首届联合国研究青年论坛在同济大学举行。

12月10日—12月13日，祁怀高赴日本京都立命馆大学参加2014年“六校年会”。

12月12—13日，张贵洪赴日本京都参加第十四届中日韩东亚联合国研讨会，就中国参与联合国维和行动发言。

12月17—18日，张贵洪赴日本东京参加第三届 JIIA-Fudan 对话。

2015 年

1 月 16 日，中心参与协办的“21 世纪海上丝绸之路上海论坛”在临港举行，张贵洪做题为“‘一带一路’与南南合作”的专题报告。

1 月 19 日，张贵洪参加中国联协举办的《联合国 70 年》编委会会议。

3 月 13 日，张贵洪参加外交部国际司组织的联合国成立 70 周年专家务虚会。

4 月 14 日，张贵洪应邀在世界观察研究院做关于联合国改革的专题报告。

4 月 29—30 日，张贵洪赴韩国首尔参加联合国维和地区合作东亚专家会议。

5 月 22 日，中心接待联合国南南合作办公室主任、联合国秘书长南南合作特使周一平先生。

5 月 24 日，张贵洪在上海论坛政治分论坛“国际维和与安全治理：亚洲的贡献”小组会议上发言。

6 月 10—16 日，张贵洪参加中国联合国协会代表团赴海牙参加联合国系统学术理事会（ACUNS）2015 年年会暨“联合国 70 周年：确保全球安全与正义”国际会议，并赴联合国日内瓦办事处万国宫参加“东亚与联合国和平行动”国际研讨会。

6 月 26 日，就《联合国宪章》签署 70 周年，张贵洪接受《中国社会科学报》采访。

6 月 30 日，中心接待联合国秘书处人道主义援助办公室周廷华女士。

7 月 4—5 日，中心邀请部分已毕业和在读的中心学生参加清华大学政治学与国际关系学术共同体会议，并组织“联合国与国际法治”小组讨论。

7 月 6 日，张贵洪访问国防部维和事务办公室。

7 月 20—21 日，张贵洪参加由中国联合国协会和中国人民外交学会在北京钓鱼台国宾馆联合举办的“联合国 70 年：使命、责任、未来”国际研讨会，就“联合国在维护国际秩序方面的作用及挑战”做主题发言。

8月29—30日，张贵洪赴缅甸仰光参加“联合国成立七十周年与东南亚的发展”国际学术研讨会。

9月9日，张贵洪参加在华东政法大学举行的与荷兰海牙三大国际组织负责人对话会，就“联合国与国际法治”发言。

10月16日，中心参与组织的上海联合国研究会年会暨第二届联合国研究青年论坛在华东政法大学举行，张贵洪做研究会工作报告。

10月17—18日，中心承办第15届东亚联合国体系研讨会，主题是“联合国70年：东亚在全球和地区治理中的伙伴关系”。

10月30日，张贵洪参加在上海社科院举行的“安全治理、发展议程与联合国”研讨会。

12月4日，张贵洪访问中国维和警察培训中心。

12月5日，张贵洪参加在外交学院举行的“国际组织人才培养研讨会”。

12月15日，中心接待美国公谊服务委员会非洲地区总监 Kennedy S. Akolo、奎克联合国办公室的 Rachel Madenyika 和 Jason Tower 等一行。

2016年

2月23日，祁怀高赴深圳参加当代世界研究中心等主办的“一带一路”国际智库合作联盟研讨会。

3月23日，张贵洪参加在上海国际问题研究院举行的“2015年联合国和平及安全领域评估报告的协调与实施：亚洲地区非正式磋商进程”国际研讨会，就全球与地区伙伴关系发言。

4月12日，张贵洪做客新浪国际，就联合国首次公开竞选秘书长进行解读，并回答网民的问题。

4月26日至5月1日，应奎克联合国办公室和美国公谊服务委员会的邀请，张贵洪赴纽约与建设和平委员会主席、联合国和平行动高级别独立小组成员、联合国维和部官员、英国和韩国常驻联合国副代表、社会科学研究理事会和国际和平研究所等智库学者、民间社会代表等就落实联合国和平与安全评估报告所提出的建议以及中国的作用等进行了对话和交流，并访问了位于费城的美国公谊服务委员会总部。

4 月 20—21 日，祁怀高赴美国首都华盛顿特区参加第十届中美青年领袖对话会。

6 月 22 日—7 月 19 日，博士生程子龙赴埃塞俄比亚参加联合国和平与安全非洲训练项目。

7 月 18—19 日，中心邀请部分已毕业和在读的中心学生参加第九届政治学与国际关系学术共同体年会，并组织“全球治理中的中国与联合国”讨论小组。

7 月 20 日，中心协办、复旦大学附属中学主办的第十届国际中学生模拟联合国大会举行，张贵洪代表中心参加了开幕式。

7 月 29—30 日，张贵洪参加在北京举行的 2016 年 G20 智库会议（T20），主题是“建设新型全球关系——新动力、新活力、新前景”，就“联合国与 G20 的关系”发言。

8 月 1 日，张贵洪访问国防部维和办和国防大学，就中国参与联合国维和行动进行座谈，并就合作开展相关问题研究进行了交流。

8 月 25—26 日，张贵洪参加由上海外国语大学主办的“使全球治理更加有效和包容：二十国集团与联合国”国际研讨会，就“G20、联合国与全球治理变革”发言。

9 月 23 日，张贵洪参加由中国联合国协会和四川外国语大学共同主办的“联合国与可持续发展”学术研讨会，就“联合国 2030 年可持续发展议程与全球发展治理”发言。

11 月 16 日，张贵洪主持的“中国参与联合国维和行动的经验、问题与思考”被立为 2016 年度国家社会科学基金重点项目。

11 月 16—18 日，博士生程子龙赴埃塞俄比亚首都亚的斯亚贝巴参加中非和平与安全研究小组研讨会。

11 月 17 日，张贵洪参加由外交部国际司组织的安理会改革专家座谈会。

12 月 24 日，中心参与组织的上海联合国研究会年会暨“联合国与世界文明对话”专家研讨会在上海外国语大学举行，张贵洪做研究会工作报告。

12 月 25 日，中心组织“联合国与和平行动”青年论坛和“‘一带一路’与联合国2030年可持续发展议程”研讨会。

2017年

1月13—14日，祁怀高赴广西南宁参加第二届“‘澜沧江—湄公河之约’流域治理与发展青年创新设计大赛”，并受聘担任该赛事的国际专家委员会秘书长。

2月13—14日，博士生程子龙赴纽约参加中国与非洲和平与安全研讨会。

2月23日，美国公谊服务委员会驻东北亚奎克国际事务代表张杰生（Jason Tower）访问中心，与中心师生座谈联合国维和问题，并就共同主办维和国际会议等事宜进行了洽谈。

4月9日，张贵洪参加北京外国语大学国际组织学院成立大会暨国际组织人才培养高端论坛。

4月15日，中心与上海日本研究交流中心等共同举办“联合国改革与日本‘入常’的动向与前景”研讨会。

4月16日，中心主持的国家社科基金重点课题“中国参与联合国维和行动的经验、问题与思考”举行开题报告会。

4月18—22日，博士后邹志强赴美国蒙大拿大学参加第十五届中亚与西南亚国际学术会议。

6月17—18日，中心举行成立十周年纪念和研讨活动，出版纪念文集《全球治理中的中国与联合国》，举办“全球治理与中国的联合国外交”学术研讨会。

后　记

2007 年 6 月 14 日，复旦大学国际问题研究院联合国与国际组织研究中心成立。同日成立的还有中国外交研究中心和南亚研究中心。

十年来，在中心主任陈健大使的领导下，中心取得长足的发展。中心承担了多项科研项目，发表了大量科研成果，培养了多位研究联合国问题的博士后、博士生和硕士生，组织了多次国际和国内学术会议，开展了富有特色的学术活动。中心已发展成为国内专门从事联合国问题研究和培养联合国问题研究人才的主要基地。

本文集收录了中心研究人员、已出站和在站博士后、部分已毕业和在读博士生及硕士生的论文，并整理了中心十年的发展历程。这是中心师生学术成果的一次集中展示，目的在于总结中心过去十年的发展，同时为了激励中心今后更好地发展。

中心的发展得到社会各界的大力支持。中心与联合国多个机构、多所国外大学和智库建立了合作关系，得到政府部门、企业、社会团体和知名人士的大力支持，与国内学界有良好的交流和互动。中心毕业的学生走上不同的工作岗位，得到用人单位的肯定和好评。就在中心成立十周年之际，中心毕业的一位研究生正式到联合国难民署工作，可喜可贺。

让我们一起期待、共同努力，迎接中心更加美好的未来，为联合国的事业和中国的联合国外交贡献力量。

张贵洪

2017 年 6 月 1 日

于杭州亲亲家园

图书在版编目（CIP）数据

全球治理中的中国与联合国/张贵洪主编．—北京：时事出版社，2017.6

ISBN 978-7-5195-0117-4

Ⅰ.①全… Ⅱ.①张… Ⅲ.①联合国—研究 ②中外关系—研究 Ⅳ.①D813.2 ②D822

中国版本图书馆 CIP 数据核字（2017）第 108725 号

出版发行：时事出版社
地　　址：北京市海淀区万寿寺甲 2 号
邮　　编：100081
发行热线：（010）88547590　88547591
读者服务部：（010）88547595
传　　真：（010）88547592
电子邮箱：shishichubanshe@sina.com
网　　址：www.shishishe.com
印　　刷：北京市昌平百善印刷厂

开本：787×1092　1/16　印张：20.25　字数：320 千字
2017 年 6 月第 1 版　2017 年 6 月第 1 次印刷
定价：98.00 元